「日本語人」のまなざし

未踏の時代の経済・社会を観る

井上良一 著
Inoue Ryoichi

社会評論社

「日本語人」：角田忠信博士が最新著書のタイトル（「日本語人の脳」）に使われているもので、〝日本語を母国語とする人びと〟を指します。

「日本語人」のまなざし――未踏の時代の経済・社会を観る　目次

はじめに

日本語を廃止し、外国のことばを国語として採用しようという考え方を、明治の初めの時期に主張された方々がいるのをご存知でしょうか。これは実現しませんでしたが、こうした考えは潜在的にずっとあったようで、戦後においても、国語を別の言語にという動きがあり、また、ローマ字表記の日本語を、というような動きもありました。最近は、こうした考えは薄れてきたようにも思いますが、現在は新たに、企業活動の中で英語を基本言語として扱おうとする動きや、国の政策の中で公用語を英語にする特区を作ろうというような考え方も出てきています。日本語は、明治以降今に至るまで、国際的な活動を進める上であまり好ましい言語ではないと思われてきたようです。

この本で展開しようと考えておりますのは、そうした考えとは真逆で、日本語は国際的に見ても大変すばらしい機能を持った言語であり、何よりも、この言葉が日本人そのものを産み出しているのだという主張です。日本を現在に導いたものは、日本語であると言っても良いと考えています。そして、日本語をやめたら、日本人はいなくなるとさえ思うようになっています。全体をまとめてみて、改めてこの意を強くいたしました。なぜそのように思うのか、ぜひ全体にお目通しをいただき、私たちが使っていることばに内在する計り知れない役割について、振り返っていただけたらと思います。

「日本語は、話そうとする相手の立場に立って　モノ言う言語」というコンセプトを得てから、さまざまな事例、見聞きする話が鮮明に見えてきたように思えることが、私自身にとってたいへんな驚きでありました。このあと生まれたアイデアも数多くありました。実際、自分のロジックにのめり込んでいるせいか、テレビで見るさまざまな事象や、いろいろな方とのお話の内容が、ここでの展開でかなり説明できるような気になってしまっております。

序章のフローチャートは、今年5月に半日ほどで作成し、あとは若干の追加を行なった程度でした。日本語をベースに、日本人論を展開している感じになってしまったと思っております。

今回書いたものは、マサイチネットという小さなSNS（ソーシャルネットワークサービス）へ投稿（２００８年から現在まで）したブログをベースとしています。ブログの統一テーマは、「希望と活力とゆとりの21世紀～これからのコミュニケーション社会を考える」というものです。このSNSには、東京、神奈川などの「21世紀を考える会」というグループのエリアが設定されており、その中でブログを発信する形を取らせていただいています。

このSNSの本体は、小林信三さんというITのプロの若い人（当時）が作ったもので、その運営は、藤川立也さんのところで行われています。このブログでの問題提起は主として私が行なっていますが、ここに参加する皆さんには様々なご意見をいただいてきました。このうち２０１２年までのものは、一度まとめてオンデマンド印刷により少部数の冊子に作成しています。その後、今回の冊子化を企図した新たなコンセプトを２０１４年に得て、再度投稿を始めて現在に至っています。

ただし、その時々の話題もあり、統一した趣旨に従って書いたものではないため、重複、繰り返しがたびたびありました。今回の整理にあたっては、項目の選定、再整理、追加、削除等をさまざまに行なっていますが、それでも、何年もの間のことなので、整理した上でも記事の中で重複、繰り返しをなくすまでには至っておりません。お許しいただきたいと思います。

全体としては、まだロジカルに十分な流れとなっていない点も多いと思いますが、それでも主張したいことははっきりしており、このまとめを通して、私としてはさらに確信に近いものとなっております。

孫子の兵法に、「彼を知り己を知れば百戦殆うからず」ということばがありますが、私たちは、今まで海外のことを吸収することに急で、そうした吸収を図る自分というものが持つ内実については、あまり意を用いてこなかったと言って良いと思います。しかし、現在陥っていると考えられる閉塞状況を打開していくためには、ここで、自らの姿を省みることにより、そこから新たな力を呼び起こすことができるのではないかという思いを強くしています。

これが実際に活用できるコンセプトかどうかは、お読みいただく皆様のご判断次第ということになるわけですが、その意味で、皆様にお示しし、ご批判を仰ぎたいと思っています。

全体的には、十分とは言えませんが、概ね次のような心づもりで組み立てております。

1章　日本語が私たちの生活スタイルの原点を形成していること
2章　欧米の行動様式と、日本語からくる行動特性の違いが、今や齟齬を生み出すようになっている面のあること
3章　経済発展を日本にもたらしたのには、日本語特性からの貢献があること
4章　成熟社会を迎えて、乗り越え困難な課題に直面するようになったこと
5章　いくつかの具体的課題
6章　自らの特性を活かして、乗り越える方向について
7章　終章

私の願いは、過去に戻る考え方ではなく、今まで日本社会で生み出された成果を踏まえて、これからどのような方向があるかを描きたいということです。これから、日本社会は、さらなる国際化に向き合うことになると思いますが、これから、国際化に十分対応できるのだということ、否、むしろ世界の平和を導くことの可能な、非常に優れた機能

を内包する言語としての日本語を母国語として持っているのだということで、大いに自信を持っていきたいと考えるようになりました。私たちは、日本語に支えられているのです。

2017年11月

井上良一

序章

閉鎖社会を招く言語としての日本語

今からちょうど50年前、役所勤めを始めた直後、大学のゼミの同人誌に「当惑を孕める報告~稟議制度の一考察」(1968年)というペーパーを書いたころから、ずっと日本語というものの特性について気になっておりました。

日本人特殊論ということは全く信じておりませんし、風土論とか稲作民族とか言ったこととあまり関係ないと思っていますが、そうしたこととは関係のないところで、日本人の特性を作り出している何らかの要素があることも、また間違いのないことであると思っておりました。

「基本は細部に宿る」と言いますが、「基本的なことは日常性の中に宿る」のであって、日々の生活の中で不可欠のものが、私たちの特性を紡ぎ出しているということが、言えるのではないかと思います。

そこで、上記のペーパーを書いたころから考えるようになったのが、日本語というものの持つ意味です。

日本語というものの他言語との違いが、敬語の特殊性にあると考えました。敬語が発達しているのは、世界の中で、日本語、ハングル、といったところのようです。英語などにも多少はありましたし、今でも残っている面もあると思いますが、あまり敬語を意識することはありません。

日本語の敬語は、尊敬語、謙譲語、丁寧語、時には女性語等々とありますが、いずれも敬語を発する側の認識に基づいているという特性があります。ハングルのように、相手の位置の高さによって使うことばが決まってくるというのでもありません。日本語は、話す側が、常に相手を忖度してどの敬語を使うかを決め、そして相手と向かい合うことになっています。理も情も左脳が支配する日本人の脳、これが、相手を忖度することばを作り出したと言えるのではないでしょうか。

私たちはもう日常的に使っているので、当たり前のように思い、意識することもありませんし、また、日々の生活の中で意識することもないのですが、それは、生まれてからことばを習得する過程で、無意識かつ経験的に身につけてきたからです。

対話にあたって、私たちは、常に相手の立場を忖度しながら、ことばを選び、相手にどのような気持ちの変化をもたらすか気遣いながら、ことばを発しています。それが、様々な局面での敬語のことばの違いを生みだしているわけです。初対面の人には丁寧なことばを使い、名刺をもらって、相手が自分より目上と認識したあとからは尊敬語を使うようになります。大勢の人を前にしてへりくだって言うときは謙譲語を、また、女性は女性語によって相手の印象を悪くしないようにすることが当たり前のように見られてきました。これらのことを、日々、無意識のうちに自己の中で、局面を認識し、ことばとして選びそして発しているのですから、そこから生まれる特性は無視できるものではないと考えています。

ここから、どのようなことが言えるかということが、今まで私が考えてきたことです。

日本語の世界は、基本的ベースはもう出来上がってしまっていますから、その前提で現代日本のコミュニケーションを考えて行かなくてはなりません。

日本語のことばの乱れが言われていますが、ことばは年とともに変化していくのが当たり前で、これを乱れといっても仕方がありません。流れを押しとどめることはできないのです。しかし、そういう中でも変わらない特質を日本語はもち、それが私たちの生き様すべてに関わっていると言えましょう。

そういう中ですから、敬語の乱れも言うまでもありません。しかし、敬語がいかに乱れても相手を見て自分の在りようを決めると言う形に変化はないを考えます。日本語の持つ特性は、そうしたことで変わるような代物ではありません。

私たちが、人間関係を作っていく際には、非常にきめ細やかな取り組み方が必要になるだろうということが、まず思いつくことです。そして、無意識であっても上下の関係に非常に気遣いをしながらコミュニケーションをするということは、タテの関係を生み出すことが多いということになります。同時に、関わりのないところには気遣いをしたくないということにもなります。面倒くさくて仕方ありませんから…。このようにしてウチとソトとを分けることが無意識のうちに行われていきます。

また、現在の大人は、そうした習慣を身につけた認識もありませんから、なぜ、そんなことが重大かというふうに思われる人が多いかも知れません。意識の上に載せなくても、成長の過程で身についてきたからであって、わざわざ意識する必要は全くなかったと言えましょう。

　このように見ていくとしかし、いつでも、誰とでもフランクに話しをするということがなかなか難しいのではないかという気がします。いわゆる閉ざされた言語ということができるかもしれません。(2009. 9. 9)

「なじみ」の構造

　そして、今から20年余り前に、私が最初の著書（実質的に書いたと言えるのはこの1冊）で取り上げたのは、日本語論に基づく私たちの振る舞いに関することでした（「なじみの構造」：１９９６年3月刊 創知社、数年前 kindle にて再出版。この本のタイトルは出版社でつけてくださったのですが、「甘えの構造」の向こうを張って、標記のようなタイトルとしようということでした）。しかし、この時は、日本語論から始めて考え方を展開するのは、やや滑稽に見えるのではないかという懸念から、その部分は付論という形で最後に付け加える形にしました。これを最初に持ってくると、どうしても内容の関連が説明しきれない2領域に分断されてしまう、という感じを持ったからです。本自体はあまり売れなかったようですが、20年を経た今の時期になって、某公立大学の入試試験問題に一部分引用されたとの情報もいただきました。

　今回、私としては、日本語論を最初に持ってきて議論展開をしようと思っています。日本語は、私たちが毎日話していることで、自覚するとしないとにかかわらず、私たちはこの日本語の世界の中で生活していることは間違いありません。

　日本人の定義は、一般的には国籍を持っているかどうかということになりますが、これとは別に、いまここでは、日本語を母国語とする人を、私は日本人として定義をすることにしています。

　この現象について、敬語という視点で捉え直すと様々な展望が生まれます。すなわち、相手の立場に立ってものを言う、日本語の敬語の特徴は、私たちの近くで共に生きている人たちに対する対応の中で典型的に現れているのです。

　ここでこの日本語の持つ特性について、１つの仮説を設定し、そこから現代日本社会の構造分析に至る推論を進めようという、ある意味で無謀な試みでもありますが、ここでチャレンジしてみる価値があると考えています。日本の社会科学分野の研究は、非常に優れたものが多いですが、欧米の社会分析の際使われた手法をそのまま日本の社会に適用して分析するようなものもあり、欧米の発想をそのままに日本社会の分析を行う形のものには、あまりうまくいっていないものも見受けられます。

今回は時間論の領域を含め、もう少しその展開する議論の範囲を広げました。高度経済成長を経た今となって、日本社会は大きく変貌を遂げ、社会環境も変わりましたが、かつて有効に機能した制度の間でさまざまな不整合が生じていると感じています。特に、今、四半世紀にわたって、日本社会では経済成長への願望を抱きながら、これを果たせず低迷したままでいることには、かなりはっきりとした根拠があると思っており、これについて分析を試みています。

日本語の持つ特性が日本の現在にどのような働きをし、またこれからの日本に、どのように働いていくかを示したいと考えています。ここで展開する、1つの仮説に基づく議論が、こじつけであって荒唐無稽な話と見る方も多いかと思いますが、今私たちが抱いている閉塞感のようなものを克服する、1つの問題提起と考えてご覧いただければと考えます。

今回の私の分析も、日本語の特性分析と、その特性を日本社会に適用して考える部分（適用編）とが異なった2つのロジックになってしまっているかもしれませんが、前よりも統合した議論になるように努力したつもりです。「なじみの構造」でもそうだったのですが、日本語の特性分析に発して、それが現在の日本社会とどのように関わっているかが、私の関心の中心にあるので、こじつけにならないことを願いつつ、できるだけこの日本語と現代日本社会2つの関係を取り上げたいと思っているところです。ここで提示する仮説は、非常に単純なことですが、これをもとに日本特有のさまざまな事象の説明のスタートとすることができると思ったからです。皆様の身の廻りの事象をこの仮説に沿って見ていただき、妥当性をチェックしていただけたら幸甚です。

日本社会は、今なお実態としては、従来型の成長願望の中にいると思っています。1990年代に入って、バブルがはじけて以降、経済成長もままならず、多くの制度的不整合に直面しているにもかかわらず、この不整合を変えることができないために、未来への展望を失って、言うなれば閉塞状況の中にあるようにも見えてなりません。

しかしながら、ここで提起する考え方を皆さんに共有していただき、賛同していただければ、考えようによっては日本には大きな展望が拓けてくるのではないかと思っています。この本でこのことをお示ししたいと思っているのですが、果たしてどこまで自分の中で思っていることを読まれる方にお示しすることが出来るか、お読みいただいて判断していただくしかありません。

また、今更ではありますが「なじみの構造」というタイトルの元となった、土居健郎氏の「甘えの構造」も読んでみようという気になり、これも注文して、読み終えました。この本で書かれていることは、私の発想とはだいぶ異なるものでしたが、なぜ出版社が私の本に似たタイトルとつけたのか、わかる気が致しました。自負するわけではありませんが、「甘えの構造」よりも「なじみの構造」の方が、ロジックとしてははっきりしていると思ったからです。さすが、私の意図をよく読み取っていただいたと出版社の編集者に感心するとともに、感謝しています。

書きことばと話しことば

この本で分析対象として考えている日本語は、「書きことば」というよりは「話しことば」としての日本語です。書きことばは話しことばとは全く異なります。私が捉えている意味合い、「相手の立場に沿うように自分の発言を考える」というスタンス、生き様は、基本的に話しことばの世界のものです。

日本語には母音がかなり頻繁に使われていて、この母音の、脳における認識領域は日本語以外の言語と比べると異なるという分析があります（角田忠信氏の著書）。日本の民謡などは、母音の発信状況が、時間的に見ると9割以上を占めているのではないかと想像されます。

こうした話法の構造から、いつしか相手のことを考えてものを言う構造が生まれたのではないかと想像しますが、正確な分析を行う能力がありません。

そして、この話しことばの延長として、書きことばも一定の特徴を持つようになっているのは当然です。書きことばについては、今までにかなりの研究の蓄積がありますし、私の今の視点とは違った課題が多くありますので、ここでは私の関心のあるところ以外の言及を避けておきたいと思います。

かつて、日本の小説は私小説の傾向が強かったと言いますが、おそらくこれは、小説等の著作に向かうときに、他者の意識について忖度しながら記述することの困難さから、自分の世界を描くことの方が、描きやすかったということではないかと考えてきました。自分の意識と向かい合う、そして自分を語る、これが結果としてみると私小説とも言われる世界になったと考えられます。

他者についての記述をするときに、ややもすると自分の思いを前面に出してしまい、思い込みの記述となってしまうことになりがちであり、このため、確実な世界として、自分の意識の軌跡を追う形が多く造られるようになっているのではないかと思います。もっとも現在はさまざまな情報が流通するようになったことも影響して、かなり違った形のものが出てくるようになりました。

成長する過程の子どもたちは、話し方を覚える方が書くことを覚えるよりはるかに早いのはご承知の通りです。どのように学習したかは育ってみないとわかりませんが、文字にするのはかなり後の段階であることは間違いありません。育つ過程で日本語の話し方を習得している、と同時に日本語の持つ特性に基づくコミュニケーションのありようを、一定の年齢になるまでに身につけるようになっていると思っています。

日本語に発する特質を大いに世界の中で活用すべし

ごく最近になって、昔買って読んだかもしれない本を何冊か読み（直して）、私としてはようやく確信を持つことができるようになりました。かつては、読んでいたとしても気づかなかった内容があります。

何よりも、鈴木孝夫教授の著書が、確信を持たせてくれました。「ことばと文化（岩波新書、１９７３年発行）」や「閉ざされた言語・日本語の世界」（新潮選書、１９７５年4月発行）」といった名前を思い出し、何冊かアマゾンで購入して読みました。まだ本が届く前に、ひょっとして鈴木教授の本が自宅にあるかもしれないと思って、本棚を探したところ、表記2冊は、本棚の奥深くにあるのを探し当てることになり、「ことばと文化」については、アマゾンから本が届く前に読み終えました。この目次を見たときに、「人を表わすことば」という章があり、ここに自分が最近やっと気づいたことが書かれているかもしれないと、一抹の不安と、大きな興味を持って本を読み進めました。その結果、44年前出版されたこの著書に、私が考えていたことをはるかに上回る内容が整然と完璧な形で分析・記載されているのを発見しました。自分自身の発見でなかったことを残念に思いましたが、同時に、この分析から、新たな議論展開ができるのだという確信も抱いて、今回の著作の進め方の構想を固めることができました。

今までさまざまな形で述べられてきた日本人の特性について、その多くが日本語の特性の延長で説明できるのではないかと思うようになりました。

そこで、私の考える日本語特性について、やや誇大妄想

日本語（人）の世界

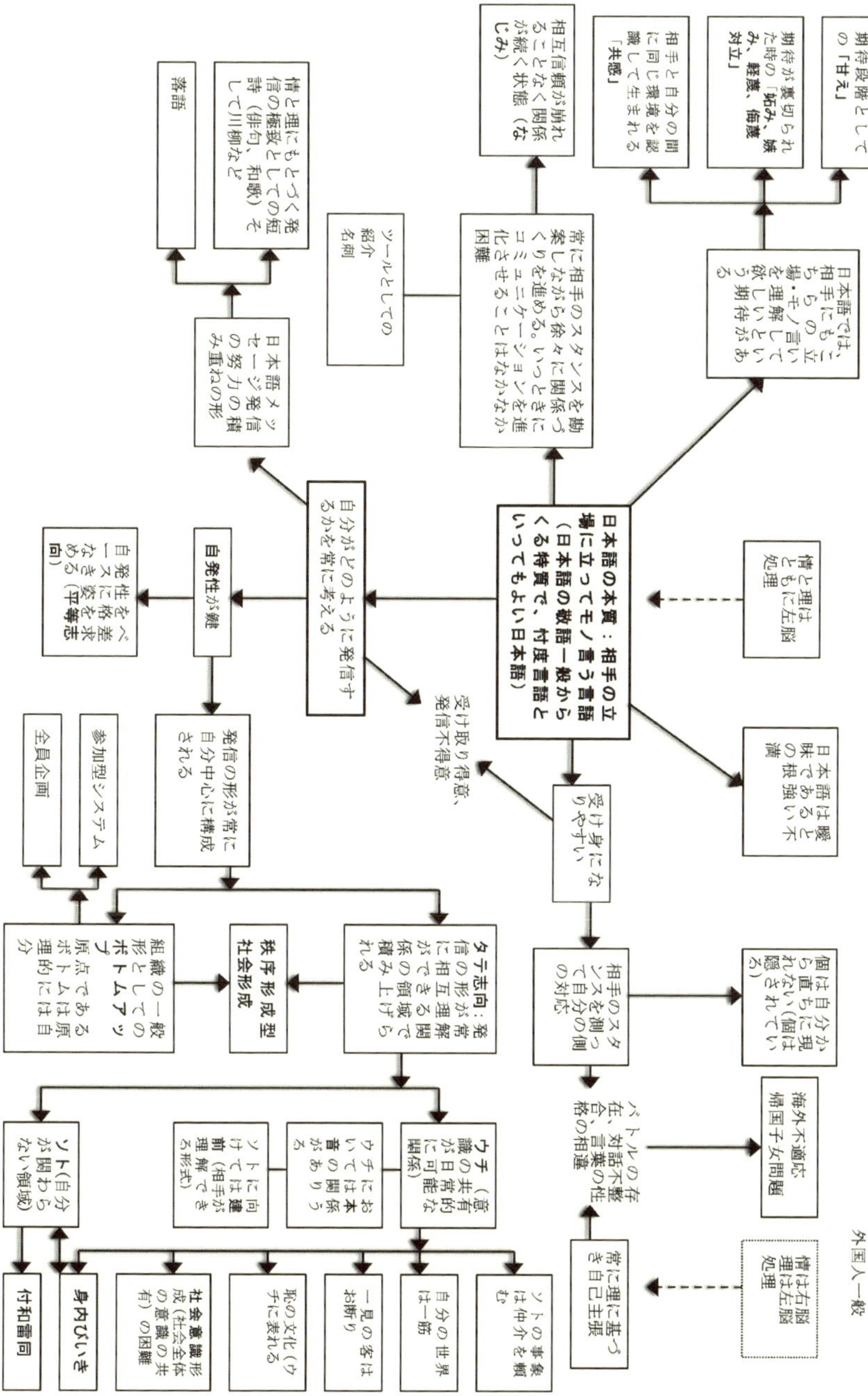

外国人一般
期待段階としての「甘え」
期待が裏切られた時の「妬み、嫉み、軽蔑、侮蔑対立」
相手と自分の間に同じ環境を認識して生まれる「共感」
日本語では、相手にもこちらの立場・モノ言いを理解してほしいという期待がある
情と理はともに左脳処理
日本語は曖昧であると根強い不満
個は自分から直ちに現れない（個は隠されている）
海外不適応
帰国子女問題
情は右脳
理は左脳
処理
日本語の本質：相手の立場に立ってモノ言う言語（日本語の敬語一般からくる特質で、忖度言語といってもよい日本語）
受け身になりやすい
相手のスタンスを測って自分の側の対応
バトルの存在、対話不整合、言葉の性格の相違
常に理に基づき自己主張
相互信頼が崩れることなく関係が続く状態（なじみ）
常に相手のスタンスを勘案しながら徐々に関係づくりを進める。いっときにコミュニケーションを進化させることはなかなか困難
受け取り得意、発信不得意
ツールとしての
紹介
名刺
自分がどのように発信するかを常に考える
タテ志向：発信の形が常に相互理解ができる関係の領域で積み上げられる
ウチ（意識の共有が日常的に可能な関係）
ウチにおいては本音の関係がありうる
ソトに向けては建前（相手が理解できる形式）
ソトの事象は仲介を頼む
自分の世界は一筋
一見の客はお断り
恥の文化（ウチに表れる）
社会意識形成（社会全体の意識の共有）の困難
身内びいき
付和雷同
ソト（自分が関わらない領域）
情と理にもとづく発信の極致としての短詩（俳句、和歌）そして川柳など
落語
日本語メッセージ発信の努力の積み重ねの形
自発性が鍵
発信の形が常に自分中心に構成される
秩序形成型社会形成
組織の一般形としてのボトムアップ
原点であるボトムは原理的には自分
参加型システム
全員企画
自発性をベースに格差なき姿を求める（平等志向）

の感もありますが、トータルな認識をフローチャートにしてみました。第1章では、このフローの中のポイントと考える部分の説明をしてまいります。

第1部　日本語の特質について

第1章　日本社会の変容を導いた日本語の特性

(1) 日本語は、話そうとする相手の立場に立ってモノ言う言語

影を潜めた「日本人論」

高度経済成長末期でしたでしょうか、日本人論が世の中の話題を席巻していた時期がありました。古くは和辻哲郎氏がもてはやされ、イザヤ・ベンダサンなるペンネームの人の書が、一世を風靡しました。

当時、非欧米で唯一、経済的にテイクオフを果たし、高度経済成長を謳歌しつつ欧米に並び、さらに快進撃を続けていた時期ですから、日本人には、他民族にない優れた特性があるとし、自らの姿が何であり、他民族にない特質とは何であるのか、その不思議の原因を探ろうとしたのは、至極当然のことであったように思います。

当時は、日本人は他民族にない特殊な才能を持っているとか、もともと特殊な民族であり、その根源はこれこれのところから来ている、などといった話がもてはやされました。これだけの経済発展を遂げたのは、民族の優秀性を証明している、といった自らへの驚きと、そこからくる誇りに満ち溢れた姿が浮かんでまいります。

しかし、成長が止まり、先行き不安と閉塞感もあって、民族の特性にまで遡って、日本人の優秀性や、特長を語る人は、めっきり少なくなりました。というよりはほとんどいなくなったといってもよいのではないかと思います。逆に、日本人の持つ特質のマイナス面を語る人が多くなり、被害妄想的な考え方が蔓延し、また、出来るだけそういうことには無関心でいようと無視する姿勢の人が多くなっています。日本人は特に優れた民族であるとするような話は、急速な経済発展の中で生まれたあだ花のようなものでしかなかったようです。

一方、こういう状態を憂え、なんとかしなければということで神がかり的な対応を考える人たちも出てきました。過ぎ去った時があたかも理想の時であったかのごとく、昔を懐かしみ、仲間を集って昔帰りを望む人たちが活動を続

けています。

　ところで、日本人特殊論というのはあるのか、ということに戻ってみたいと思います。自らの姿を顧みて、その可能性と限界を考えることは、いつの時代でも大事なことと考えています。（2009.9.8）

日本語の特質

　皆様の中でもかつて読まれた方が大勢いらっしゃるのではないかと思いますが、中根千枝さんが40年も前に書かれた、「タテ社会の人間関係」という新書版の本があります。日本人の特質としてあげられるのは、このことに尽きるのではないかと私は考えています。日本人はタテを指向しやすい、そしてそのことが、一方で日本人の道を究める生き方を可能とし、他方でヨコのつながりの希薄さから、機能しなくなった時にはそれまでの仕組みを、軌道修正することの困難さを作り出していると言えます。

　中根さんのこの仮説を採ることにより、日本社会のいろいろのことに対して説明力を持つということが、大事な点です。このことが日本人の能力発揮の基盤を作り出していると同時に、うまくいかなくなったときには、大きなくびきとしてのしかかって身動きできなくする、そのために転換を求めるエネルギーが噴出するということになります。タテ社会のそれぞれの領分で生きている限り、状況を変えることはなかなか難しいために、転換を求めるエネルギーとなるまでは、鬱々として変えられないまま時間を経過するということでもあります。そして、日本語というものが、こうしたあり方を生み出している根幹にあると考えるに至りました。

　「**日本語は、話そうとする相手の立場に立ってモノを言う言語である**」、これが私の見つけた仮説のすべてです。小さなＳＮＳグループに、新たに２０１４年４月に投稿し、２０１６年「情報社会への道筋」と言う短文に再録してありますが、少し修正をしたそこでの文は以下の通りです。

　ここで取り上げたいと思うのは、私たちの情報発信の際の認識についてです。……（中略）……以前より何度も申し上げているように、日本語の世界では、相手の立場を忖度してものをいうということにその特質があります。相手を見極めて、極端に言えば、相手の立場に成り代わって、自己表現をするという特質を持っています。以前より例に挙げているのは、次のようなことです。

『子育てもとっくに終わり（終わったつもりでおり）、孫

が生まれ育っているというところで、娘が、孫を連れて家にきて話をする段になりますと、娘に向かっては、「パパはだいぶ暇になったよ」と言い、孫に向かっては、「おじいちゃんといっしょに遊ぼうね」といった対話が続きます。』

『「パパ、時間が取れるの?」とか「おじいちゃん、いっしょにあそぼう!」といったように、相手がごく当たり前に使うと思われることばを使って、自分のことを「パパは」とか「おじいちゃんは」といった風に表現する日本語とは

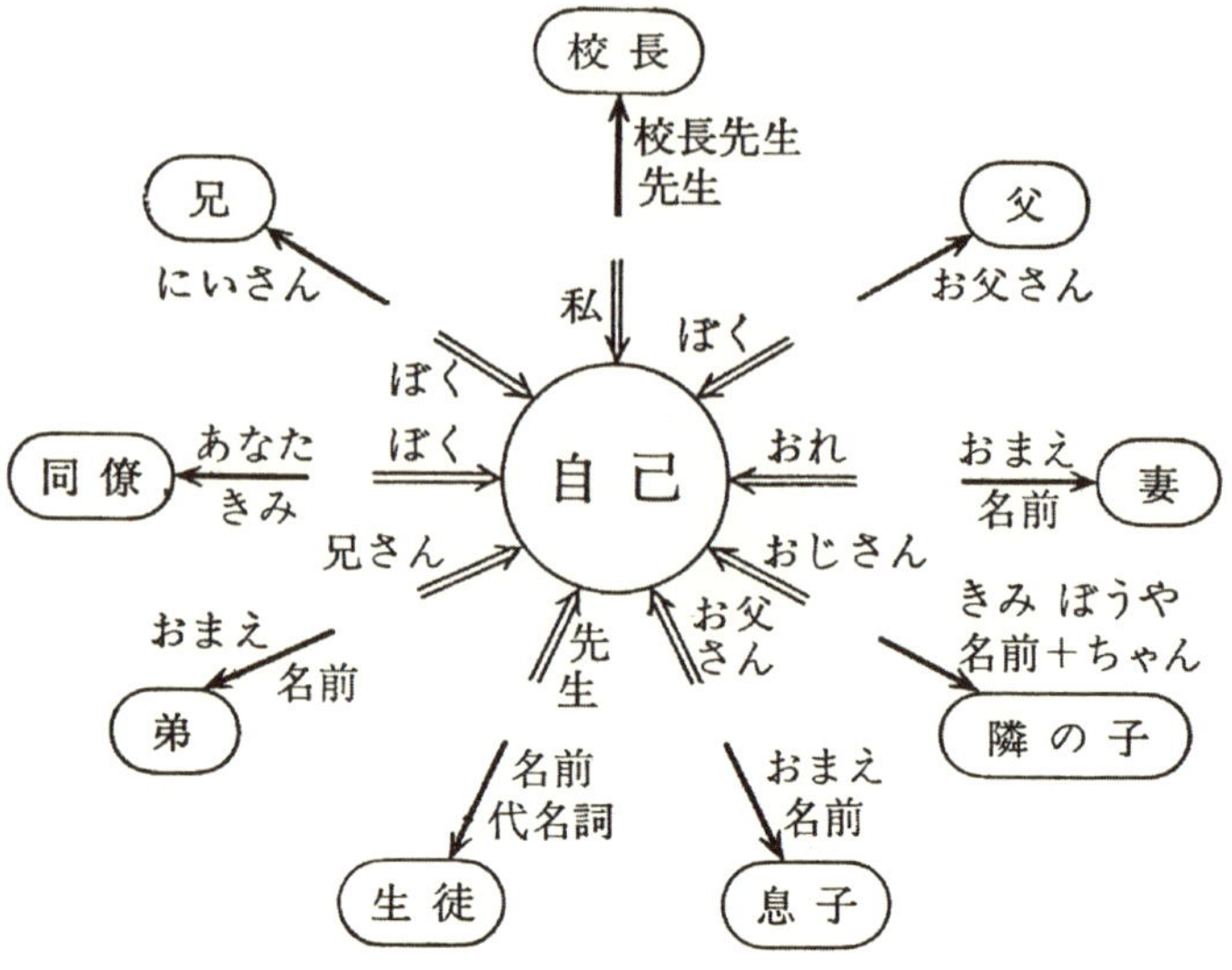

第１図　鈴木孝夫氏「ことばと文化」（岩波新書 P.148）

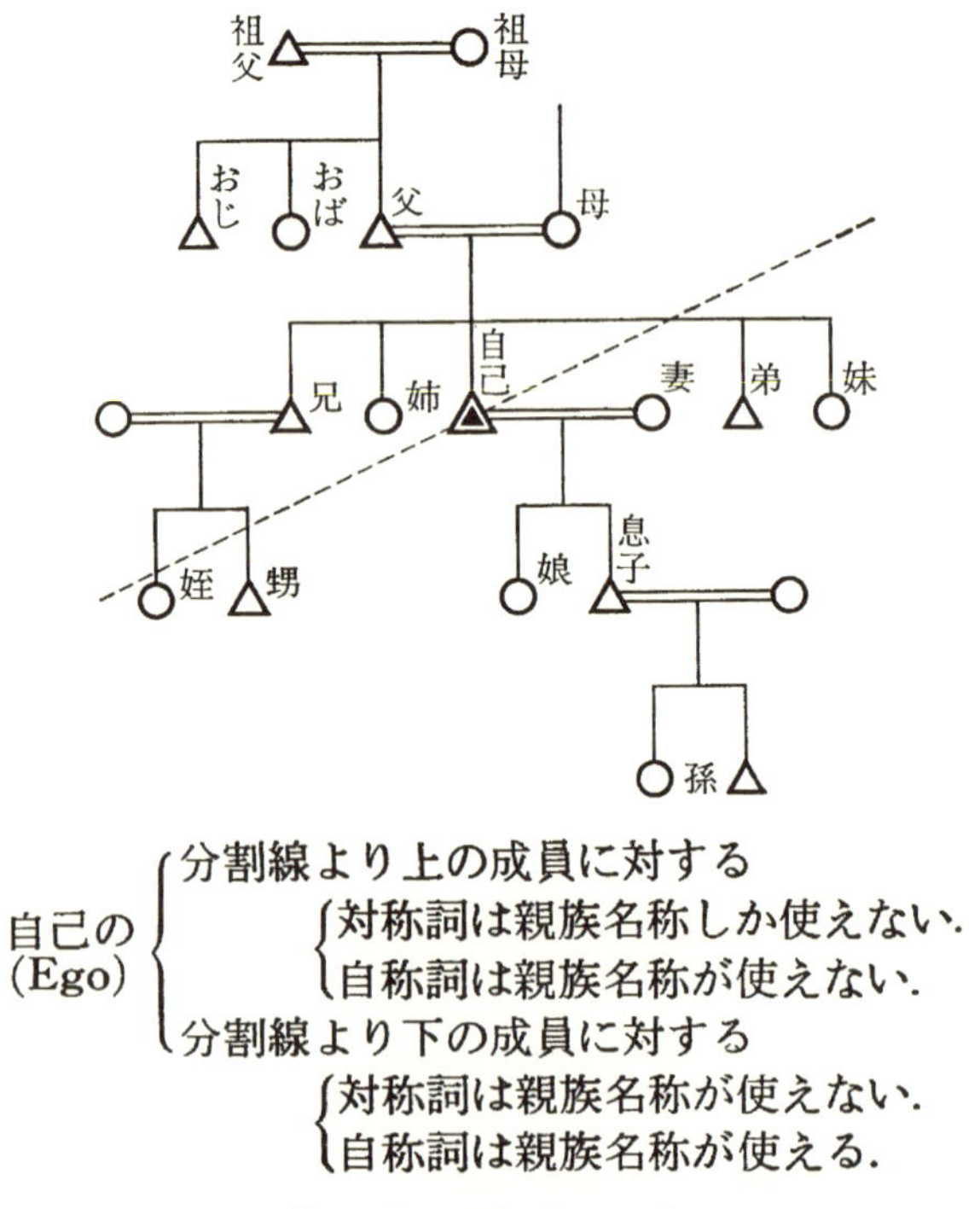

第２図　同書（P.150）

いったい何者なのでしょうか。

日本語のことばは、話す相手に応じてどのように相対《あいたい》するかを考えながら、ことばを交わす言語なのです。その場合、表現自体が、相手の立場に成り代わって言ってしまうというくらいに、相手のことが念頭にあります。言うなれば、対話相手依存型会話法・対話相手に主体性を持たせる会話法（相手の立場に立って話す、あるいは相手の行動を無意識のうちに想定しながら話す）といったことで、それが日本語の中に構造として組み込まれている、と考えることが出来ると思います。』（２０１４年４月25日：若干修正しています。）

相手次第で自己表現が、「パパ」になり、「おじいちゃん」になるのが日本語のごく普通の表現なのです。

他者依存型の自己表出のスタイルが、日本語に由来していること、また、そのことに気づかず、私たちは自らの生活スタイルを作り出しています。（２０１６年７月17日）

最近になって、閉ざされたことばとしての日本語……ということばを特に意識することもなくメモしていた時に、ふと、こうした本があったのではないかと思って、インターネットで検索をしました。鈴木孝夫氏の「閉ざされた言語・日本語の世界」というのがあり、また同氏の著書「ことばと文化」という本を見つけました。これらを読まなくてはと思い注文したのですが、この鈴木孝夫氏の本は、私の蔵書にもあるかもしれないと思い、本棚を探しました。そして、まず、岩波新書の「ことばと文化」を発見し、これを読みました。以前にも読んだことはあるのではないかと思いましたが、その時は、敬語そのものに関心を持っていたので、おそらく気づかなかったのだと思いますが、最近、私の問題意識に加わった、相手の立場に立って自己表現をする言語の特質分析が、たいへん精緻な形で分析されて掲載されていました。

典型的なのは、第1図に見られます。

息子と話す時は、自分自身のことを「お父さんは」と言い、生徒に向かっては同じく「先生は」という、ということが書かれていました。そして、この呼び方については、はっきりした原則があるとしています。それが次の、第2図で図示されています。

ここでは、自称詞、対称詞という表現が使われていますが、これは、自分で自分を呼ぶ時が自称詞、相手を呼ぶ時が対称詞となっています。第1図の、自己を中心に置いた図で見ると、自分に向かっているのが自称詞、外側の相手に向かっているのが対称詞ということになります。これらは、よく文法で述べられる人称代名詞の話とはおよそ関係がありません。

そして第2図で、自分の親族を呼ぶ時の呼び方では、点線の上方と下方とでは明らかに使い方が異なり、記載のような明確なルールがあるとしています。（詳細は、「ことばと文化」146ページ以降を参照してください。）

この記述を日本の敬語と重ね合わせた時に(1)のタイトルにあるような「日本語は、話そうとする相手の立場に立ってモノ言う言語」という仮説が、ほぼ確信に変わりました。

第1図にある自称詞の表現は、日本語の敬語の形と重なるものであると考えました。自分自身を表現することさえ、相手からの呼称を使うということは、まさしく相手の立場に立ってモノをいうことの典型的な表現と言えると考えました。これを日本語の敬語と関連づけますと、日本語の敬語は、相対的敬語と言われ、話す相手によってその使い方が変わるのを特徴とします。この相対的敬語というものもまた、「相手の立場に立って話をすることば」と言えます。話し相手に応じて、言い方を変えることが当たり前、否、そのようにしないと日本語を話していることにならないということを示しています。近親者に対してごく普通に使われていることば遣い、相手の立場に立って話をするということは、そのまま日本語全般の話し方のしきたりになっていると考えて間違いではないと思います。自分の子どもや孫と話すときでも自分を相手の立場に立って言い方を変えるような、しかも厳密な作法があるという言語は世界中どこにもないのではないかと私は思っています。これが日本語というものの原点といって良いのではないかと考えています。

何よりも大事なのは、こうした、相手の立場に立ってモノを言うということが単なる言葉の世界のことではなく、日々の日常生活に深く浸透しているということです。私たちの日常の行動を決めているものなのです。よく取り上げられる事例は、以下のような点に見られます。

場の空気を読むのが日本人、的確に早く読んで反応できる能力が問われるのはいうまでもありません。

職場で他人の仕事の穴埋めをする日本人、これは場を読むという特性によるもので、これが本来の日本人なのです。欧米的な考え方が入ってきている現在は、職務外のことを状況に合わせて行うということはおかしいということになるのですが、日本人としては一般的には当たり前のことと捉えられているといって良いと思います。

しかし、こうした行動様式を当たり前とするまでになることは、一朝一夕で可能なわけではありません。相手の立場に立ってモノ言う言語、日本語を使う生活が深く根付いていって、初めて成り立つ作法です。私たち日本人はこうした話し方を当たり前としているのですが、これは、日本に住み、日々日本語を話す中で話し方の一般形として身についていったものです。コミュニケーションの言語が日本語であるからこそ可能であったと考えなくてはなりません。

私たちは当たり前のようにこの日本語の世界で生きているわけですが、一旦ここに着目するとなると、当然ながらこの習得のメカニズムについても強い関心を抱かざるを得ません。なぜ、そしていつから、どのようにしてこうした話の仕方を、誰もが一様に身につけることができたのか、日本語を母国語として話していながら、こうした視点になじまない日本人もいるのではないか、といったさまざまな疑問が生まれてまいります。

しかし、多少の個人差はあるにせよ、日本語を母国語として話す日本人は、誰も自覚はしていないのですが、概ね、皆、育つ過程でこうした話し方を体得しているといって良いのではないかと思います。

この根拠を解明することは、私には十分な知見がなく、分析能力もないため、ここではできません。したがって、仮説として提示して、この仮説の説明力がどこまであるかを読まれた方に判断していただく形しかないというふうに思っております。

ただ、このように考えるに至った根拠を申し上げると、それは「日本人の脳」「続・日本人の脳」「日本語人の脳」を書かれた角田忠信博士の考え方にあります。

「日本語人の脳」

「日本語人の脳」（角田忠信著　言叢社　2016. 4. 16 発行）という本を読みました。90歳になろうという人の書いたというか、これまでに書いたりしたものをまとめられた本ですが、ひどく難しい本で、ちんぷんかんぷんのところがほとんどなのですが、この内容が、私が昔「なじみの構造」という本を書いた時に大きな示唆を受けていたものでもありました。「日本人の脳」「続・日本人の脳」という著書はかなり前に書かれていて、ここに、実証的分析検討を踏まえた日本人と西欧人の「母音」の受け止め構造の違いが書かれています。日本人は母音を左の言語脳で受け止めるのに対して、西欧人は右の音楽脳で受け止めるという違いがあるというものです。角田博士の以前の著書では「日本人の脳」としていたのが、最新の著書で「日本語人の脳」としている点で、意味深長なものを感じています。日本語人の脳と同様、左脳で母音を受け止めるのは、他にはポリネ

図１　日本人と西欧人の自然音、言語音、楽器音の認識機構の差

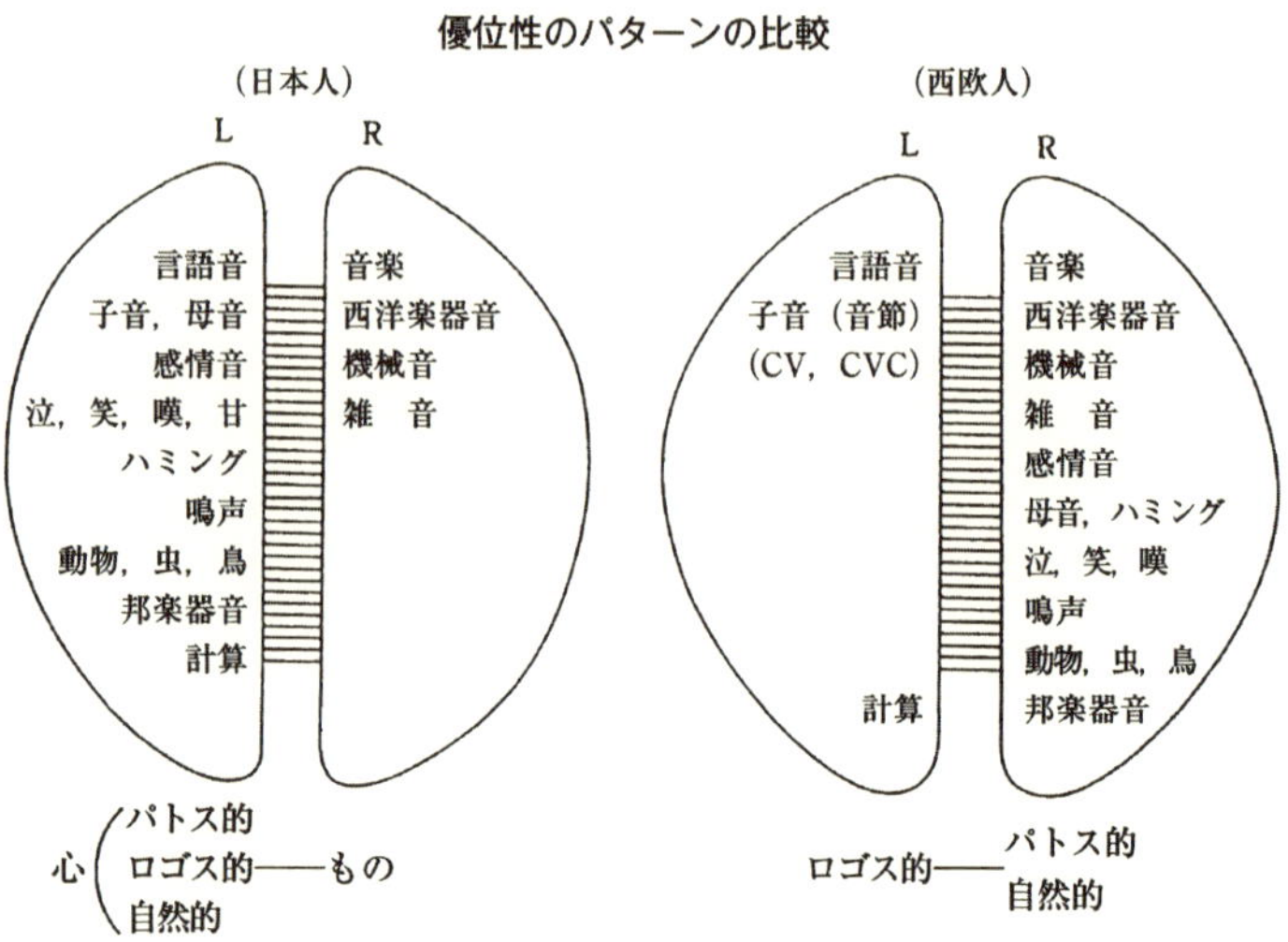

第３図　角田忠信氏「日本語人の脳」（言叢社　P.30）

シア語しかないという実証結果が語られています。日本人特殊論ではなく、日本語を話していくことによって、そうした脳構造が定着するという話です。日本人の定義は何か

ということで問われた時、日本語を母国語とする人と言いましたが、今回、この本にはその辺のことがきちんと説明されています。

この方は、かつて東京医科歯科大学の耳鼻咽喉科の先生だった人です。

日本語が相手の立場に立って発言をする構造となっているということを立論したのは、この日本人の言語脳の違いをベースに思い至ったものであります。これも含めて、仮説を設定していると考えていただければと思います。

よく、日本人は虫の鳴く音を左脳で受け止め、「虫の音《ね》」という言い方をするのに日本語人（日本語を母国語として話す人という意味です）とポリネシア語人（とりあえずここでは「日本語人等」と一括しておきます）以外の人たちは、これを雑音としてしか捉えないということが、言われてきました。日本語人等は、母音を言語脳である左脳で受け止めるのに対し、その他の人たちは、右脳で捉えるということに大きな違いがあるとしています。（2016. 5. 8）

細部にわたっては、第3図を参照していただくとともに、同博士の著書をお読みいただく必要があります。この図は、角田忠信博士の「日本語人の脳」にあるものですが、

この著書の別のところ、さらに以前の著書でもこの図はなんども使われています。

この図では、私たち日本語人等は、様々な音を左脳で受け止めています。母音を左脳で受け止めるということが何を意味するかは、わからないのですが、博士の分析を見ますと、西欧人は左脳で、ロゴス的（論理的）分野を受け止め、右脳でパトス（情）的なものを受け止めているとしています。これに対して日本人は、論理的なものも情的なものも左脳で受け止めるという分析になっています。角田博士は、こうした受け止める脳の違いが形成されていくのは、だいたい生後、6歳から9歳ぐらいまでであるとしていて、その時期に日本語の世界で生活している場合は、日本語人になっていく、もし国籍が日本であっても、その時期に海外の言語環境で育てられた場合は、向かって右のような脳の受け止め構造になるとしております。（この年齢的なものについては、同書、289ページに対談の中、その他で述べられています。）この図で見ますと、日本人は、パトス的なもの、ロゴス的なもの、自然的なものも含めて左脳で受け止めているとなっています。

日本人やポリネシア人を除く人々は、母音を右脳で受け止めますが、少なくとも日本語では、現在、母音は5つしかなく、50音でも語尾は、全て母音になります。また、民謡などで歌っているとき、母音が9割も超えそうなものがたくさんありますが、実際これを左脳で受け止めて、私たちは感動しているというのが実態ということになります。

角田博士の分析から、日本語特性としての仮説を考えるということは、扱う世界は、書きことばではなく、話しことばの世界です。書きことばの分野でも日本的特性はいくつも指摘できるのですが、多くの場合これは、話しことばの世界の延長として考えることができるのではないかと思います。文字化された文や文章で、日本語の特性を分析している著書も数多く見られますが、これは、話し言葉により形成された心象が反映していると見た方が良いと思います。したがって、ここでの分析は、話しことばの世界と割り切って考えていただくことが良いと思います。ことばと文字の世界の違い、基本的に話しことばの世界の重要性を指摘しておきたいと思います。

さて、日本語は私たちにとって当たり前に日常的に話している言語ではありますが、一度こうした視点に立つと、私たちの通常認識していない習性のようなものがいくつもあることに気づきます。

そして、多くの事象について、日本語の特性によったのではないかということがらに気づきます。

日本人のコミュニケーション

もう十数年前になるでしょうか、私が神奈川県に在職し、青少年総合研修センターというところに勤めていたときに、諸富祥彦さんという、当時千葉大学の先生（今は明治大学にいらっしゃるようです）にお越しいただいてお話を伺ったことがあります。そのとき、先生が話されていたお話で強烈に印象に残った挿話がありました。電車の中での先生の観察です。以下、その部分のテープ起こしを転載します。

『この前も、私、夜東京で仕事やること多いんです、そこでね、夜東京で仕事やって、帰りに千葉へ帰る総武線ていう電車あるんですね、黄色い電車。あれ乗ってると、こういう場面あったんですよ。

高校生の子がいて、携帯電話にかかってきたんですよ。「おれー」とか言って。「今からどうすんの?」「今から遊び行くよー」「いいよ、じゃー酒でも飲むか」とかいう話をね、でっかい声でやってんのね。それで、みんな「あーあ」とか思って見てたわけですよ。

そうしたら、隣の隣の隣に50代半ばの男性がいたんですね。その50代半ばの男性が、見てると手がね、ピクピク震えてるんですよ。「お、これはきてんな」と思って見てたんですね。しばらくどうなるかと思って見守っていたんですが、まだ話しているんですよ、その高校生、何分かかってもね。

「えー? ビールにすんの? ウィスキーにしようよ。ちょっと強い酒飲みてーよ、オレよ。お前ビールでもいいからよ、お前ビール買って来いよ。オレ、ウィスキー持ってくからよ」。くっちゃべってるんです、延々と。

みんなだんだんといやだなーっていう顔になってきて、見てると、手首が小刻みに震えていたおじさんの、その振幅が大きくなってくるんですよ。「これは、切れるかもしれない」と思って見ていたらですね、すくっと立ち上がったんですよ。「おっ、立ったぞ」と、ヒェーッて思って見ていたら、歩いて行ってね、その高校生の前に行って、「うるせーんだ、てめえは、バカやろー! 人の迷惑も考えろー。若ゾー。てめえー!」とかなるわけですよ。

そうしたら、その高校生凍るわけですよね。怖いでしょ。凍っていたら、その50代の人が席に戻ったんですよ。

しばらくすると、みんなシィーンとしてね。一瞬凍ってて、パタッて音してですね、携帯電話もとに戻してですね、「おやじよ、頭禿げてんじゃねえよ、おやじ。謝れ、てめえ、禿頭のおやじよ!」グワーっていう感じで。

そのおやじの顔も震えながら、「電話を切ればいいんだよ、切ればーっ!」なんてやってるんですよね。

これどっちが悪いんでしょうかね。

一番困ってたのは真ん中の３人でね……。非常にいやな雰囲気になってね。やっぱり途中で逃げ出したのは、その50代半ばの方でね、駅に降りていって、降りた後も「おやじはよー、禿げてんじゃねえー！」なんか一人で、叫びまくってましたよね。これどっちが悪いんでしょうね？

高校生が勿論悪いですよ、マナーないから。でもその50代半ばの方も、へたでしょ、やっぱり。・・自己主張能力っていうのは、相手に伝わる仕方ね。相手に自分の気持ちを伝える仕方でやらなければならないのに、みんなの中でグウワーってやられたら、その子つっぱってるんだから、世間体もあるから、引くわけにいかないじゃないですか。だから、怒鳴りゃいいってもんじゃない、きちんと注意をすべきだと思うんですよね。「きみ、もうちよっと静かに話してくれないかい？」とかね、「あんまり長く話すのはルール違反だよ」とかね。そんなふうに言えば、その高校生も切ったかもしれないですよ、電話。

そんなわけで、日本人は大人も含めてね、みんなへたなんですよ。自己主張能力、言いたいこと言う。ずーっと耐えて我慢するか、いきなり爆発するかどっちか。これってやつは、未熟なんですよ、人間として。ぜひ、そういう力を子どもたちにも、つけてあげてほしいなって思います。』

（青少年総合研修センター）

最近は、滅多にこういうことには出会わなくなったかと思いますが、似た現象は数多くあるのではないでしょうか。電車の中でも、気に入らない会話を大きな声でしている人がそばにいると、それだけで気になり、いまいましいという気持ちになっている自分に気づきます。話しかけるなどということは思いも寄らないのですが、気になっていらいらしているわけです。それでいて、自分が親しい友人と話をしているときは、どんな人混みでも余り気になりません。

これは、私たちのコミュニケーションのスタイルであって、すでに親密な関係がある場合は別として、見知らぬ人との接点となる場面では、すーっと中に入っていくことは出来ないのに、対象に対してえらく強いアンテナを張って常に身構えているということを示しているとは言えないでしょうか。１つの事例にすぎませんが、こうした事例は日常的に起こるもので、私たちの生活において、人との新たなコミュニケーションの接点を作ることが、あまり簡単なことではないということが、言えると思います。（2008.9.29）

男女共同参画を進めるための第一ステップ

ここで1つ問題提起をしておきたいと思います。

日本語の敬語的な世界で、女性語の世界があります。ウィキペディアで見ますと、ご丁寧に50音順の一覧表まで載っています。女性はことば遣いとしては〈女性らしく〉女性語を使うことが推奨されているようですが、このことにより、取りようによっては女性を男よりやや目下の位置にさらす結果となっているのではないかと思われます。現在に至るまでよく使われている女性語の発祥は明治以降ということも解説されていますが、女性語自体はかなり前からあったようです。

今、日本では男女共同参画ということが盛んに言われていますが、その場合、まず、ことばを同一にするということから始める必要があるのではないかと私は思っています。日本語というものが曖昧なことしか伝えない劣等語であるから、日本語をやめて別の国のことばを使うようにしようなどということが、明治期以降、そして第二次世界大戦後までかなり議論されてきたようでもありますが、そんなことより、男女でのことば遣いの一致がまず必要なことではないかと思っております。

女性の幹部社員登用や、行政機関・審議会等での女性登用などが盛んに言われていますが、その内容はせいぜい3割を目標とするべしと言ったことです。これは、とても5割などと言う数字は誰が見ても無理なので、せめて3割と言っているのが現状です。しかし、男と女の数は、世の中でだいたい半々なのですから、3割はおかしいのであり、5割を目指すべきであるのは当たり前であり、これを実現する前提は、女性語の廃止から始めるべきであるというのが私の主張です。

しかしながら、男連中は、女性は女性らしいことばを使ってもらいたいなどと当たり前のように言うものと思います。しかし、このこと自体が敬語の世界で見れば、1格落とすための言い方であるということをなぜ自覚しないのか不思議でなりません。これでは5割などと言うのは夢のまた夢です。こうした発想が蔓延しているために、女性天皇を認める考え方が当たり前のように排除されているのだと思います。

また、女性語が蔓延しているために、女性同士の付き合いの世界が別に作られやすく、その中での特殊な環境、時に女性の中での陰湿ないじめの世界ができてしまうことにもなると考えます。

男の側は、女性に特別にことばの世界で忖度してもらいたいという気持ちが強いのかもしれませんが、それは日本語の敬語一般の世界でも可能なのですから、それ以上のこ

とは求めるべきではないと思っているところです。(2017.5.3)

話しことばと書きことば

日本語では、話しことばの世界と書きことばの世界では大きく異なるということを述べました。

まず、**話しことば**の領域についてもう少し具体的に述べます。

日本語の世界では、相手の立場を付度してものをいうということにその特質があります。相手を見極めて、極端に言えば、相手の立場に成り代わって、自己表現をするという特質を持っています。

敬語がさまざまな形で発達したのが、一般的によく知られた日本語の特質です。日本語の敬語は、「相対的敬語」として、相手と自分との相対的関係において、使う敬語の種類が異なることにその特徴があります。この敬語は非常に難しいもので、自分から見た相手の立場が定かでないと、的確なコミュニケーションが進みません。日本語のことばは、話す相手に応じてどのように相対《あいたい》するかを考えながら、ことばを交わす言語なのです。

その場合、表現自体が、相手の立場に成り代わって言ってしまうというくらいに、相手のことが念頭にあります。言うなれば、対話相手依存型会話法・対話相手に主体性を持たせる会話法（相手の立場に立って話す、あるいは相手の行動を無意識のうちに想定しながら話す）といったことで、それが日本語の中に構造として組み込まれている、と考えることが出来ると思います。

他者依存型の自己表出のスタイルが、日本語に由来していること、また、そのことを自覚しないまま、私たちは自らの生活スタイルを作り出しています。

このように相手依存の会話のスタイルですから、相手の氏素性がわからないと、どのように話しかければいいか迷います。このことから、日本では自己紹介の手法として、名刺が発達しました。これは便利だということで、外国の方々も一般的に使うようになりました。

また、日本語のこうした特質から、誰とでも、会った瞬間から、既知の人間関係にあったごとくコミュニケーションを楽しむということはなかなか難しい状況があります。相手の氏素性がわからないとき、どう話しかけて良いかわからないからです。ここからどういう現象が生まれるかと言いますと、自分の通常の交流圏と、それ以外の世界との分断が起きます。生き抜くために必要な生活の領域とそれ以外の世界とは明らかに違うと言えます。これが、いわゆる、「ウチ」と「ソト」の分断と言われるものです。そして、この分断の中での生活と経験の積み重ねから、私たちは、ウチに対しては実にきめ細やかな成果を生み出していきます。

言い換えると、ソトの世界に対しては無関心、あるいは所詮自分に関わりのないこととして、関わりを持たない習性が徐々に身についていきます。私たちの生活スタイルは、横断型の認識を作るよりは、自分の世界を深掘りするような方向にどうしても進んでしまいます。一方では、私たちは、その道一筋を高く評価するとともに、何にでも手を出す八方美人という感じの人をあまり評価しないという姿勢も生まれてきます。

一方、こうしたコミュニケーションスタイルは**書きことば**の世界ではどうなるのでしょうか。話しことばでは常に特定の相手を意識しながら、相手への対応を進めるのですが、書物《かきもの》の世界では誰を対象とするのかによって、書き方が相当異なるということが出てきます。

今はそれほどでもなくなったようにも思いますが、「序章」で述べたように、日本の小説は「私小説」の傾向が強いと言われました。

今でも、インターネットの世界で発信されているブログでは、自分の日々の世界を描いているものがいくつもあります。フェイスブックの問いかけ自体も気になります。恋人でない人に「今何してる」という問いは、自分の世界の表出を促しているように聞こえます。自分の世界を描いている限り、間違いはないし、また、スムーズに描くことができるからです。インターネットでは、誰が見ているかわからない世界ですから、描く対象についての洞察力の深さが問われることになります。今日身の回りに起きたこと、食べたものなどを記述するにせよ、常に相手の存在を意識して進める必要があります。

日本では、短詩の発達は目覚しいものがあります。自由詩の形式もありますが、短歌、俳句　かなり前には連歌等、世界で見ても特異な発達を遂げています。特に、短歌31文字、俳句17文字での表現がなぜ日本では受け入れられてきたのでしょうか。短詩の世界は、日本語の極限まで圧縮された姿を示しています。典型的に日本語特有の性格を表しています。というのは、作成者とこれを読む人との共感の世界として成り立っていると考えることができるのではないかと思います。通常の会話では、話し手の立場に立ってものを言うということを述べていますが、書きことばとしての短詩の世界では、自己の側の研ぎ澄まされた感性の表現が、読む側の感性と出会うところにあると言えると思います。話しことばの世界では相手の立場に立ってモノをいうということでしたが、書きことばの世界、特に短詩の世界では読者との究極の共感を目指しているのではないかと考えます。短いフレーズの中に、果てることのない深い共感を生み出しているのではないでしょうか。

ここではどう考えても理と情とを左脳で扱う日本語の特質があると思われてなりません。理と情とを同時に扱う日本語の特質があるため、短い言葉の中に研ぎ澄まされた感性の表現が生まれるベースがあると思っています。

書きことばの世界では、誰に向かって書くかということが決まっていれば、相手を見定めた文章を書くことができますが、この場合でも単なる必要事項の伝達をすればいい場合と、相手の気持ちを推し量って書く場合とでは、かなり書き方への気遣いが異なってきます。描かれた世界が、ウチなる世界か、ソトであるかによって大きな違いがあるのは当然です。また、ソトであっても比較的誰でもわかりやすい世界と、ウチでなければわからない世界とがあり、内容に大きな差異が生まれてきます。

日本ではハウツー物が大流行りで、どの分野であってもハウツー物が氾濫していますが、これは、日本社会のウチ、ソトということと関係していると想像されます。特にウチの世界をソトに説明するという点でさまざまな領域で、説明がなされる実態があります。ウチに入ることは困難でも、こうした文献で、内部事情を把握し、物事に対処しているのが日本社会の一般的な姿です。いわゆる暴露本というものも、こうした延長上にあると言えるかもしれません。

(2) 日本語にはこれだけの特性がある

A 「自発性」がなければ日本語会話は成立しない

自発性

日本語では、初めての相手との対話においては、相手のスタンスを読みながら、相手にできるだけ受け入れられるような発言をすることが普通です。したがって、相手のスタンスがはっきりとわからないうちは、対応することばが定まらないため、自分の側からの発言をとどめてしまうことが多いと言えます。発言は、相手の主張に沿って、ということではありますが、考え方が受け入れられない時は、当然ながら反対の主張を出すこともあります。この場合でも、相手の反証を念頭に入れながら進めるということが普通の姿と見て良いと思います。このスタンスについては、対話相手が日本人である場合、相手も同様のスタンスに立っていると考えられます。こうした姿は日本人同士では当たり前と見ているわけですが、外国の人からすると、日本人は自分の考えを率直に言えないととられ、自分の考えを持たない種族と認識される状況も出てきます。

すでになじんだ相手との関係では、かなり意欲的な発言、提案等を行いますが、初めての人と話をするときは、一般的な日本人であれば発言については極めて慎重になる、これはごく普通のことと考えて良いと思います。そして、回を重ねて相互のやりとりがなんども行われる状況になると、その発言はかなり自由度を増し、具体的な話も進むようになります。いわば、腹の探り合いから、具体的な動きを作る話し合い、提案などに進むことになります。このプロセスに至るまで時間がかかるという一面を持っています。

さて、相手の出方を見て自分の対応を考えるという意味ですと、一方的に相手に答えるだけの対応と取られるかもしれませんが、そうした中で自分を押し出していくことは何にも増して大事なことですから、相手に応じる場合、反対する場合等を含めて、自分の側の主張や対応を取らなければ、ほんとうの意味での会話は成り立たず、ただ相手の言い分に従うだけということで、自己滅却で終わってしまいます。この、相手からの主張に対して、それへの答えと、合わせて自分の考え方を提起していくスタンスについて、私は「自発性」という言い方をしました。日本語は、相手の物言いに対して、それに答えるだけでなく、どのように自分の側の発信をするかということが大変重要になっていると考えてよいと思います。

日本語社会における私たちの生活スタイルは、常に受け身というわけではありません。何よりも、受け身のままでは生きていくことができません。こうした受け身になりがちな生活習慣から抜け出すエネルギーも同時に私たちに備わったものです。これが、「自発性」です。これは、相手の立ち位置を把握してから自分の対応を取ろうとするという生き方と、対になる生活習慣と言って良いと思います。そして、私たちは自覚することもなく、日々の生活の中でこの自発性を発揮して行動しているといって良いと思います。

日本語での会話では、常に、自発性が息づいているのです。相手を位置づけるのは、あくまでもことばを発する私の側にあり、私の視点からのものです。相手を見ることにかけては常に自発性が求められています。そして、個人の自発性から形成される活動の形は、自分の世界を中心に考えることになりますから、自分が関わる世界とそれ以外へ

の対応とでは全く異なってきます。（2009. 9. 12）

タテ志向

日本語は、自発性に基づく発信を行う自分中心のコミュニケーション構造を作り上げていきます。一人一人が自発性をベースにして、自分の関わる世界の組み立てをしていくことは、タテ型の構造の原型であると考えています。このことと合わせて、自己の生活空間で、すでにタテ型の構造が作られているところでは、その中での自分の立ち位置を確定していく形となり、タテ型の構造の中に組み込まれていくことになります。

なお、このタテの構造に組み込まれるということは、同時にその構造の内部「ウチ」とそれ以外「ソト」との区別ができていくと考えられます。

ところで、このウチ、ソトの考え方ですが、タテ割りは組織の隅々まで行き渡っていますから、単純に1つの組織のウチ、ソトという整理では割り切れません。重層的にその構造は出来ています。

ある組織があって、10の組織に分かれていて、それぞれがまた5つずつぐらいに分かれているとしますと、合計50の小組織があることになります。タテ割り組織というものの宿命で、このどこかの小組織にかかる判断が組織全体の判断となるということはいくらでも想像出来ることです。それぞれのところでウチ、ソトがあるのですから事態は複雑です。役所では稟議で、それぞれの所管の範囲で特定の組織の決定が組織全体の決定となるような形になっています。

並列の小組織間では競争があり、相手を理解する意識より、相手に先行することが先に立ちます。

あるタテ割り組織の一角で作られた企画案が、全体をリードするにふさわしい案であれば、組織全体にとって好ましいものとなっていきますが、競争するタテ割り組織のウチとソトとで大きな認識の違いが生まれる場面もあり、すんなりと組織の意思決定とならないことが一般的な形です。

そうしたときは、他の部門には口を出さないとかいった不文律を作って、その案を了承するか、あるいは全体合意を優先して、案を否決していくかという選択を迫られます。ここで建前の重視による組織決定が生まれてくる素地があります。

B　ボトムアップ

生活習慣としてボトムアップが定着していったのは、これまた日本語が相手の立場に立ってモノをいう言語であるという、この日本語の構造に由来するものと考えています。

また無自覚のままながら、現在は、これが仕組みとしては私たちの生活のあらゆる場面に構造的に組み込まれています。組織の中での、稟議制度は、まさにこの典型的なスタイルです。すなわち、ボトムアップの構造です。ボトムアップで、一人一人の自発性を引き出す仕組みです。

つまり、私たちは、相手のことを慮《おもんぱか》りつつも、自分の意思に基づく自発性により、一人ひとりが自分から積極的に働きかけをしていくというありようが、身についた行動様式であると言って良いと思います。まさに、ボトムアップを形成していく原点であると思います。

このボトムアップで自発性をもって進める事項については、相手から好意をもって受け止められることが多く、これが、ラインの中で仕事をしていくときに違和感なく受け止められる状況があります。

かつて、役所に就職後早い時期に書いた「稟議制度の考察」では、それまでの学校教育の影響でしょうか、トップダウン的な感覚に支配されていたため、稟議の仕組みを納得しがたい因習的な仕組みとして取り上げました。数年して思い返し、このしくみは、「全員企画」の仕組みである、と捉え直しをいたしました。状況次第で、ボトムにいる人は誰でも案を出すことができる仕組みだからです。そして、このスタンスを自覚した時から、組織の中で積極的動きが生まれ、やる気が強まり、働いている他の人たちとの交流も増していったと思います。

この全員企画というあり方は、政治の場で考えるなら、「参加型システム」ということにつながります。

ボトムアップの中での日本的リーダーシップのあり方を考える

一方で、人間関係上は常に相手の立場を考えてものを言う必要があることから、慣れ親しんだ組織の範囲、「ウチ」での活動が中心となり、外部「ソト」との接触に関しては疎くなる傾向が強いという一面があります。こうしてタテ割りを前提とする構造が組み立てられていきます。組織内での内部抗争が起きやすいのも、常に相手の立場を忖度するという対応から、相手の微妙な変化や、立ち位置のズレなどが本人の意識に反映しやすいといったことからきていると思います。

また、日本人のこのようにして作られている組織観を認識できないトップダウンの信奉者の上司（ボトムアップの場の経験のない人や、欧米の発想を身につけた人）から、お前は決まったことをやるだけでいいのだと言われた瞬間から、自発性発揮の道が閉ざされるので、その人のモチベーションはガタ落ちになって、本来あるはずの組織への貢献度も損なわれていってしまうことになります。

これは、日本の組織におけるリーダーシップのありようと密接に結びついている課題です。自発性を最大限発揮させるように、リードすることが日本的リーダーシップのあり方であり、そのことによって組織の生産性は飛躍的に高まるのです。

日本の場合、組織のリーダーが持つべきもう1つの資質について申し上げます。これからの日本の組織が生き残るために不可欠なのは、外部環境とのマッチングであり、外部環境をいかに的確に把握することができるかということが、組織のリーダーに不可欠なもう1つの資質になります。外部環境の把握という点では、もちろん、同業者との競争ということもありますが、同時に社会の向かう方向についての先を見通した展望力といったものが重要になります。これは、あとで述べる成熟社会の組織観（特に企業活動）としては最も大事な要素になりますが、この、外部環境への適応力という点に関しては、リーダーの持つ未来社会観といったものが組織の生き方に大きく影響します。これは一人一人の個人に戻って考えるなら、個人が生き抜くための資質といったものと同じです。

こうしたボトムアップの資質について、私たち自身はほとんど無自覚なのですが、これを自覚した時から、個人としては大きな可能性を手にすることになります。明治以降、他の後発国に先んじてテイクオフを果たしてきたエネルギーでもあるのですが、これを自覚的に捉えることにより、これからの社会の中で目指すべき社会への展望が大きく広がるような気がしています。

欧米のリーダーシップとの違い

リーダーシップというものに関して、日本と欧米とは大きく異なっているという点について述べます。

日本社会は、元々ボトムアップ社会であるので、そこでのリーダーシップの取り方は、欧米の元々トップダウン型の仕事の進め方の社会とは大きく異なっています。

トップダウンが一般的な社会では、リーダーが指示をして、部下がその指示に従わないということになれば、その部下を外すことが当然の行為であり、組織としての意思決定も早ければ、実行も早いということになります。そのリーダーシップが適切でなければ、結果が出ないことになりますから、結果のでないリーダーはダメだということで、リーダーの更迭のルールもかなり明確に決められて運用されていくことになります。ここではロジカルな判断が優先されます。

　トップダウンの社会で、民主主義の仕組みが確立されるようになったということは、それなりの意味のあることだと思います。権力は腐敗する、ということに対する究極的な防波堤を創ったことになります。リーダーの独善を許さないためには、企業では更迭の仕組みができ、国にあっては国民自らがトップを作ることで、その権力を許容し、そのリーダーの下に社会を動かしていくことを是としていることになります。

　これに対する日本の仕組みは、本質的にボトムアップ、ここでどのようにリーダーシップを発揮するかは、あまり単純ではありません。役所で長年生活して染みついてしまった、稟議の仕組みはボトムアップの最たるものです。担当者（担当課長）が起案をし、決裁権者の決裁を仰ぐというスタイルは、ボトムアップの構造を確かなものにしています。起案がなければ決済もない、とまで言ってよいかも知れません。

　この構造の特徴は、成案を得るまでにやたらと時間がかかるということがよく言われます。実際、ボトムアップを集約するまでには、課題が組織横断的に大きければ大きいほど、一般的には時間がかかります。時間がかかりすぎるという問題については、課題の所在、スピードの必要が内部で了解されている場合は、数刻のうちに決済されることもあるので、時間がかかるというのはあくまでも一般的な話です。

　また、担当の企画力の範囲以上の成案を得ることがなかなか難しい、という点もあります。トップが優秀である必要も必ずしもありません（優秀であることに越したことはありませんが……）。日本におけるいろいろな計画案がタテ割りになりやすいのは、このボトムアップの構造に由来します。年功序列といった仕組みが許容されてきたのは、ボトムアップ社会であればこそです。そして、歳をとれば誰もがリーダーになれるということは大きな希望でもありました。

　この仕組みには、一方でよい点があります。担当の側の意欲が支えになる構造ですから、無数の担当が自発的な意欲を持って仕事をする形が定着すれば、トップにいる人は左団扇でいることが出来ます。集団主義といわれるような実体は、担当者が皆、相手を慮りつつ、意欲の限りを尽くして仕事をする、すばらしい経営形態になったことの証しです。私は、「全員企画」の構造と名付けたのは、このような状態を指します。

　日本社会の強みは実はここにあると思っています。一人ひとりがそれぞれの持分で、細部に至るまで緩やかな競争と協調を意識しながら、皆が張り合いを持って仕事を進めるといった状況は、欧米のスタイルとはかなり違っているのではないかと想像します。

ここでのリーダーの役割は、しばらく前まではその協調を崩さないで、部下の成果が出てくるのをひたすら待つ、ということであったと思います。命令を出すことではなくて、頑張る部下を信じ、支援する事であったわけです。幕末期の「そうせい侯」（長州藩主、毛利敬親《ただちか》侯）の話は典型的なものです。

今までの自民党の政治は、こうしたボトムアップに励む部下としての官僚の上に乗った形のリーダーとしての対応で進んできました。ボトムアップと自民党の支配の形態は、非常にフィットしたものでした。

一方、現代の企業のリーダーは、もうそうした部下に乗る形のリーダーでは成り立たない状況になって久しくなっています。国際競争が激しい中、これに的確に手を打っていくためには、部下の結果「待ち」では企業活動を継続していくことは出来ません。

ここに、日本型のリーダーシップの難しさが改めて認識される状況となって来ています。ボトムアップの活性を活かしつつ、グローバル化した世界で、海外のトップダウンのスピーディな意思決定に基づく行動に対処していくためには、同じようにスピードのある経営が求められるようになりつつあるからです。「スピードのある」ということはリーダーによる適時適格な判断が即求められるということです。部下の活動の実体を踏まえながら、外的な状況を間違いのない形で捉えて、部下の意識をそらさない形で意思決定を行うということであろうかと思います。

部下の意識と離れたところで、意思決定を行えば、たいていのものは失敗に帰着します。部下が正しいという意味ではなく、現状のボトムアップの状況を正確に認識しながら、トップとしての判断をしなければ、状況のスピード感ある展開は望めないということを意味します。

現代の日本では、世界を展望できる知恵を備え、同時に組織的にも内実を掌握して、間違いのない方向での判断をすることの出来るリーダーだけが、組織を率いていくことが出来ると言って良いと思います。

政治的ポスト、自治体の長を選挙で選ぶという形は欧米的な制度を日本に適用しただけということも出来ますが、視点を変えるなら、組織には縛られない外部世界に対する洞察力への期待ということをあげて良いのではないかと思います。（2009. 2. 20）

中小企業のリーダーシップについて

中小企業の成り立ちというのはいろいろあって、一概に決めつけることは出来ませんが、先のお話しの延長として、表記のような分野について議論展開をします。

日本社会の中小企業の優秀さが語られ、日本は中小企業で成り立っているということがよく言われてきています。そうしたことから、開発途上国の経済発展の基盤として、日本が成功したように無数の中小企業が生まれることが、発展の下支えとして不可欠であるという思いこみをしている人が、政治家のみならず学者の中でも多いようです。経営学ばかり勉強しているからそういうことになるので、日本の状況を海外に当てはめて、そうでなければと思うのは、ボトムアップ社会日本の特質についての理解が不足しています。

中小企業では、中心となるのはそのリーダーの力によるところが大きいのではないかと思います。ボトムもトップもなく、リーダーの力が支えとなって継続をし、成長を遂げるケースが多いのではないかと想像します。ボトムの人たちの、トップの能力・資質に対する信頼がベースです。この組織の経営は、一般的に100人規模ぐらいまでは個人の目が届くのでそのままいけるのですが、それを超えると、トップとの間での仕事の進め方が変質を来たし、仕事のスタイルとしてのボトムアップを組み込まないとやっていけなくなります。

中小企業が組織規模を成長に合わせて一定規模を超えて拡大をしていくためには、信頼できる優秀な部下の発掘と、成長過程でその部下に積極的に権限を委ねていくことが出来るかどうかが、大きな分岐点になります。トップの個人的パワーで成長した企業がうまくいかなくなるのは、だいたい後継者問題が影響していると思われます。

トップは身軽になって、ボトムアップを活用し自社の経営内容を掌握する一方、本格的に外部社会の変化に対応することに自分の役割をシフトしていくことが出来るかどうかにかかってきます。要するに、社内の諸資源を踏まえながら、外部社会の変化のスピードに対応するリーダーシップを発揮できるかどうかが、企業の成長の決め手になっていると考えるところです。

終身雇用制・年功序列型組織運営を続けてきた組織は、規模が大きくなると内部での勝ち残りのための争いが生ずる場合があり、そうした組織のトップを勝ち取ったトップは、内部的視点が先行しがちとなり、対外的視点が欠落しがちとなります。現代社会では年功型システムの見直しが急務と考える所以です。

M&Aを行って拡大を目指すにしても、社内化した資源について全体を掌握して、対応を進めていくのでなければ、そのM&Aは様々な局面で生まれる無駄を回避できなくなり、結局成功はおぼつかないことになると思います。これからの時代、大きくするだけが目標で良いかどうか、ということもあります。(2009. 2. 23)

C　ウチ・ソト社会の課題　社会意識　付和雷同

参加型

参加型ということは、企業社会でもあり得ますが、政治の世界では特に重要です。中に入るということです。タテ社会の傍観者として、ソトにいるのではなく自ら中に入る努力を怠らないということを一つのスタンスとしていくことです。政治の世界で、私たちはお客さんではなく、一票の投票する権利（選挙権）を与えられた構成員です。政治の分野は、タテ社会のソトにいるのではなく、本来ウチにいるはずなので、そこでの振る舞いを必然的に求められているのであり、他者の手にすべてを委ねることは妥当ではありません。参加型などと銘打つ必要もないことですが、日本社会のタテの状況を考えるときに自覚的に進めていかないと、気力が萎えてしまう面があるのだと思います。

タテの構造のウチにいることとソトにいることの違いがあまりにも大きくなると、有権者はタテの構造に異議申し立てをすることになります。これを契機に、有権者が常に自らをウチにいるように心がけるようになればこれはたいへんよいことだと思いますが、この民主主義の制度は、平和裏にこうした変化を生み出す仕組みです。ソトにいるという無自覚的な社会意識を覆し、沈滞したタテ社会が生み出す閉塞状況を打ち破る手だてをこうずることが出来れば、重要なメルクマールになるのではないかと思います。

本音と建前

本音と建前の食い違いが発生するということが、実はこのタテ割り社会の中で必然的な側面があります。欧米諸国でも多かれ少なかれそうした違いがあるということは言えると思いますが、日本ではこれが当たり前のことのように受け止められています。

日本社会では、本音と建前の区分がいつも大きな意思決定についてまわり、結果的にはがんじがらめの建前で物事が決着していくことが多くなります。後ろ向き、皆の了解の得られる平均値的なところに収まり、したがってこれに不満はあっても異論を唱えることはタブーとなりやすい状況があります。

ここには、タテ割り組織のウチとソトの考え方の相違が絡んでいるように思います。

組織的意思決定を行うとき、タテ割り組織のソトにも了解を取れるものとする必要があります。いわゆる公式の意思決定ということになります。この場面では誰が見ても反論の余地のない、公式の意思決定が好まれるので、いわゆる建前のお話で決着となります。

一方、タテ割り組織の内側では、本音で議論が進められます。怒号の飛び交う議論も当たり前に行われているところもあるようです。親和性の高い組織はそれでよりいっそう親密な組織となっていきますが、意識が離れていくときは、そこで喧嘩となって終末に向かうこともあるのではないかと思います。本音ですべてのことが決められれば、世の中みなが納得できる姿が見られ、わかりやすいと思いますけれど、タテ割り社会の場合はソトとウチの峻別が行われるため、そうしても食い違いを埋めることが出来ません。

しかし、建前と本音が日本のタテ割り組織において、ある意味で必然的なウチ、ソトの意識の違いからくるものという理解をすれば、乗り越える手立て策はいろいろとあると思います。本来、本音と建前が一致しないことが問題なのであって、出来る限り一致をするようにするためにどうするか、ということが、問題の解決の方向になります。

一致を進める手立ての1つは、タテ割りを超えた関係者全員での情報の共有です。情報共有は、全員企画の考え方が活性化するための前提です。そして、形式的な建前で決着を見るようにするのではなく、出来るだけ幅広い本音の議論をタテ割り組織外からも引き出し、多くの分野をカバーできる形として収束していくように努めることです。問題設定が、トップ、あるいは上層部から出たのち、それから先は出来るだけボトムアップのエネルギーが開花するように、そうした中から案の収束状況が生まれるように議論を戦わせていくように仕組むことが望ましいと思います。(2009. 9. 12)

身内に甘く、ソトに冷淡な発想となるお手盛り社会

日本人は、理と情とを同じ左脳で扱っているため、理のみに基づいた冷静客観的な判断ができないという面がどうしても出てきてしまいます。知らない人よりは知っている人を評価する、作品についても同じということで、評価に客観性を発揮することが非常に難しいのです。また、あまりに客観的になろうとすると、周囲からの批判が噴出するということにもなりかねない状況も出てきます。これが、一般的に身内に甘く、ソトに冷淡なお手盛り社会となる状

況を抱えているというになるわけです。

日本以外の国々では、左脳では論理的なことを扱っているので、評価は評価として客観的になされますが、日本では常にここに情が絡むので、客観評価は成り立ちにくいのではないかと推測します。こうなると、私たち自身の評価は、どうしても自分に近いところに甘く、そうでない場合は厳しい評価を下しやすくなります。もちろん身内であっても、日頃あまり気を許していない人に対しては、逆に厳しい評価がなされるということにもなります。

恥の文化は脈々と生きている

本質的に自分が向かい合っている相手からの見え方が一番気になる、相手の意向に反したことはしたくない、相手の姿から見て自分が恥ずかしくない存在であることが望まれる、これが恥の文化です。

したがって、見知らぬ第3者は蚊帳の外の話でしかありません。

しばらく前から、電車の中で化粧をする方の姿をよく見かけるようになりました。朝方だけでなく、夕方も比較的空いた電車であれば、意外と多いのです。朝の場合は朝寝坊の後始末、夕方は大事な人に会うための準備に違いありません。

鏡を見て悦に入っている程度であれば、とてもかわいらしく思えるのですが、パウダーを取りだして粉を振りまきながら顔に叩き付けたり、つけまつげの位置を調整したり、爪のマニキュアを丁寧に塗り直したりと、なかなか熱心に取り組む方が増えてきました。降りる頃までには身支度を調え、時間が残れば携帯を見たりして、颯爽と電車を降りていきます。ただ、パウダーは隣に座ったりしたときは、においとくしゃみが出そうになるのでやや閉口します。

このような現象を見ますと、日本文化も地に落ちて、恥の文化がなくなってしまった、と嘆く向きもあるのではないでしょうか。人前で、よく恥も外聞もなくそうしたことをしていられるものだ・・・と。

先日、このことを何人かの皆さんにお話ししたところ、これは、私たちが（まあ、枡席のケースが多いのだと思いますけれど）、電車の中でビールを飲んでいて平気なのと同じではないかというご意見をいただきました。要するに「見とうもない」、「みっともない」だけだというお話でした。恥の文化の喪失とはあまり関係ない視点です。

これは恥の文化の喪失ではない、と考えています。昔からあった、「旅の恥はかき捨て」ということの現代版ということであると思います。

現代は、家を出た瞬間から見知らぬ人の世界に入り、まして電車の中は、ほとんど知らない人と一定の時間ともに移動していくことを強いられています。

電車の中で、私の方は相手について、「恥ずかしげもなく」と思っていても、当人は恥ずかしいわけではありません。見知らぬ私は実際無視される存在で、歯牙にもかけられるところがありません。大勢の中の孤独というのが相応しいのでしょうか、そこにはコミュニケーションの場は成立しておらず、誰もいないのと同じ状況があるわけです。日本では、知らない人同士の間では（旅の途中では）、恥はかき捨てて気にならないということだと思います。

恥というのは相手があってのことであり、さらにいえば、どういう関係であれ、知っている人同士の間で起きる問題と考えることが出来ます。そうした世界では、「恥」は全くのところ健在です。恥をかくことを畏れ、身内の場合は別として、知っている人の前で化粧する姿など見せようもありません。まして大事な交際相手であれば、まず絶対にそのような姿は見せないものです。そんなことは相手に軽蔑される恥以外の何者でもないからです。

もし、知人が電車の中で化粧をしているのにたまたま出くわしても、知らないふりをしていなければなりません。声をかけようものなら、そこで相手は恥ずかしい思いをすることになり、気まずい関係が生じてしまいます。

願わくは、見知らぬ人同士の乗り合った電車の中でも、少しは、他者、周りの人がどのような対応を示しているか、関心を持つだけのゆとりを持ってもらいたいという気がします。そうした他者の存在の認識がコミュニケーションのスタートです。化粧に限らず、いろいろなかたちで大衆の中の孤独を演じている人は多く、いつまで経ってもコミュニケーションの前提が成り立たない状況が見られるのは少しばかり悲しい感じがします。（2008. 10. 22）

ボトムアップは社会意識の形成につながらない。社会意識の形成が難しい

ボトムアップの形態は、いかなる形であっても結局のところ、タテ組織の中の上層部に向かうことが当たり前と理解されているのですが、そこでは、いわゆるソトの社会とは、さまざまなレベルで意識の温度差が大きく生まれています。ウチにとどまっている限り、そこでの事情は関係者の中で共有されています。しかし、それ以外のところでは情報格差が大きいという点は免れず、タテ社会ではソトとの情報共有が非常に難しい状況があります。つまり、全体をつなぐ意識の共有ということはなかなか出来にくい環境が日本社会では、逆に当たり前になっています。社会全体

で共有する物事の見方を、私は「社会意識」と言っていますが、日本社会では、社会意識を作ることは非常に難しい側面を持っているということです。

社会意識を作る前提となる、わかりやすい文書作りがなぜできないのか

「役人」というのは（公）文書を作る人のことをいうのだという出版社の人の発言をいただきました。だとすればなおさらのことだと思います。官庁文書革命によって、文書を国民の側に引き戻す必要があると考えます。

私たちに分からない文書を量産し、これを私たちに突きつけてくるのが今までの日本社会（行政）です。行政国家ということばがある時期はやりましたが、日本は明治以来ずっと行政国家で、官に依存して公的な活動がすすめられてきて、その中心となったのは公文書による支配だったと言えます。役人は文書を正確に発しているので、国民の側はこれに基づいて行動するのは当たり前と考えています。しかしこれは、所詮タテ組織としての役所が自分の所管する業務について、いわゆるウチの領域で、正確性を期して作っているので、ソトにいる人のことは2の次です。対象となっている人に対して優しい、しかし簡潔な文書を作ることは自分たちの役割とは考えていません。要するに、話しことばは相手の立場に立っているのに、書かれている文書は自分の立場の表明ばかりです。

したがって、この文書翻訳を行うための翻訳人がどうしても必要となって、それぞれの行政分野で仲介業を営んでいるのが、いわゆる「士業」です。公認会計士とか、弁護士というのはまだしも、税理士、司法書士、社会保険労務士、果ては行政書士ということで、士業花盛りです。役人は、士業という仕事を作ってやっているのだよ、というくらいに思っているのでしょう。

もうだいぶ前のことになりますが、総務省で、なかなか進まない電子政府推進のため電子政府推進員みたいなものが置かれたことがあります。現役中だったために、元の職場の推薦をいただいて推進員を勤めたことがありましたが、最初の会合に出たときにびっくりしました。この仕事の委嘱を受けていたのは、なんと八割～九割が士業の人たちで、業種指定で参加しておられました。電子政府の推進は、この仲介業が不要となることが目指す目的であるはずなのに、その関係の人が太宗を占める推進体制とは何を意味するのか、明らかであろうと思います。学識関係者のなかには、このことを公然と批判する人もいました。もちろん、最初の任期満了と同時に私の方は推進員を辞任させていただきました。

電子政府は、国民の利便性ではなく、仲介業の利便性を高めるための電子化ということであったわけです。今でも税関係ほか、電子化を進めるための取組がすすめられていますが、本質的に日本の政府における電子政府は成功する見通しは見えません。ただ、手作業だった仕組みを、時代が求めているからという名目で、ただ電子化しているだけだからです。

仲介業がなければ文書の理解が出来ず、一般的な文書がやりとり出来ない社会、というのは余り正常ではないのではないでしょうか。それは、文書が1つのタテ社会の中枢にいる役人の専管事項になっているからです。この公文書のわかりやすさをソトにいる国民に担保することを、ここで官庁文書革命と位置づけておきたいと思います。

第1に、文書は一般的な教育を受けた国民が、仲介業を通さなくとも理解出来るものでなくてはなりません。何よりも、わかりやすさが一番に求められることであり、わかりやすさの基準は国民の側にあるということを意味します。役人は、いろいろの事業のPR文書やチラシをたくさん作りますが、いずれも自分たちの作った文書についての理屈の展開であるため、説明自体がやたらとわかりにくい微細な部分に入り込んでいるものが多く、全容を理解するのが困難なので、ついつい士業の人に委ねてしまうのです。

世の中は人手不足の時代となっているのに、こうした仲介業にさらに人手を多く取られていては、人手不足の解消はおぼつきません。

第2に、そのためには日本社会の一般常識の領域からかけ離れたものであってはなりません。これは、文書の内容の誤解が生じたときの判断基準として考える必要があるためです。国民の側の同意をもとに作られていれば、そのときの同意の趣旨が判断基準になっていきます。

第3に、やりとりに必要な文書は、そのコンテンツも含めて必要最小限でなくてはなりません。役人が作る文書は、責任を問われないために、微に入り細をうがった添付資料を個別に求め、膨大な資料を抱え込んでいます。国民の側はタテ割りの組織から個別に資料を求められるので、その度に面倒な資料を集めなくてはなりません。

第4に、国民の側に合意づくりのための連携の仕組みが必要です。本来はこれが議会であったわけですが、議会以外にも社会のなかでの合意の仕組みが広範に存在していなければ、文書作成権を国民の側に引き戻すことは出来ません。対立しかしない議会は不要です。

第5に、法律作成の役割を完全に議会事項とすることが必要です。現在は、議員立法ということばにあるように、特別の時だけ議員の側で作り、一般的には行政が作ることを当然としている状況です。まさに、行政国家です。今となっては、この状況を完全に覆す必要があります。法律、条例等は総て議会の側で作ることを原則とするべきで、そのことが社会意識になる必要があります。このためには議会側に十分な政策スタッフが必要になります。

このようにしていくことによって、必然的に国民の意識は作られる内容に関心が生まれ、政治への関心の高まりに結びつきます。行政は、細かな法整備の重圧から逃れて、法に基づく執行者としての役割に専念することが出来るようになります。

現代の法律は非常に専門的なため、立法の整合性を確保するのは専門家である行政に委ねるしかないというふうに思うかも知れませんが、これがそもそも間違いです。細かなことまで規定すれば、その隙間も明かになり、脱法行為を生む元になります。あらゆることを考慮した法整備が可能ということは、神でもない限り不可能なことではないでしょうか。

また、法律の間の不整合をカバーしようとする余り、社会に関する認識のベースを見失ってしまう状況が生まれています。かつて、建築基準法の改正は、世の中の動きに押され、議会の圧力の中で、いい加減な立法を行ってしまった1つの典型的な事例です。現代社会では行政の立法技術にのみ依存して法を作ろうとしても、もはや満足なものは出来ないのであって、国民の側で最終責任を取ることが出来るような立法の仕組みの中で、国民自身が責任を担って法を作っていく必要があると考えます。国民の合意として作られたものは、常識の範囲で具体的な対応を判断すればいいので、具体的な判断は事例に則して考えれば良いことです。

おそらく、裁判員制度が日本で定着していくには、そうした文書に関する考え方の基本的転換が不可欠だと思います。本来、法的な明文の規定がないものについて、一人の人間としてあるべき姿について判断していくために裁判官や裁判員がいるのであって、法律で決められたことの範囲でしか判断できないというのでは、特に裁判員制度の意味はあまりありません。今の状態は、裁判員として参加する人に、現在の法律の状況を教育するための制度のように見えてきます。外国の仕組みを日本にもということで、理念先行で導入されたもののように見えてしまいます。裁判長はともかく、関係する行政職員には、このために事務量の著しい増加を来たしているのではないかと考えてしまいます。現在の法律の細かなことを勉強しなければ判断できないような状況にあって、国民一般が間違いのない判断をする、ということは相当に難しい話で、一面、現在の電子政府行政のような大きなミスを残したまま、海外例を取り込む危険を冒しているように思います。（2009. 1. 5）

「タテ」を「ヨコ」につなぐ仕組みとしての士業

社会意識の問題以外でも、私たちはソトとさまざまな関係を持たざるを得ない状況にあります。例えば、税の申告、相続処理、住まう土地の処理、あるいは、一般的な役所への手続きといったことです。それぞれ所管するところでは、ボトムアップ組織が詳細に渡って処理の手続き、必要な手順などを決めて、これに基づいて仕事をしているわけです。しかし、日常的にこうした分野に関わっていない人にとって、この手続きを正確に行うことはとても難しく、したがって、いわゆる士業の人たちに委ねて処理をしてもらう形になっています。

こうしたことは皆当たり前と思っていて、そのため士業というものがあるのだと思っているわけです。しかし、自分でこれらをこなす前提に立った時、ふと気づくことがあります。なぜ、行政への手続きをするのに行政書士が必要なのだろうか、といったことです。これは、まさしくボトムアップ社会で作られているその分野の細部にわたる処理手続きについて、十分承知している人たちに委ねることを前提に作られた制度であるということです。半分身内のような行政経験者を前提として、将来の食い扶持を稼ぐネタを提供し、これを業とすることができるように図っているわけです。自己の前職との関係で、人間関係も存在し、仕事をやりやすくしているといって良いと思います。

こうした仕組みは、それら事業を経験した方達の経験を生かした仕事の場を提供するということで、意味あるものです。これでどれだけの仕事が生まれたかを考えると日本社会のタテ割り、ボトムアップの構造をうまく生かしているという点でも非常に面白いものと言って良いと思います。

中央で作った制度は、自治体職員にとってもわかりにくいものとなっているのではないでしょうか。そして、大半をその分野の経験の長い士業の人たちに委ねる結果となっている、この結果として士業の関係組織は行政と分かち難く結びつくと言った形まで生まれてきているのではないかと思います。

これは、言い方を変えるとタテ社会を横につなぐ役割を果たしていると言って良いと思います。一方で、この仕組みは、制度を作る側の説明力の鍛錬を置き去りにしているという見方もできます。制度を作る役割の中心となっている役所の説明資料がわかりにくいため、私たち自ら処理する意欲を失わせ、常識を鍛錬する場を奪っていると言えるのではないかと思います。ボトムで用意した細かな制度とそれに基づく詳細にわたるマニュアルを用意する前に、行政としては、それら制度の原理を的確かつ具体的に説明することを行うべきで原理的な説明がなく、手続きの説明しかしないので、国民の側は手続きに翻弄されるばかりとなるのです。

なお、日本には、タテ社会を横につなぐ仕組みはこれ以外にも色々とあります。今は廃れてしまった、男女の間をつなぐ仲人の仕組みや、生産者から小売へとつなぐ卸の仲買システムなどはこうした部類に入るのではないかと思っています。

一見の客はお断り　ソトからウチに入るテクニックは何か

一見の客は受け入れないというのは、相手の気持ちがわからないと、それにあったもてなしができないという考え方（作法を極める、客のもてなしの心理）に立つものと言えましょう。

老舗の割烹等で、「一見の客はお断り」というお店があるという話をよく聞きます。お断りということにならないまでも、間違えてそういう店に入ると、いつまでも胡散臭そうに見られるので、大変居心地が悪く感じるケースも、あるのではないかと思います。

料理にこだわるお店の場合、そうしたことに無頓着な人が突然入ってきて専横に注文されるのは不愉快なものです。まして、通であるかのように我が物顔をされたのでは迷惑というのももっともな話でもありましょう。老舗の割烹以外でも、やくざの世界などは、別の意味でなかなか見知らぬ人は入りにくいですね。

このパターンは、非常に面白い現象であると思っているのですが、海外でも同じようなことが一般的なものとしてあるのでしょうか。

最初はみな一見の客ですから、どうしてそうでなくなるのか、などとおかしなことを考えてしまいそうですが、当たり前のことで、常連客に一緒に連れて行ってもらってお目見えをすれば一見の客ではなくなりますから、後はフリーということになります。ただ、そうした場合でも、出来るだけ店のほうから大事な客と思われている人に連れて行ってもらうことが重要なことになります。そうすれば、初めてであっても１００回ぐらい通ったと同じ効果をもたらすことになりますから……。

こうしたことは、実はタテ割型の社会の典型例であるということを申し上げたいのです。時間経過の中で、お互いになじみ、そしてその人の好みまで考えたような料理をいつも用意してくれる、我が家、家庭の中でもなかなか面倒を見てもらえないような手厚い扱いは、（金を払うからとはいえ）もてなしを受ける側からすれば至高の気分にさせてもらえます。つまり、広がりの中でビジネスを考えるのではなく、その付き合いをどこまでも深くしていく、そうしたコミュニケーションスタイルを私たちはあまり不自然なものとは思っていないわけです。

ビジネス一般でもこうしたことが言えるかと思います。新しい販路開拓は日本社会ではなかなか難しい、かつて、日本には参入障壁があるとアメリカ側から開放を強く迫られたことがありますが、そうしたことは私たちにとっては当たり前のことで、突然は入ってきて一度に大規模な商談を成立させようなどと考えるのは、山師のすることだと普通、皆思っています。

そこで新しい販路開拓を進めるに際して、新しい領域に通じた人に中に立ってもらい、信頼の保証をしてもらうことが、一般的に行われます。この場合でも相手の信頼を得ている人かどうかを十分確認して仲介をしてもらわないと、逆効果になることもいくらでも出てきます。ほんとうに信頼されている人でない人に紹介されると、相手側は逆に警戒して、その後のビジネスは遅々として進まなくなる危険性があるからです。

こうした「紹介」の機能は、実は時間短縮であると思っています。長い時間をかけて仲介者が築いてきた信頼関係をそこで譲り受けるので、その時間分の信頼が宿っているものとして、相手との付き合いをしていくことが求められます。一片の契約でことが成り立つ世界とは異質なものがあります。

日本国内のいろいろの関係づくりでは、当たり前のことであまり意識もせずに皆こうした形で仕事を進めています。よく、あそこには知っている人が全くいないので、どのようにアプローチしたらいいか困っているなどという話を聞きますが、これは付き合いのないタテ社会の中に入り込むことの難しさを示しています。

ちょっと考えれば、何故、自分で飛び込んでいかないのかという疑問も湧きますが、実際は自分が行動するとなると難しいのですね。以前事務局をつとめていた学会で、年1回の大会の開催に際して、出演者を選びの交渉をし、ほぼ無償での出演依頼をするのですが、この人にお願いしてという話になっても、交渉を担当する人の中には「私はこの人を知らないのでどなたか代わりに人がやってくださ い」といったことが当たり前のようにMLで飛び交っていました。情報紙の原稿依頼でも同じです。学者の世界というのもタテ割のまさに典型的な世界ですね。

しかし、こうしたことに、何ら尻込みすることもなく平気で入っていけるタイプの人もいます。日本社会の人間関係づくりでは、この能力というか生活習慣の中で培われたコミュニケーション力の差がその人の社会的な拡がりを作っていく上での差を作り出します。ある面ではたいへん破廉恥でもあったように思いますが、コミュニケーション能力のたいへん優れた歴史上の人物としていつも頭に浮かんできてしまうのが、豊臣秀吉です。人を引きつけ、いつの間にか信頼を作り出してしまう、そういう魅力を持った人物であったのではないかと思う次第です。（2009. 10. 7）

D　「忖度」は日本語の構造から生まれている

ところで私が今までお話ししてきた日本語の性格というのは、今でいうなら、この「忖度」そのものと言って良いと思います。このことばが今のように有名になる前にも、度々このことばを使ってきております。相手の立場に立ってものをいう、これが日本語の特性であり、まさに「忖度」で、日本語人の本質的な生活スタイルなので、今更というところでもあります。日本語は話す側が、相手のスタンスを忖度しながら自分の言いたいことを出していく言語なのです。したがって、良い忖度とか悪い忖度というのはおかしいのであり、日本人にとって、「忖度」は、まずもってそうした第三者による判断などを含まない、日本人の人間関係の基本と理解すべきであると思っています。

さて、今回のような政策推進の透明性をめぐるテーマで「忖度」が問題視される状況が生まれたのには、遠因として私は２つほどの動きがあったと考えています。

１つは、選挙制度の改変で、衆議院議員選挙で小選挙区制が採用されたことがあると思っています。小選挙区制の結果として、自民党の派閥が弱体化して、トップがやたらと強くなってしまったので、誰もが不満は持っていても忖度した行動を余儀なくされる、といった一般的な環境が生まれてきたということが言えるだろうということです。これは、政権党が自民党でなくても同じ現象が出ることは間違いありません。

もう１つは、官僚の上層部の６００人ほどの人事権が内閣に移ったということです。これは、政権の実施しようとすることを「忖度せよ」という命令と言って良いものです。それまで、官僚は「全体の奉仕者」で通してきたのですが、「政権のしもべ」に成り下がりました。幹部職員の６００人もの人事権が移るとなると、日本社会ではほぼ官僚のほとんどを政権が握ったといっても良い状態になるということを意味します。これは、一見アメリカ流の政権交代に伴うトップ層の入れ替わりと同じように見えるかもしれませんが、質的には全く異なります。アメリカでは交代して官僚となる人たちは、そのトップとの考え方が近い人たちでありますが、日本では終身雇用、年功序列型人事の組織では、政権がかわってもそのまま続けていくひとたちであるため、内面では政権とは必ずしも考え方を1つにしているものではありません。今までは、全体の奉仕者という大義名分があったので、曲がりなりにも、政治に対する「忖度」はほどほどにして、一定のモラルを持って仕事を進めることが出来たのです（この仕組みの良し悪しはまた別ですが・・）。今や官僚は自分の思いとはほぼ無関係に、政権の意図を忖度してその範囲で行動するように迫られます。そうした環境で、もし志と異なる世界に嫌気のさした場合は早々に退職して、政治の世界を目指したり、民間の諸活動などの道を目指すしかなくなりました。そして、組織の中で生き残りをかける人たちは、政権に対して最大限「忖度」を図る行動で対応しようとするわけです。ここでは、官僚として活動する人たちの公務員を目指した志は、考慮の外の話になっています。ここで、政権交代があったとしたら、どういうことになるのでしょうか。現在の日本の政治行政システムは大きな矛盾を抱えています。

一方で政治家自体が、叛旗を翻すことが難しい環境に置かれ、他方で、政治家のしもべとなった官僚が差配する世界では、「忖度」がことの外、幅を利かせる世界が生まれたわけです。

ある出版記念会に出かけたところ、官僚ＯＢだった人のお話もあったのですが、最近の中央官庁の人たちはかつてないほど、ほんとうに沈滞ムードに陥っているという話でした。

さまざまな制度が、時代の要請に応じて変わっていくのですが、その時の再設計によほどの知恵がないと、良かれと思って他国の例に倣って小手先で作った制度が、思わぬ副作用を生み出し、修復不能なまでの社会の崩壊を招く危険があるということを自覚しなければいけません。海外の制度を無批判に取り入れるのは考えものです。

今までの仕組みを変えなければならないことが、現代社会では数多く出てきていますが、制度の再設計が進まないままのものもあれば、設計し直したは良いが、先見力を欠くために、とんでもない制度を作り出してしまうことがあるということを、よくよく肝に命ずる必要があると考えています。

また、これら制度の策定体制そのものについても、個別バラバラに考えていくのではなく、全体像をきちんとイメージした上で個別設計を考えるといったことで、作り方自体にも思いを及ぼす必要があるのではないでしょうか。

（2017. 4. 8）

「甘えの構造」の「甘え」とはなにか

常に相手の視点に立つことが日本語の構造であることから、相手もまた、当然こちらの考え方、気持ちを忖度するものとの思いが、自分の方にあるのは、不条理とは言えません。忖度はビジネスの世界ではごく一般的に行われることで、相手に、こちらの立場に立って何かをしてもらえば、必ず返礼をすることが常識の世界です。一方的な忖度というのは特別な権力関係においてしか成り立たず、そうでないときに、もし一方的なものを是認してしまうと、相互の関係はおそらく持続しなくなります。つまり、こうした現象の中に「甘え」概念を考えることができます。甘えとは、いわゆる自分の側からの忖度に対する相手の側への忖度「期待」です。

相手を忖度する気持ちが逆に相手から自分にも向けられているという思い込みを抱く。これがさらに進むと相手にこれを強要するようになる。忖度がないときは不満が生まれることもあるし、相手に対する対応もまた異なってくる可能性も出てきます。

「甘えの構造」（土居健郎著、弘文堂１９７１年）というのをどのように理解するかということですが、なぜ甘えという概念が生まれてくるかということについて、現時点でこの本を読んだ私の感想は次のようなものです。

日本人は相手の考え方や行動をできるだけ忖度して、対話を進めるようにしていると述べてきました。日本人同士の会話では、相手の側の考えはだんだんとわかっていくわけですが、それと合わせて、相手にも自分の気持ちをわかってもらいたいという願望が会話の中で常に渦巻いています。日本人同士の場合は、相手も同じコミュニケーション構造が身についているので、同じように相手を尊重する話の仕方となると考えて良いと思います。ことばに出さないまでも、このスタイルは日本人同士では当たり前のことと考えられますので、自分が相手の考えや行動を忖度するときは、相手にもこの思いを持つ自分を忖度してもらいたいという感覚が、奥底に潜んでいます。そうした中で会話は進んでいき、奥底に潜んでいる気持ちが、どこかで表に出てきて、相手にそれとわかってしまうようになった時、相手はまだ態度を決めていないとしたら、これが「甘え」として認識されるようになります。この認識を持ったとしても、それがおかしいとか、不届きとかいうことになるわけではありません。逆に、相手に対する好感情が生まれることもあると思います。すなわち、これだけ信頼されているという感情は、決して悪いものではありません。

しかし、これが相手にとって必ずしも望ましいことでなかった時、この甘えは実りあるものとはなりません。そして、時によっては、「甘えるな!」ということばになることもあります。

日本語では、常に相手の立場を考えながら、自分の側の発信をするので、相手にも同じように考えてもらいたい、これが甘えの意味合いと捉えるなら、甘えという概念は、日本人の間では存在しますが、外国の人同士の間では本質的に存在し得ません。また、自分と外国人の間では、相手の側に甘えを期待することも意味がないことになります。

甘えは、相手に対する対応についての見返り期待です。日本人は赤ん坊の時からこの環境の中で育てられていきます。親子の中で表れやすい甘えは日本的特徴の最たるものとなります。「甘えの構造」では国際的に敷延しようとしていますが、これは私の視点からすると無理であると思います。ただし、海外でも相手の気持ちを忖度する仕組みの重要性を認識して、海外の人との付き合いをするのは日本人の通常のスタンスであり、これを自覚しつつ、相手にも日本人のスタンスについての理解を求めることは、可能なのではないかと考えます。

海外の方々との交流に際して、お土産の交換ということはしばしば行われますが、日本国内で、この忖度期待を託したものが、中元、歳暮の贈答習慣といったものになるのではないでしょうか。私たちの心理の奥底に、貰ったらお返しをするという意識が根付いているのは確かです。こうした特定時期だけでなく、依頼ごとを果たしてくれた時には、ものでお返しをするといったことは、ごく普通に行われているわけです。

また、卑近な例で言えば、電車の中での席譲りにはこうした意識が宿っています。相手を忖度しての行動ですが、それは相手にとってどういう効果をもたらすか、知らない相手に対する行動ですから余計な気を使います。このため、こうした戸惑いの状況を避けるために、立っている相手を見ても眠ったふりをしてそのまま過ごす、ということも出てきます。もっとも、最近はスマホという良い道具ができたため、これに熱中して、そうした席譲りの忖度の情を示す場面も薄れつつあります。

子どもと甘え

6歳から9歳ごろまでに、と角田博士が言っておられる日本語でのものの考え方、行動様式が身につくのは、どのような局面なのでしょうか。ここで、考えられる１つの推測をお示ししたいと思います。

「甘え」の兆しが子供たちの中に現れ始めるということは、相手の立場を考え始めたという証拠なのではないでしょうか。日本語習得の証《あかし》と言って良いと思います。相手に求めることをおぼえるということは、すなわち、相手のスタンスを読むということにつながります。現在の日本では、甘えさせてはいけないという考え方もかなり普及しているわけですが、一定の年齢までは、できるだけ甘えを許容し、その姿を見せることによって、子ども自身も、相手との接し方を的確に習得していくと考えるのがよいのではないでしょうか。親に対する甘えは、他者に対するスタンスを形成するために欠かせない基本ステップであり、この対応を抜きにすると、日本語の世界のありよう（相手の立場に立ってモノを言うということ）からはズレが生じていく可能性が出てきてしまうと思います。甘えは、日本語の真髄を習得する過程の重要なプロセスと言って良いのではないかと思うのです。そして、こうした視点に立って子どもと接するなら、子どもたちの著しいコミュニケーション能力の発達過程に気づき、いっそう愛くるしい存在となっていくと思います。

続いて、さまざまな人たちとの多様なコミュニケーションによって、経験の構造として人間関係の基礎が出来ていきます。さらに進んでいくと、この場面で、親子のモノパターンに近いコミュニケーションから、いずれさまざまな人とのコミュニケーションを迫られるようになります。こうした時に子どもたち同士での活発なやりとりの経験を積むことが大事なのです。日本の場合、子どもたちはある時点までにできるだけ多くの人（子どもたち同士）とぶつかり合うことによって、それぞれの個性の微妙な違いを把握し、これへの対応力を身につけていくことになると考えています。いわゆるマルチ・パターンのコミュニケーションスタイルを、どの局面でどのように習得するかということが、きわめて大事なのだと私は考えます。こうした場面をさまざまな形で経験し、一人一人の立場、個性の違いを読むという経験が、のちに学校で、また社会での活動に際して生きてくることになります。この習得のタイミングは、脳の吸収力の非常に高い時点、すなわち、生まれてから、日本語というものの認識を始めた時から、概ね９歳ぐらいまでの間ということになるのだろうと考えてみると、納得のいく面が多いのではないでしょうか。

逆にいうと、モノ・パターンのコミュニケーションのまま大きくなる場合には、どこかでうまくいかないことが出てくるとすぐに対応不能になりかねないことを意味します。

つまり、相手のスタンスを読むということが日本社会では生きるための最大のポイントである一方、受け身の言語としての日本語のコミュニケーション環境では、モノ・パターンあるいはこれに近い形の生活スタイルの中で成長するとなると、それまでの経験を超える対応の必要な場面に直面した時に、生きる術《すべ》を見失うほどの衝撃を受けるようになりかねないのではないかと思います。子どものしつけを考えるよりも、こうした視点での認識をしてみることの方が大事であると私は考えています。

一般的には、日本において子どもたち同士、さまざまなコミュニケーションを重ねるということは、自発性を練磨する過程でもあります。そうしたコミュニケーションの場を子供たちに用意することが何よりも重要なのだということです。相手とのコミュニケーションをとる過程は、自分がどういう立場であるかを考える局面でもあり、自分の突破できる道を探っている過程であるとも言えるのです。相手との関係で、自分の在りようを固めていくということから、常に一方的に相手から否定的なレスポンスを受け続けるということは、自分への自信の喪失につながりかねない問題をはらんでいると言えるように思います。

更に言えば、繊細な神経を持つ子どもたちほどこうした場面は重要です。ある一定の時までにこうしたプロセスを多様な形で学ばなければ、生き抜く力が身につかない可能性も否定できません。一旦不登校となってしまうと、一人一人が抱える状況によって、さまざまな病気などの形となって現れてくることが考えられます。一様な解決策、立ち直り策があるわけではありません。この段階に至ってから補正をすることはかなり困難を伴うことになると言って良いと思います。

学校は、一般的には学習する場であって、コミュニケーションのあり方を経験的に学ぶことを目的とする場とはなっていません。そして、学業の他にこうした人間関係のあり方まで学ばなければならないとしたら、そうしたことを目指すためには、今の教育システムは相当程度変わらなければ困難と言わなければならないと思います。それは、かつてあったようなゆとり教育といったものや、日常的な子供達の交流の場をカリキュラムに組み込むなどの対応ということになるでしょうか、いずれにしても学校は今、そうしたことを身につける場ではなくなっていると思われます。

共感が理解を生む

共感とは相手に対する好意を前提に忖度することを意味し、相互理解の前提となります。逆に、共感がないままのコミュニケーションが続くと、日本では、忖度の形として は妬み、嫉み、軽蔑、侮蔑などにつながっていきます。

プロ野球で、勝敗が決まった後、ヒーローインタビューで、その日の活躍が語られた後、ヒーローの側から当たり前のように最後に発せられることばが、（今後とも）「応援よろしく」というような表現です。

実際、このところオリンピックでメダルを取った人のメッセージの中で、応援があったので頑張れた、あるいは、今まで受けてきた応援のことを考えるとこのままではいけないと必死で頑張ったというような発言が一様に語られています。応援が力なのですね。

ところで、かつて東京新聞に、アメリカ大リーグで３０００本安打を記録した、イチロー選手について「イチローから学ぶこと」と題した社説が掲載されました。

この中で、イチロー選手がマーリンズに移籍した時に話したことばとして、

「応援よろしくお願いしますとは、僕は絶対に言いません。応援していただけるような選手であるために、自分がやらなくてはいけないことを続けていきます」、ということばが引用されていました。

常々、「応援よろしく」という表現に違和感を覚えていた私としては、彼のこのことばにいたく感動しました。応援してもらうことを否定するわけではないが、自らこれを求めるのはやはり筋が違うのではないでしょうか。

ここで少し展開したいのは、わたしたちにとって、応援というのは、情報化が進んだ現代社会では、ことのほか大事な面があるのではないかということです。

日本人は、相手のありようを見ながら、自分のスタンスを決めていく面があると、今までいろいろとお話ししてきているわけですが、まさに応援もその一角をなすものではないかという気がしています。昔であれば、応援があると却って萎縮して実力を発揮できないケースも多かったようですが、最近選手と一体となるように発せられる応援は、選手のやる気をいやがうえに引き出すものとなりつつあるのではないかという気がしています。この応援は負けても勝っても寄り添う気持ちが多く、そのため応援相手に対応して、選手の側もさらに自分の力を発揮するよう全力を尽くすようになる効果があるのではないかと考えます。応援を受ける側の自己肯定感につながるような、親和性を持った応援は選手にとって大きな力となると考えていいのではないかと思います。端的に言うと、勝っても負けても応援するぞというような応援の形が、選手に大きな力を与えているのだという気がします。

その意味で、受けた応援への感謝が滲み出てくるのはごく自然なことであり、選手本人としてもこれからも頑張るぞという意欲に結びついているわけです。

一方で、海外でのトレーニングが最近非常に多く行われ、そこで見違えるように育つ選手が多くなりました。これは、忖度とは別の世界のことと考えます。理と情の世界から一転して理のトレーニング環境で励むうちに伸びていった実力を、今度はどこにいっても素直に発揮できるようになるため、と考えます。(2016. 8. 12)

E　なじみ

時間論：伝統と変革のせめぎ合い　時間がたつと伝統と化したものは変えることができなくなる宿命にある

日本人の時間意識

日本人の付き合いの仕方として時間をかけて徐々に信頼関係を作っていく方式が一般的であると述べてきました。

日本語ということばの世界の特殊性から、直ちに導き出された系が、このような私たちの時間感覚の特殊性ということです。

日本語の敬語は、先にお話ししたように、語りかける自分の側の判断に基づいて使われるということは、語りかけるに際して、相手を見極め、相手の思う方向を確認し、できるだけ自分との接点が深まるような展開を期待していきます。このため、最初からうち解けてフランクに話すということはなかなか難しい話になります。相手の性格やこちらの語りかけに対する反応を見ながら次のステップを考えるという習性が自然と身についています。話しかける主体は自分でありながら、常に相手に依存した対応が求められるという、非常に微妙なやりとりの中でコミュニケーションが深められていきます。

ということは、人間関係を構築していくには、会って直ぐ親密な関係になるということではなく、自らの中に相手に対する一定の心証を築きながら次のステップへといった具合に、徐々にその付き合いの形を作っていくことが多いということになります。これが、私たちの、「時間をかけながらコミュニケーションを深めていく」というスタイルです。こうした形は、私たちが生まれ育つ過程で1人1人、特に意識することもないながら、生活していくうちに身につけてきたものです。

「なじみの構造」で書いたのはそういう日本人の人間関係の作り方のパターンについてのお話です。ちなみに副題は「日本人の時間意識」としてあります

私たちが育つ過程で、いつの間にか敬語を身につけ、こ

のコミュニケーションスタイルを体得して、何の困難もなく使い分けて生活をしている裏には、生まれ育つ過程において無意識のうちにこの言葉の吸収・習得があると考えます。日本で生活し、一定の年齢に達した時には、いつの間にか身につけているのです。

逆に言うと、その過程で日常的なコミュニケーションを通して身につける環境がなければ、大きくなったときにコミュニケーション不全状況に陥る危険があるということにもなります。

日本に関税以外の参入障壁があると言われますが、官僚の仕事がボトムアップで遅いと言われることなどもありますが、はるかに大きな要素はこの「なじみ」に関するものです。なじむのに時間がかかる、しかも海外とのやりとりでは、ことばの問題だけでなく、ことばからくるコミュニケーション不整合があり、日本の企業人一般が持つ関税外の障壁となっています。これを克服するのは今後とも難しいと言えます。

一方で、長い時間をかけて作られた関係は、簡単には崩れません。これが、文字通り、なじんでいるということです。このなじみの関係は一度作られた仕組みが、変えられなくなることにもつながります。時には「腐れ縁」とも言われるものです。

もう1つの中小企業論　ボトムアップ方式での活性化と持続　千年企業

インターネットに「日本には創業１００年超えが10万社。世界がひれ伏す老舗企業の共通点」（伊勢雅臣氏、2017. 4. 3, Mag 2News）と題する記事があり、このタイトルを見た瞬間に表題に関わるような発想が湧いてきました。

発想の内容は、「日本で創業の年代の古い企業がたくさんあるのは、タテ社会、日本のボトムアップ構造に由来し、その道一筋を価値とする日本人の考え方がある」というものです。

日本では西暦５７８年に建築会社「金剛組」というのが創立していると書いてあります。

また、日本には創業１００年を超える企業が10万社もあるということですが、ヨーロッパや、中国、韓国では、このような数にはとても届かない、としています。

この記事の中に、野村進さんという人の「千年働いてきました～老舗企業大国ニッポン」という本からの引用がありました。

この記事を書かれた伊勢雅臣さんという方は、日本の老舗企業の強みは、日本には伝統的な自然観が残っており、それが独自の技術革新をもたらして存続を可能にする基盤を作ったのだろうとしています。

しかし、おそらくそれだけでは他国との違いを説明するのは困難で、私は、まさしくここには日本のボトムアップの構造があるが故という確信を抱きました。ボトムアップが機能するのは、活動する個人の自発性に依存するからであり、個人が自らの生を生き抜くためにそれぞれの立場で努力し、知恵を発揮する構造に支えられているわけです。この構造は、一朝一夕にできるものではありませんし、また、身に備わった生き様として定着していなければ持続出来るものではありません。この道一筋は、時間が経つと変えられなくなるという特徴があります。

こうして考えると、日本は力を蓄えた中小企業が数多くあり、日本の産業体制の基盤全体を支えているのは、この道一筋ボトムアップ型の日本社会の構造によるものと考えていいのではないかと思います。ウチの世界に磨きをかける、この道一筋の到達点が千年企業に行き着いていると考えます。

成長して大きくなっていった企業ももちろん数多くありますが、そうした場合でも、このような仕事の進め方をしてきた数多くの専門技術を持った中小企業が下支えをしてきたからだと思います。こうした中小企業の厚い基盤があるからこそ、大企業も活動できてきているということが言えます。高度経済成長期を通して、中小企業から大企業へと成長していった企業もあれば、専門性を高め、世界で屈指の技術を持つ企業への道を進んでいったところもあるのではないかと思います。良し悪しは別として、現在の成熟社会で、果たしてどちらがより強い持続性を持っているかと言えば、むしろ後者の方ではないかという気がいたします。

ボトムアップの構造の中で、頑張っていくということは、自発性を発揮することであり、継続が成功の証明となります。こうした企業が定着するまでには時間がかかり、また、時間がかかることが勝ちにむすびつく日本社会の実態があり、続けることの意義を高めているとみます。長く続けることが尊敬に値する勝ちなのです。

社会の中でなじみとなった企業は、そのなじみの中で継続していく方法を工夫し、老舗となり、千年企業となっていくのです。他国にない老舗企業については、こうした説明が可能ではないかと思っています。（2017. 4. 11）

F　海外から見ると受け身とみられる

帰国子女

よく帰国子女の問題が出てきて、親の仕事の関係で海外に長く住んでいた子どもたちが日本に戻った時に、なかなか日本の学校に適応できず、いじめにあうなど、解決できない問題が起きたりしているといった話を聞きます。また、これとは逆に、海外に出た時の日本人の対応の問題もがあります。現在テレビで「こんなところに日本人」という番組が放映されており、世界各地、また、僻地で生活するたくましい日本人や、過去の不幸な事情から移り住むことになった事例など、いろいろな方が紹介され、感動を呼ぶ仕掛けが多々あります。しかし、私の古い蔵書の中にあった「日本人の海外不適応」（ＮＨＫブックス、稲村博著、１９８０年発行）には、海外の在留邦人で自殺することになったり、また殺害されたりなど、不適応に類した事例調査が数多く掲載されています。

また、鈴木孝夫氏の著書では、日本人の場合、研究者として海外に出ても、相互の会話による交流の困難から、書籍を通じて海外の知恵、ノウハウを吸収する形をとるケースが多いという指摘があります。（「日本語と外国語」岩波新書１９９０年１月刊）

こうした、さまざま生じている不整合は、この日本語の特質から来ていると考えるのがふさわしいと考えます。フローチャートでお示ししたように、相手の立場に立ってものを言う日本語の構造は、海外の言語、自分を明確に出していくことでコミュニケーションを取ろうとする言語と、いずれの言語で会話するとしても、齟齬なくやりとりをすることはかなり難しいことであると思わざるを得ません。

日本語が、いわゆる「忖度言語」、「おもてなし言語」で、相手の立場に立ってこちらの情報を発信する形が一般的なのに対して、日本以外の国々では、自分の考えをストレートに発信することが当たり前の言語構造（いわば、自己主張型言語）になっています。いわば、対話における言語、そのベースとなる物事の考え方において、日本語と他の言語の間にカバーし難い不整合があるために海外生活に慣れていた人が日本に戻った場合、日本でのコミュニケーション環境との齟齬ができ、また、日本人が海外にでた場合でも、逆の形で齟齬が発生するということにほかなりません。

これは言語構造の違いからくる基本的な違いと認識した方が良いのですが、同時にこの認識を持つことにより、打開する方法も生まれてまいります。

こうした局面で、どうすればうまくコミュニケーションを進められるようになるかということですが、これは意外と簡単なことであると考えます。コミュニケーションを取ろうとする相手方に、私の側の行動について忖度をしてくれということは、事実上困難であろうと思います。とすれば、こちら側が相手に合わせるようにする必要があります。つまり、私の側が相手に合わせる、しかも継続的に相手とのコミュニケーションをとり続ける前提に立てば、私の側が、相手に何を求めるか明確に打ち出していく努力をするということに尽きると思います。このように相手に合わせること、これが本来的に日本的な忖度そのものであると言って良いと思います。

日本人が、海外に出た時は、忖度する以前の問題として、自分の考え方を発信するトレーニングをしておくということ、そうすれば、相手からの主張があった時に、それとマッチする返答ができなくても、とりあえず自分の思うところを発信するようにすることで、乗り越えが可能になると思います。海外に出た時日本人は相手からどうして変わった人種と捉えられているのかを考えると、相手の忖度をしている間、自分というものを持たないで何を考えているかわからないと捉えられているからです。こうしたことへの対応としては、外国の言語を話す人と同様、自己主張したい中身をあらかじめ自分の腹に持って海外での対応をするようにすれば良いということになります。そうしないと、研究者であっても、出かけた先の本屋と図書館通いばかりをすることになるのは必至です。

逆に、日本に戻ってきた若い人たちの場合、自己主張が当たり前の環境から、忖度言語環境に入ることになるので、自己主張をする前に、一呼吸置き、相手の発言の趣旨を捉えるということを、意識的に行うということになります。もともと一定の日本語の素養があればということですが、このことにより、おそらく多くの不整合はカバーできるようになるというのが、私の考えです。

このことは、日本と海外との国際関係においても同様で、日本語の特質を知り、対応を進めれば、特に大きな問題になることは回避できると考えられます。不整合は生活習慣として根付いた言語構造からくる問題であるという理解をすれば、そこで打開策は自ずと生まれてくるということが言えると思います。

特に海外との関係で問題なのは、相手の態度に納得がいかない場合、日本流のやり方、想いで相手に忖度を求めるという態度です。海外諸国は一般的に自己主張型なので、これに対応するのに、忖度を求めても無理なのだということで、相手の主張のベースにあるものを、相手の事情を含めて忖度し、これに対する対応を考えるということになります。コミュニケーションを絶ってはならないのであり、相手の腹を十分探り当ててこそ、問題を大きくしない解決策につながると言えます。

海外に出るときは、自己主張する内容をはっきりとさせる、海外に定住するときは、日本語を意識的に忘れるといったことも、消極的ではありますが1つの対処法になります。

海外で生活していて日本に戻って学校に入るという、いわゆる帰国子女の場合、自己主張型の言語の世界で生活していたところから、一転して相手を忖度する世界に入り込むことになると、これは言語構造に違いから、様々なトラブルに出会うことが想像されます。

日本語を話すかどうかは別として、自己主張をしなければ生活できなかった世界のでの生活スタイルを日本に持ち込むと、付き合う相手からまずもって相手のことを考えないとして排斥される可能性があります。当たり前のことをしているのに相手に自分の意向が伝わらないのがなぜかわからないので、悩むことになるのです。この場合、日本語の本質が、忖度にあるということを理解できれば、問題は徐々に解消するのですが、これがないと、学校に行けないまでになることもありうる話です。

逆に、海外に出た時に、相手のことばがわかっても、日本人流に相手の忖度をしていると、もの言えぬ日本人としてバカにされるか相手にされなくなってしまうことも考えられます。

学会の会合や、企業の交渉ごとなど海外出張などの際の対応では、特に問題が生ずることはないと思われます。それぞれ自分の主張したいことがあって出かけるのですから、主張したい中身を相手にぶつける前提があります。ここでは相手を説得するために、忖度していろいろと考えて臨むので、成功する可能性はむしろ大きいと言えます。しかし、目的なしに、出かけてその場その場での対応を図るということになると、話は異なってきます。夫婦で海外転勤で現地に行く時、もう一方の随伴している方は特に目的がないので、やはりある覚悟をして出かけないと難しい場面に直面することも出てくると思われます。

こうしたことを見て行くと日本人は、海外に出かけるときは、団体旅行がごく無難であるということになります。個人旅行で出かける場合は、それぞれの場で、まず自分が何をしたいか、してもらいたいかを明確に自覚して、出かけるようにすることが大事になります。

個の確立　個は隠れているのみ

日本人には個の確立がないということが時々言われます

が、個がないのではなく、ことばの構造から、表に表れてこない面が大きいと考えるのが正しいと思います。自己を措いても相手の立場に立って物事を考えるという日本語の構造から、ともすれば、個人としての自己の立場が表に出ないままとなることがある、と考えた方が良いと思います。あたかも個がないと思われる局面です。

この日本語のことばの構造から、日本語を話していた世界から、突然他の言語の世界に入り込んだ時、あるいはその逆の局面に立った時には、大きな隘路に遭遇することにもなります。

相手を思い、発言する、しかし自己の違いは明らかに自己のうちにあります。これが日本人であり、個は隠されていると言っても良いと思います。

したがって、海外のロジックに従順に従えば良いということではありません。究極的には自発性を発揮し、相手の状況を十分忖度しながら事を進めるのが、今まででもそうであったし、これからのパターンでもあります。

少なくとも、個がない、などということに惑わされるべきではなく、個は隠れているのであり、それを表に出さないことが、日本的な姿でもあると考えることが大事です。

テレビかインターネットか……受け身のまま過ごせる媒体としてのテレビ

しばらく前、韓国の友人が1週間ほど我が家に逗留したことがありました。彼は我が家に着くとすぐに、サムスンのタブレットでしょうか、ネットに繋いでしきりに見ておりました。韓国のニュースのようでした。ハングルでの会話が絶えることなく流れているので不思議な気になりました。日本ではユーチューブにアクセスしても、通常のニュース番組ということではないので、インターネットで日常的にニュースを見ることはあまりないのではないかと思います。

一週間ほどそういう状況に接していて、何としてもこうしたニュースチャネルにアクセス出来るようになりたいと考えて、彼が帰国する前日に、どのようにすればこうしたものを組み込めるのかと彼に聞き、iPadでこれができるようにしてもらいたいと話しました。

App Storeの情報を検索して、ＹＴＮが無料でダウンロード出来るようになっているのを見つけて、これをセットしてもらいました。また、２００円でTVKoreaというのがあるということで、これを購入ダウンロードしました。

特別の機器を付けなくても、これで動画に接することが出来るようになりました。

彼が帰国した後、同じソフトをなんとかiPhoneにダウンロードしました。TVKoreaは、ネットワーク環境が許せば、アルジャジーラ、アリラン（韓国の国際放送）、BBC国際ニュース、CBS、CNBC、Euronews、KBS、SBS、NHKWorld等々、さまざまなチャネルにアクセス出来ます。

この頃は、これで1時期、毎日のように意味不明のハングルと、英語のニュースなどをiPhoneで見ていました。なんとかことばを覚えることが出来ないか、考えていました。

これで思い出したことがあります。まだ役所にいた頃のことです。退職する直前の頃、将来の形として、テレビがインターネットを組み込んで行くのか、インターネットがテレビを吸収して行くのかという話題が大きく取り上げられていました。私は、技術的な状況からして、前者はあまり相応しい形ではなく、将来は後者になっていくに違いないと思っておりました。

そのうち、このことも忘れてしまいましたが、この彼の振る舞いから突然今になってこのことを思い出した次第です。状況を見てみますと、日本では前者の扱いが支配しており、韓国は間違いなく後者です。

ITのプロの友人にこのことを聞きましたら、日本だけが特殊なのだというお話であったような気がしています。どのチャンネルでもクイズへの回答はインターネット技術を組み込んでやっているのではないでしょうか。また、FAXで返信を求める形もハバを利かせています。

なぜ、このような違いがでてきているのかということですが、1つは一般的な放送の普及時期、インターネットの普及時期と、その国の成長に伴うインフラ整備の時期の違いが影響している部分が大きいように感じています。インターネット普及期には、日本は既に放送のインフラ整備が確立してしまっていて、これを抜本的に変えて行くのは困難だったのではないかということです。他方、韓国はインターネットの普及期がインフラ整備の時期とかなり重なっていたのではないかと思います。また、インターネットはトップダウン型で活用を考えるのがふさわしいツールであると日頃思っておりますが、このこともトップダウン型社会である韓国では、好都合に作用した可能性もあります。

もう1つ、日本でテレビが相変わらず主流である大きな要素としては、日本人特有の問題があるとも考えています。それは、日本人は形が決まってしまったことを、敢えて変えていくことが不得意であるということです。特に、受動型の視聴は、コミュニケーションの難しさを自覚しなくて済むため、日本人は、テレビの方が相性が良いということです。こうした日本人の対応をおそらく広告会社はよくとらえていて、テレビでの宣伝にかなりエネルギーを投じ、またタレントを組み込んでいる感じがしています。NHKも民放も、ある意味でこのことを自覚した広告会社に動かされているのではないかとも感じています。

話は変わりますが、どこで電車に乗っても、7人がけの席で、だいたい常時5人から6人が携帯・スマホを扱い、また、立っている人もだいたいが黙々と携帯・スマホを扱っている状況を見るにつけ、何か不思議な気持ちに駆られます。今や片手に携帯・スマホというのが1つのスタイルになっている感があり、また、ホームへの階段の上がり降り、電車を待っている間でも携帯・スマホに見入っている人が非常に多くなりました。

電車の中で化粧をしている人の姿を時々見ますが、形は異なるものの、片時の時間も惜しんで化粧をしている人と同じような世界に浸っているのではないかという気がします。周りのことには関係なく、自分の世界に没頭しているということです。

ところで、ここで述べてきたように日本人にはテレビの及ぼす影響の方が、インターネットよりはるかに大きいのではないかと私は思っています。日本ではテレビへの指向性が高いため、スマホが普及しているのだと……。日本では、通常、電話にせよ、手紙を書くにせよ、相手に対してどのように何を言うかということはもっとも気遣いの求められるところです。

これに対して、テレビは気軽に情報を受け取るだけで、気が向かなければ、これに対応することはほとんど必要とされません。日本人にとっては、テレビは相手を忖度する気遣いなく自由に見ていることのできる媒体で、私たちの生活に非常にフィットした装置と言えると思います。忖度を意識しなくて情報を得られるまたとない装置なのです。そしてテレビが普及したために、日本社会は安定社会へと変質した面さえあるのではないかという気がして、これが、韓国や欧米諸国との大きな違いを生み出している面があるのではないかと密かに思っています。また、知り合い同士で話をするときでも、テレビ情報を持っていれば相手との話題に不足することもありません。

話を戻しますが、どこにいても携帯・スマホに見入っている状況を見ていると、携帯・スマホは今や、個人用テレビ、あるいはテレビゲーム機に近くなっているのではないかという気がします……チャンネルを自由に設定でき、時には親しい知人にLINEなどで自分の方からの情報発信も出来てしまう……最新型、個人用テレビと言えるのではないでしょうか。

電車での状況を観察している範囲では、テレビ同様見ることに主眼があり、自らの意見表明のための発信は、比較的少ないのではないかという気がします。少なくとも、満員の電車の中で、吊り革にしがみついている他人の腕の下で、なんとか空間を確保して見入っている姿を見ていると、双方向コミュニケーションツールというよりは、間違いなく小型（個人用）テレビといったものに近いように思われてなりません。

これだけ普及している携帯・スマホですが、果たしてこれら携帯・スマホはコミュニケーションツールなのでしょうか、見るだけで心のやすまるテレビのような存在になっているのではないでしょうか。情報交換の必要に迫られているのか、時間つぶしにすぎないのか、車両内で、アンケート調査でもやって見たい気持ちにとらわれます。いつしかモノ言わぬ民になっていってしまうのでしょうか。

それでも、真剣に画面に見入っている姿を見ると、これが、新しい日本のコミュニケーション社会を作り出していく入り口に今入ろうとしているのではないか、という気がしないでもありません。これから、こうした有りようがどのような情報社会を作り出していくのか、興味の尽きないところであります。（2015. 2. 7）

ワンフレーズ・ポリティクス

行きつけの床屋に行って散髪をしてもらったときの話です。

ここのマスターは、２００８年度（平成20年度）、東京都のマイスター知事賞を受賞された技術の持ち主で、それまでにフランスの師匠（故人）を恩師として技を磨き、広く内外の人材養成にも当たってきた方です。私より若干歳上というところでしょうか。

この方は、職業柄ということもありますが、かなりの話好きで、私が温厚な聞き役と思っているせいか、カットをしている間にいろいろと話しかけてこられます。ヘアデザインの面ではまさにプロで、その話も伺ったこともありますが、お話が突然高尚な哲学の世界に入ったりして戸惑うことも多いのが実情です。土日は客が多くて忙しいので、時間を節約しなければならないため、話が長引くこともないのですが、その日は金曜日の夕方、客も多くなく最後は私一人となる状態でしたので、手を止めて話に集中したりということで、通常1時間で終わるところが30分ほど伸びました。

お話は、ことばに関するもので、話出せば、私も持論があるので、マスターの方もさらに入れ込んで、いよいよ手が止まってしまう可能性もあると思ったので、ぐっと抑えて聞き役に徹しました。

あまり脈絡のない話の途中、マスターの方が口ずさんだ俳句がありました。

裏を見せ　表を見せて　散るもみじ

これは、家に戻ってからインターネットで見ましたら、良寛の辞世の句と言われているものだということです。良寛さんについては短歌ばかり見てきたので、俳句もたくさんあったということで、無知であった自分は驚きましたが、これがまた、辞世の句と言われていると書いてあって、二重の驚きでした。

皆様、この句をどのように解釈されますか？

ごく普通に考えれば、赤く紅葉したもみじが風のない中でひらひらと舞いながら落ちていく情景が浮かんでくるわけで、風景が目の前に浮かぶような情景を詠んだ俳句でありますが、辞世の句ということは、紅葉にたとえて、人の一生そのものを示しているということであるとも言えるでしょう。どんなに格好良く表舞台だけ見せて人生を送ろう思っても、あの世に行くまでには、結局、表も裏もさらけ出して生きて行くのだという、人生観を表したものだという話を、マスターはされていたように思います。貞心尼に見守られながら、一生を終えることになった良寛さんの澄んだ、そして透徹した人の世への関心のありようを示していることを感じないわけにはいきません。

この話を聞きながら、ふと思いついたのが、ここ2、3日考えあぐねていた政治家の話でした。いささかレベルの落ちた話になりますが、「なぜ、ワンフレーズ・ポリティクスが幅をきかすのだろうか。」、ということへの解が見つかったような気がしました。

全くの偶然に過ぎませんが、小泉純一郎さん、石原慎太郎さん、あるいは橋下徹さんといった人たちのワンフレーズ・ポリティクスが受け入れられるのはなぜだろうかと考えていたのです。（過日の衆院選で、小泉進次郎さんも、おそらく父親から伝授されたのでしょうか、その話し方について、自らコメントしているように見受けました。（2017．11.5追加））

これは、その話法に接する人々の間に、これを受け入れる素地があるのだと思いつきました。つまり、1つの俳句や短歌の世界に、尽きることのない情感を感じ取る資質が日本人にはあるのだと言うことです。

日本には、俳句や短歌、川柳の世界のように17音、31音といった短いことばの中に無限の深遠な世界を発見する資質が備わっている、長く、くどくどと説明しなくても、その本質的な部分をズバッと言い切ることができれば、感性によってその本質を認識することができる、そうした理と情を一体のものとして受け止める日本人の経験の構造ができているのではないか、それが世の中での課題についてであっても、端的な表現で発せられると、それを直感的に受け入れ、そのことばへの同意の行動に結びつくのではないか、ということでした。海外で、ポピュリズムの世界は、延々と何時間も演説して、理で迫ってこれに同調させていくのに、日本語を話すときは、その工夫の究極の姿が、短歌や俳句であり、ワンフレーズ・ポリティクスなのではないかと思った次第です。ウィキペディアには小泉さんのワンフレーズには電通の進言があったなどという記載もあります。

何れにしても、受け取る側にも同じ資質が備わっているから有効ということになります。すなわち、忖度のあることがポイントです。日本社会ではその素地があり、やり方によっては非常に効果が発揮される方法でもあると考えないわけにはいきません。もちろん、ワンフレーズで話す政治家の側に、話すことについて、全身から滲み出る自信もセットになっていることが重要で、実際のところはともかくとして、表面的には自信に満ちていなければならないわけですが……。

日本語の世界では非常に変わったことばの世界が展開しています。落語や短詩・俳句、和歌の世界、私小説、捉えたものを凝縮し展開しています。ここには、相互の忖度が働くため、ある意味で共感が生まれると言って良いと思います。この書きことばの世界ですと、短いフレーズの中で、相手を思う気持ちの存在が、読んだ側での共感を生んでいると言って良いと思います。落語や小説の世界でも同じことが言えると思います。

一見、新奇なことのように思える中に共感を誘う要素があると言えるのではないかと思います。(2016. 12. 4)

(3)　日本語評価の高まり

日本語放棄論

明治以降、日本では、言語を日本語から欧米の言語に変えようという動きが絶えずありました。外圧に対するには日本語を国際的に通用している言語に変える必要があるとするものでした。森有礼の例があり、また戦後は、志賀直哉や、英語を使ったらどうだという提案や、漢字をなくし、表音文字のみの、ローマ字表記法を取り入れたらという提案などもあったとしています。このため、当用漢字として使用漢字の簡素化が図られたということもあったようです。これらは、いずれも自己主張言語に負けない国際関係を作るためには、受け身言語、あるいは忖度言語を自己主張言語に切り替えなければ、という気持ちが働いたのではないかと推測します。

　しかし、日本社会が、ほんとうに立ち行かなくなるとしたら、むしろそれは私たちが日本語を捨てたときであると言って良いと思います。海外の植民地国家となった事例に見られるように、もし他国語を国語とすれば、日本国内では日本語を話す人たちと他国語を話す人たちとの間で、間違いなく社会の分断が起こり、日本人にそなわった特性は全く胡散霧消していくとともに、これを契機に日本社会は崩壊していくことは間違いありません。これは植民地主義の時代に他の国で実際起きてきたことですが、日本の場合は特にことばの性格からこの危険はなお一層大きいと言えます。この他国の言語を中心に据えようなどという発想自体が、日本語特性があるからこそ生まれているものと言っても良いと思います。

　そうした発想の行き着くところとして、日本人に個の確立がないのは、日本語のせいだということもあるようです。私は、これも先に述べてきたように、日本語特性に基づくもので、一見ないように見えるだけであり、個のない人間などいないということです。グローバル化の名の下に、個の確立を果たすべく英語化の流れに乗ろうとするのは、惨めな逆転した発想であると考えないわけにはいきません。グローバル社会になっているからこそ、自らの国語の特性を十分自覚して、そこを原点に対応を考えていくことこそ、新たな発展の基礎であると思っております。

　なお、現在はカタカナ語が定義なしで使われるケースが多くなり、日本語での造語力の減退が言われています。化粧品の名前などに使われる場合については、特に問題あるとは思いませんが、概念的な言葉については、できるだけ日本語（漢字を含む）、あるいは大和ことばでの言い換えができるようにして、言葉自体での意味として定着するようにすることも大事な問題であると思います。

　ところで、最近は日本語を積極評価する主張も多くなりました。

「英語化は愚民化」

　「英語化は愚民化」（2016年7月22日に発行、集英社新書）はそうした一冊です。施《せ》光恒《てるひさ》さんという、慶応大学卒、九州大学大学院比較社会文化研究院准教授の著書のタイトルです。

近年、楽天の三木谷さんやユニクロで、英語を基本言語とする動きが出て、政府でも内閣官房のクールジャパンムーブメント推進会議で「公用語を英語とする英語特区を作る」とした提言が出されたらしいのですが、これに対して猛反発する内容を一冊の本にまとめられたものです

簡単に言うと、日本語の持つ特性があるから、日本社会がいままでの発展があったのであり、これを英語という単純な言語を公用語にしたりすると、日本語という言語ゆえに存在している特性が失われ、ひいてはいままでの日本人が持っていた発展の原動力も失われていくというものです。

さらにこのことを演繹しますと、いままでの欧米の植民地となったところで、言語を宗主国の言語にしてしまったところでは、その発展が妨げられてその後の低迷した状態があるとしています。

私は、かねがね、フィリピンがなぜこんなに発展が遅れてしまったのかを前から不思議に思っていたのですが、かつてスペイン、そしてアメリカと宗主国を変転するうちに、豊かであった社会が最貧状態にまで落ち込んだというのが当たっているかもしれないと思うようになりました。英語を使う国の植民地国だったところに顕著に取り組みの遅れが目立ったように思います。宗主国の言語を使う上層階層と、それ以外の層との間で分断が生じたことも、その後の国家としての活動に大きな障害を生み出したと言えます。いろいろと複雑な要素が絡み合うので、あまり単純化した議論はすべきではありませんが、かなり大きな要素となっているのではないかと思います。

日本語について、施さんの主張は、私が日頃考えていることとかなり重なります。非常に細やかな相手に対する対応をする日本語という言語が、I《アイ》とYou《ユー》の世界になってしまったら、①「思いやりの道徳と「日本らしさ」」、②「「ものづくり」を支える知的・文化的基盤」、③「良質な中間層と小さい知的格差」、④「日本語や日本文化に対する自信」、⑤「多様な人生の選択肢」が失われていくと憂えています。世のお母さん方は子どもの早期の英語習得に向けて大変気にしておられると思いますが、英語教育の低年齢化がもたらす結果は大きな問題をはらんでいます。

何よりも、母国語（ネイティブランゲージ）として英語を使っているところとの思考の格差は、一般的には縮めようもないので、その国への属国化は避けられないということになります。いま、安保法制でアメリカの属国化への流れが高まってきましたが、これに英語公用化が加わると、完璧に属国化が定着していきます。

施さんは、日本語の持つ思いやりの表現が、自己主張しかない英語に転換すれば、日本語民族として備わっていた創造性も失われていくとしています。

私の発想の原点として、繰り返し「日本語は相手の立場に立ってものを言う言語である」と言ってきています。このことについて、一見するとマイナスの要素が目立つように考える方も多いと思いますが、まさしくこのことばの特性が日本人の特性を生み出してきたものです。よく話しております、ボトムアップ社会日本、という主張も日本語の特性から発しています。また、不登校・引きこもり等が他国に見られない状態で増加したのも、この日本語の持つ特性からきています。そして、グローバルな取り組みが要請される時代に、特殊言語を話す日本人は取り残されてしまうのではないかという不安が、いまのような外国語の公用語化による解決法につながっています。しかし、これらは日本語の活用の仕方を日本人自身が十分自覚していないことにより生じているもので、その活用法に自覚的に取り組めば、なんの問題もなく解決できることです。（2015. 9. 24）

「驚くべき日本語」

日本人をどのように定義するか、という設問が出たとき、私は日本語をネイティブランゲージ（母国語）とする人、ということで答えました。日本人であるということは国籍を持っているかどうかで判定するのがごく常識的なことですが、日本国籍を持っていても、海外で育ち、海外生活を続ける人は少し違うし、逆に、日本で生まれ、日本語の生活圏で生活する人は、国籍は違っても実質的に日本語族として日本人という位置づけをした方がよいという考え方に立ちます。

グローバル化が進んでいる現在、日本人は、外国語を習得するのがなかなか出来ない、また、外国人は日本語を習得するのが困難で、なかなか外国人で日本語の堪能な人には出会わない、といったことがいわれています。このような話を聞くと、日本語は他の言語とかけ離れた、孤立した言語であって、日本人はこのままいけばグローバル時代に取り残されてしまうような印象も与えるようになっています。

しかししばらく前になりますが、ロジャー・パルバースさんという人の「驚くべき日本語」（集英社インターナショナル 知のトレッキング叢書２０１４年1月29日発行）という本が出版され、その中では、日本語は難しくない、世界共通語に相応しい、といった主張が出されています。

ロジャー・パルバースさんは、１９４４年、アメリカ生まれで、母国語である英語のほか、ロシア語、ポーランド語、日本語を習得しており、１９６７年日本の地を踏んでからずっと日本で生活をしておられるとのことです。この書では他にも日本語の特性を縷々述べており、そのことから、いくつかの大事な示唆も受けました。多くの日本の言語学者の述べていることとも共通するものが非常に多いと思っています。

いくつかの新鮮な主張を記載させていただきます。この書で私が述べたいと思っていることのかなりの部分を簡潔に表現していただいております。

ロジャーさんは、ここでは話しことばに焦点を当てて話してておられます。（日本の日本人論などは、この辺が曖昧で、曖昧に分析を始めて、いつしか書き物の中の特性みたいなものばかりを述べているものが多いのが実態です。私の取り上げる日本語は、話しことばの世界であり、その点でも共感を抱いています。）

母国語でない国（パルバースさんの立場からの見方ですから、ここでは日本）のことばを習得しようとするときの一般論として、母国語の論理を消し去れば、その習得は可能であるとしています（56ページ）。これは、私の見方からすると、自己主張言語である母国語の論理を忘れて日本語を習得することが必要、と言っていると思います。これを日本人に当てはめて考えると、日本人が他の国の言語を習得しようとするときは、受け身言語である日本語の振る舞いを忘れて、目的とする国の言語の習得を目指す必要があるということかと思います。これはかなり大事なポイントです。

また、曖昧に見える日本語の表現には明確な意味があるとしています（78ページ）。日本人は「調和や人間関係を乱さないように配慮します。そのために日本をよく知らない外国人から見ると、あえて明言を避けた態度のように思えるのでしょう。」としています。「日本語の曖昧な表現は、自己主張による衝突を和らげる芸術である」（81ページのサブタイトル）とまで言っています。

「日本語には、世界共通語をなっている英語ほどに、異なる語彙がそれほどたくさん必要ではないのです。なぜなら、驚くばかりの柔軟性で、もともと１つのことばからのバリエーションで、全く別の新しい意味のことばがどんどん自在に作られていくからです」（95ページ）。

また、日本人の脳で扱われている「虫の音」などとも大いに関連すると思いますが、日本語の擬態語、擬声語、と言ったものも取り上げられています。そして、省略の技として行き着いたところに俳句、川柳などの表現が出てきます。

最後の方では、「日本人自身が日本語への意識を変える時代が来ている」（171ページサブタイトル）として、「国際的な視野を持つことの第1歩（そこから自ずと外の人間との関係が構築されていきます）は、自分自身の言語や文化に対しての視野を国際的にすることです、そしてそのためには、まず日本人が日本語の本質を真に理解することが必要です。」（172ページ）……「日本の国際化は、英語で始まるのではありません。日本語で始まるのです」（同）。

さらに、「簡便で柔軟性に富んでいるという性格から、日本語が非日本人にとって、学習したり使いこなしたりするのに難しくない言語であることを思えば、日本語が世界の共通言語（リンガ・フランカ）の1つとして非常に重要な役割を果たすに違いないと思います。そしてそれは、日本という国家の「新しい」帝国主義によるものではない形（と私は願います！）で起こると思います。」

このように、日本語は非常に簡潔で学びやすく、世界共通語に相応しい内容であるとしています。こうした点から見ても日本語の再評価が求められるところです。

欧化思想からそろそろ私たち自身の持っているものに立ち戻る時期ではないでしょうか。日本語の特性を認識し、そこで育った私たち自身の生活スタイルをはっきりと見つめ直すことこそが、今必要なことであると思います。そうすれば、私たちが国際的にも活躍できる場はいくらでもあるのであり、言語障壁が根本的問題であるという発想から脱皮できるのではないでしょうか。（2014. 4. 25）

第2章　欧米的な発想との齟齬

(1)　コミュニケーション社会の再構築に向けて（2000.12.8）

「逝きし世の面影」

江戸末期の情報環境を見ると、現在のように発達した通信手段や、ましてや電子媒体など全くなかったわけですが、西国雄藩の若い武士層を中心として、実に的確に情報を収集し、その情報に基づいて行動を起こし、ことを成し遂げたことを考えると、その情報掌握力の高さ、正確さ、行動の的確さにいまさらながら感心します。

ただ、そのような状況はあの時限りで、その後二度とそうした動きは生まれていないと言えるのではないでしょうか。

第二次大戦後の状況は、明治維新期とは似て非なるものでした。やはり若い層にバトンタッチがなされましたが、政治的には、自ら選び取り、行動し、実現していったというよりは、公職追放によって旧い世代が追い落とされる状況のなかでチャンスを掴んだ、いわばタナボタの要素が大きかったと言えます。

日本では若い層が国家をリードしていく環境は、明治維新期を一つのターニングポイントとして、徐々に困難になっていったと考えられます。そうなったのは、一つには国家の形態がより強固なものとなって、誰もがその状況を所与のものとして扱うことを余儀なくされた点もあります。

しかし、同時に、戦後にあっては、価値の混交が進み、意識の中で、若者の突き抜けるような意欲の弱まりがあったと見ることが出来ます。戦後、そのような環境が一夜にして生まれたというのではなく、明治に入って以降、徐々に人々の育ち方、子育て観の変容があった結果と見たいと思います。

経済発展が始まる前の子育てのベースは、日本のように繊細な人間関係の特質を持つ国では、「見守り」ということが重要な方法でした。

江戸末期から明治に入る中で、その頃までの日本のユニークな文明が消滅したと説く本があります。「逝きし世の面影」（渡辺照二という当時は予備校講師をされていた方の著作、葦書房）ですが、そこでは、その時期、日本に来た西欧人の目を通して見たとき、子どもたちは細かなことをとやかく言われることなく、地域の中で大勢の大人たちに見守られながら、他国には見られないような生き生きとした姿を見せつつ育っていると記してあります。

特殊、日本的人間関係を学ぶのは、思春期前（恐らくは小学校中学年くらいから中学生の途中まで）であり、その時期までに同世代、異世代と行動をともにしながら、子どもたちは人付き合いの仕方を自然に身につけていったのです。

また、日本流の子育てを表現した言い方として、「子どもは親の背中を見て育つ」といったことが流布していますす。よくみるとたいへん意味深長なことばだということがわかります。親は背中を見せながら、くどくどとしつけるなどということは出来るわけがないのであって、子どもはそうした親の姿を見、自ら考え、行動する中で自己の生き様を体得していったと考えるのが良いのではないでしょうか。そこには、細やかな人情の機微をキャッチする繊細な神経と、限りない自発性があり、全体が整合する形となっているのです。

こうしたあり方が崩れたのは、一方では親の働き場が変わり、子どもが親の生き様を日常的にみて育つ環境が失われた（背中を見せるにも不在になってしまった）ことがある一方、西欧流の子育て観が日本に浸透するのと並行しています。人格なき子どもはしつけることによって一人前になっていくという考え方が、あたかも正しいことであるかのようにして日本に移入されてきました。これは、それ以前の日本にはなかった異質な子育て観と考えるべきです。これは、自己主張の塊である子どもをしつけることで、社会生活可能なところまで持っていかなければならないとするもので、日本社会以外では当たり前の発想です。

そして、現在、この考え方は各家庭まで入りこんで、主流となってしまったようです。今までの伝統を全く無視したやり方であり、子どもは今まさに、そうした二極に分裂した社会意識の中で育てられているのが現状です。

地域社会崩壊がもたらしたもの

よく、地方分権とか、地域の子育てとか言いますが、地域社会は今や崩壊に瀕しています。地域社会は、行政区画でもなく。町内会・自治会といったものを指すのでもなく、具体的に存在している人と人との交流空間をさすものです。人の交流が日常的に真剣にかつ盛り沢山に行われる空間こそ、地域社会です。そうした地域の交流空間の中で行なわれてきた子育てが、日本的な人間関係を作るのに適した環境でもありました。

しかし、今やそうした交流空間は一般的に存在するものではなくなりました。今の人々の意識にフィットしないものは、どんなに伝統的なものであろうと、消滅していくしかありません。

だからといって、家庭にすべての責任があるわけではありません。子育ては家庭内だけでは絶対に不可能なことです。このため、この役割は必然的に学校に委ねられたのですが、このため、学校の崩壊が引き出されました。どのように子どもたちが自分の身の回りの人たちとコミュニケーションをとり、そして徐々にこの枠を広げていくか、ということが、日本では特に大事な要素だからです。そのようにしつつ、人との関係の取り方を自ら学んでいくのです。教育基本法には人格の形成ということも含まれていますが、今はやはりその主たる役割は教育であって、親が求めたものもそこが中心です。そうした場で、地域社会が担ってきた役割の代替となるものがなくなりました。教師一人では到底不可能な負荷であると言わなければなりません。教師は人格の練磨などという、今まで誰も明確に意識したことのなかったテーマまでやっているゆとりは持てなくなって、特に、公立学校から学校の崩壊が進みました。

20世紀末時点で不登校生徒が、十三万人を超えたということが報道されていましたが、ここには小中学生のみがカウントされて、この時点では、義務教育に位置付けられていない高校生以降については、この時点では全体としてはその実態すら掌握されていません。そして大学は、意志を持った「サボり」と、登校できない不登校とが混在していますが、これを問題視する視点も日本では十分に存在していません。個人個人の怠け心やしつけの崩壊というレベルに押し込められ、不登校がコミュニケーションの重要性を忘れた結果としての、社会的生成であるという認識がほとんどないわけです。

そうこうしているうちに、この問題はこれからの日本において非常に大きな課題となっていく可能性を孕んできています。引きこもる若者はすでにそのトップ年齢層は四十代になっているといわれます（このことからしても、本質は学校問題ではありません。）。一つの潮流とさえなってきています。学校で生じる不適応はきっかけに過ぎません。学校はある意味で人間関係のルツボであり、今まで、家庭で庇護され、まったく人間関係に悩む環境になかった者が

（人間関係について問題と言う認識すらなかった家庭生活から）、学齢期に入り、突如人間関係のルツボに入りこまされれば、何パーセントかの繊細な神経を持った若者の意識に大混乱をきたすことは容易に想像できます。不登校は、したがって、学校問題であるよりは子育ての中での人間関係づくりについての無知無関心から来る、必然的な結果であって、社会問題の最たるものと認識を変える必要があるのです。

青少年問題から見る日本社会の未来

人間というものは人との交流を通して生きていくものであることは誰もが認めるでしょう。特に日本においてことは重要です。日本語は常に相手の立場に立ってことばを発するようになっていることから、このコミュニケーションの中からしか、自己の立ち位置を決めていくことができません。人との交流ということは、日々、相手に対してジャブを出し、それによって相手との距離を測りながら、自己の位置を作っていくものであって、大人になったある日、突然に交流を行なってうまくいくものでもありません。日々の交流活動の蓄積こそが生きるエネルギーの源泉であって、日々の人間関係を巡る行動の中で生きるエネルギーも蓄積されていくのです。家庭内で、母親にのみ囲われていて、あるいは塾通いの生活と、勉強の監視の中で自発性が抑制され、受け身の生活に鳴らされることから、若者のエネルギーは確実に失われていきます。

青少年の問題行動について、突然切れるのは、日常的人間関係の蓄積が乏しいことが第一であり、思春期を越えてからとなれば、肉体的に性的な要求が高まるにつれて、人間関係の中で、うまく処理する術を持たないことからストーカー行為も必然的な産物となります。表面に現れるそうした課題とは別に、潜在的な予備軍が相当数いることは想像に難くありません。これは、いかに法的な罰則を強くしようとも無駄なことであり、対象療法で解決できることではありません。

また、少子化もこうした人間関係一般の問題と深く関係しています。児童手当を増やせば少子化を防げるように思っている人がいるというのは、無理解も甚だしいところです。

この現象を病的というならば、それは個人の病ではなくして、社会が病んでいるということを意味します。

このように、子育ての現状から見ると、21世紀の日本は相当暗いものとなることが予想され、最近は悲観論に陥っています。現在起きている青少年問題は、恐らく、現在の状態のように親の意識が分裂したままでは、合意が得られないので、日々悪化することはあっても、決してよくなってはいかないと考えるところです。

コミュニケーション社会の再構築を

　2000年8月、当時長岡造形大学の学長だった豊口協《きょう》さんのお話を伺う機会がありました（第14回自治体学会新潟長岡大会）。豊口さんが言われるには、「工業化で、日本が概ね西欧にキャッチアップした1970年には、今盛んに騒がれているITについて、産業構造審議会では、これからの方向としてすでに提言に盛られていて、いまさら、何も新しいことではない、が、この時期から日本は方向を間違えたように思う」というお話をされていました。「今は、情報社会、当時は情報化社会といっていたが、これが間違いの元凶であった」ということです。「ITのことばの意味からしてそうであるが、「情報化」ということはテクノロジーのレベルの話であり、手段に過ぎない。これを目指すべき目標であるかのように、定着させてしまったことが、現在の日本のさまざまな問題につながっている」ということでした。

「当時、アメリカでもこれからの社会をどのように考えるかということで、もちろん必死で方向の模索が行なわれ、アメリカは『情報化に関わるツールを使いながら、コミュニケーション社会の構築を目指そう』ということで今まで進んできた」とのことでした。アメリカは、情報化を手段として使いながら、目的としてはコミュニケーション社会の構築を目指してきたということです。

　言いかえれば、日本は人々の間の共通した認識として、そこをターゲットとすることをしなかったということです。アメリカはいわば人種のルツボであり、いろいろの人が交流を進めることがこれからは何よりも重要になるという認識があったし、その方向に進んで、現在があると当時のお話でした。（その結果、グローバルな形で、さまざまな国を実質的な属国として支配するに至りました。そのツールがインターネットであり、英語です。このために、アジアの国々も、国際関係では英語で統一せざるを得なくなっています。）

　他方、日本では、単一民族国家として、コミュニケーションは当たり前にとられていくという思い込みがあったのでしょうか、企業のビジネスの方向としての情報化が、最大の課題であるかのように受け取られ、テクノロジーを高めることを意味するだけの、情報化社会（information society）というような和製英語での対応を主題として進んできてしまいました。（これは、実体についてはもっと正確に検証しなければならない要素があるかと思いますが、この仮説で現在までの日本の進み方を見てみると、なるほどと思えることばかりです。）

一人一人の認識が生み出すもう一つの社会

現在、社会の内部のさまざまな局面で、コミュニケーションが成り立たなくなっています。深刻なのは先ほどら い述べてきていますように、人々がコミュニケーションの重要性を認識できなくなったため、地域社会が崩壊しても誰も不思議に思わない状況になっています。家庭の中でも心の通い合うコミュニケーションが成り立たない家庭が増えてきていると言われています。

そうした国が、諸外国とのお付き合いで何かしようとしても、相手とのコミュニケーションのありようについて原則的な事柄を欠くことにもなって、非常に難しいのではないかと考えてしまいます。日本はいまや、国際的にわかることばで発言しようとしない、閉じられた国家となってしまっているのではないでしょうか。同じ単一民族国家でありながら、ことばが通じ合わないということは、ことばを交わしあうことの重要性を忘れたからであり、あたかも、創世記にあるバベルの町の話のような状況に今の日本が陥っているように思われてなりません。

これらのことを考えると、コミュニケーションを進めることの重要性をきちんと認識し、あらゆる局面でコミュニケーションを進める視点から、その有りようについて考える習慣付けがなされていれば、もっと違った社会が生まれていたのではないだろうかという思いがあります。若者の問題行動を考える以前に、大人の我々が作ってきたコミュニケーション不能社会の実態を分析し、（遅ればせながらではありますが）どのようなコミュニケーション社会をつくればよいか、一つ一つの局面で、丁寧に考え、共通の社会意識としていく必要があると考える次第です。

今の若者に予想される厳しい未来を思うと同時に、気がついた時からが変革のタイミングなのですから、我々自身が、どのようなコミュニケーション社会を希求していくのかを明らかにしていく必要があると考えるものです。物質的繁栄というバベルの塔から、もう一度我々、そして我が隣人を見つめ直し、対話の努力を始めるべき時であると思います。（この項は、「夢はるか」に掲載した記事の転載です。2000年に書いたもので、ごく部分的に手を入れております。）

(2) 子育てについて

考え方の致命的な分裂　子育て、教育

危機に直面した時の日本人の対応としては、目標がはっきりしている限り、間違いなく状況をフォローしてきたのが今までの姿であると言えると思います。

相手を見て、自分の力を見ることで対応策（乗り越える戦略）を考え、今までの危機を乗り越えてきたのです。

しかし、欧米との交流が進む中で、欧米における一般的な考え方が日本に導入されていき、日本の元々の考え方との混合が生まれる状況も出てきました。典型的なものは子育てに関する考え方です。

子育てのスタイルも欧米のように厳しくしつける形ではなく、前項で見たように日本では基本的に自発性の発揮を見守るということが最も大事であるとの認識のもと、これに見合った仕組みを作るべきであります。本人の自発性を発揮できるようにすることが、日本では子どもの成長の基本となりますので、周辺環境を整え、じっと見守り、状況に応じて助言をすることが大事になります。これは欧米の子育てのスタイルとは真っ向から対立する考え方になると思います。今、子どもたちは、各家庭の持つ子育て観の違いの狭間で生きているのが実態です。私の仮説に従えば、もう一度、このスタイルの見直しを図る必要があると思っているところです。

高度経済成長期を経るに従って、並行するように不登校、ひきこもりが増えていきました。これが、欧米では考えられないことであったので、こうしたことについての統計すら当初は整備されておらず、国としてデータを把握するようになったのははるか後年、バブルの崩壊した１９９１年からです。あまりに増えていって問題が大きくなり、その後、２０００年には13万人を超えたとの情報もあり、ようやく２００４年からは、高校の不登校生徒の数も把握することになったようです。この間にあっても、なぜこのように不登校が増えるのかという点について、十分な分析さえなかったと私は思っています。

１９９７年に発行された、マークス寿子さんという方の「ひ弱な男とフワフワした女の国日本」（草思社、１９９７年8月18日発行）という本を読みました。それまでも何冊かの似たタイトルの本が出版されており、このブックカバーなどの雰囲気から、ひょっとして子育て観のイギリスと日本の違いが書かれているかと、期待して、読んだのですが、だいたい書かれていたのは日本の高度経済成長期末期の現象に対する批判が中心でだったと思います。今でいうなら、しばらく前に日本で流行った中国人の爆買い現象批評といったものに近いように見えます。私が関心を持っていた、日本の古くからの子育て観との違いについては最後の方に若干見られますが、だいたい想定の範囲で特に新味はありません。

「日本の学校教育は、暗記が主になっていて、自分でものを考えたり、違う意見を持っている人たちが、互いに協力して妥協できる意見を導き出すことが不得手である。しかし、理性でものを考えるようにするには、子どもの時期から大人になるまでに、トレーニングを積んでいかなければならないだろう。違った意見の人とぶつかり合った後で、なお、その人たちと一緒にやっていくにはどうすればいいかを学んでいく必要があると思う。」（同書215ページ）

これは、概ねイギリスにおける子育て観を素直に表したものということができると思います。日本の今までの子育ての方法は、自分でこれを見い出すように周囲は見守るということになります。

問題なのは、むしろ、こうした欧米型の教育観と、日本の子育て観との違いがそのまま放置されて、個々の家庭ごとにこのいずれか、または混じり合った方法論が適用され、子育ての考え方の大きな混乱が生み出されたままであるということにあります。本来日本的子育てとして進める家庭もあれば、欧米型で厳しくしつけなければいけないと考えて育てようとしている家庭もあります。何よりも、日本の子育てについて明確なありようの認識すらないのが問題です。今までは、周囲の見守りの中で子どもたちは自ら自分の対応を見つけていったのに、今はそうしたことができる環境（見守りを中心とした子育ての環境）自体が失われて、子どもを放置している形となったところへ、欧米型のしつけが大事という考え方が浸透し、親のしつけのないことへの批判となっているのです。

「ふにゃふにゃになった日本人」

マークス寿子さんは、この後書かれた「ふにゃふにゃになった日本人」（草思社、２０００年4月25日発行）では、かなり具体的な展開をしておられます。ここには私の予想した通りの内容が書かれています。

子どもはしつけないとまともな大人にならない、「しつけがないと訓練を受けていないペットと同じである」（130ページ）といった考え方を書いておられます。学校へ行くのは当たり前として、学校へ行かないのはしつけなかったからであり、親の責任であるが、それが出来ないほど日本の大人は、ふにゃふにゃになってしまった（74ページ）などとしておられます。この本は、まさに論理の世界としてやるべきことを書いていますが、論理の世界でのみ議論の展開をしていることで、日本的な子育ての今までの姿については一考もしない視点が厳然としてあります。これがイギリス流、ひいては欧米流の子育てについての一般的な考え方とみると、かなりはっきりと日本の従来型の子育てとの違いを提起できます。子どもはペットと同じなので、きちんとしつけなければいけない、ということは非常にわかりやすいもので、現在の状況では、あるいは賛同される方も大勢いるのではないかと思います。日本の子育てが、昔からあったしつけを怠ってしまったことは問題であるという全体の展開です。しかし、マークス寿子さんの言い方を欧米流として考えれば納得がいきます。欧米では、自己主張型言語をベースとした社会となっていますから、この自己主張型の環境の中の子供たちについては、確かに躾けないと、大変な人格を生み出してしまう可能性があると言えると思います。しかし、この考え方を忖度言語である日本社会に持ち込まれては、子供がおかしくなってしまうのはある意味で当たり前とも言えると思います。日本語の本質を（ご自分では育つ過程できちんと体得しているはずなのに）全く概念的に理解していない見方の典型と言って良いと思います。

論理だけで考えるので、不登校は理解できない。そこでこの教訓なるものに従って親の責任だからと努力すると、子どもはさらに窮地に追い込まれていくしかないのです。しかし、方法論を学べば、日本人はどこでもやっていける。しかし、日本の子育ては親だけではうまくいくものではありません。子どもが、自分の望む世界を発見し、自発性に目覚めてやる気を出し、そこを通して自分の道を押し広げていく、そうしたコミュニケーションの場を処処に作るべきなのであり、こうした道筋は理だけで進められるものではありません。

マークス寿子さんのような子育ての考え方は、今の日本に適用したら不登校などはさらに大幅に増えると思います。日本ではことばの構造から、相手のことを考えたコミュニケーションを身につけるようになっていくのであり、そこでは自発性をいかに引き出すかがポイントになるので、マークス流のしつけの発想は筋違いになります。おそらく、不登校に悩んだ家庭では、このマークス寿子さんの考え方に従って、必死に頑張った家庭もあると思いますが、おそらく十分な成果をあげることができなくて、絶望した方もいらっしゃるのではないかと思います。

この不登校・ひきこもりは、はっきり言えば家庭問題でも、学校問題でもありません。社会が抱えるようになった問題であり、経済開発の結果として進んだ都市化、そして核家族化があり、この際に日本社会として取るべき方策の自覚がなかったからであると私は考えています。その証拠に人々が高度経済成長期に都会へ出るようになって、家族の核家族化が進むにしたがってこの事態が拡大して行きました。そして、この民族大移動が一段落した今は、少し改善が図られるようになってきているようです。日本特有の問題で自ら解決していかなければという意識が高まった結果として、対策が進んだということも言えると思いますが、相変わらず、高原状態が続いていると言って良い状況だと思います。毎年、学齢期を超えた人たちは、この統計数値から抜けていきますが、新たな供給源はなくなっていないということですから、総数としての不登校・引きこもりの人たちは増え続けていることになります。

この病理の根幹にあるのは、子どもたちが近所の子どもたち同士の遊びや喧嘩を通して、学んでいき、周囲の親たちが見守っていた、その環境が全く失われて、すべての責任が専業主婦の母親一人に被されるようになった、このことで、子ども達のコミュニケーション能力の育つ機会を奪い去ってしまったケースが多々あるのだと私は考えます。

とすれば、何をすればいいか、政策的にはわかりきっています。意識的に、多世代の子ども達が集い、コミュニケーションを進める場を一般的な形で用意すればいいのであり、それは決して不可能なことではないと思うのです。

しかし、このことに気づかず放置し、不登校になってから親の責任だというのは全く筋違いと言って良いと思います。今は、一方では、この問題の深刻さに、法律的な対応も生まれてきていますが、その法律自体の制定についても、まだ十分な認識がない状態で作られているのが実態で、対症療法の域をあまり出ていないように思っています。

海外との交流が深まるほど、海外の理念的な考え方が日本の実態と食い違う場面で、問題がクローズアップされるようになりますが、今の日本では自分たち日本人の奥深くに宿る自己認識を欠いたままなので、その食い違いのいずれを取るかについて、おかしな悩みを持っているわけです。

(3) トップダウンとボトムアップ (2017. 2. 15~21)

日本では、上司は、部下からの情報を待ち（ボトムアップ期待）、部下は上司からの情報を待つ（トップダウン期待）という珍現象が蔓延しています。これは欧米の考え方と日本語の構造の違いから生まれているものと言って良いと思います。

欧米の組織におけるものの考え方と、日本語からくる特性との相克の典型がボトムアップとトップダウンのありようであると、常々考えてきました。

日本的組織で長年仕事をしてきた人は、部下から様々な情報や、考え方、これからの方針が上がってくるのが当然のように思っています。

上司は、今までの自分の仕事のスタイルとして、年功序列の組織で、様々な考え方や方向性を自ら考案して上司の決済を得てきたのだから、上司となった今は、部下から目の覚めるような案が上がってくるのを当たり前と思っています。一方、まだ、組織内での活動になれない新人は、当然ながら、今までの戦後教育を受けてきた結果として、上司から指示が降りてきて、それに従って行動するものと考えております。部下の方は、欧米的な発想のもとで教育を受けているので（教育システムの中で就職時点では既にこういう考え方を埋め込まれている）上司の曖昧な態度が納得いきません。はっきり指示してくれれば、すぐに取り組むというのに……。

通常は欧米ではトップダウンが当たり前ですが、日本社会ではボトムアップが当たり前なのです。従って、日本的組織では、仕事に就いた若者はできるだけ早くボトムアップを習得し直す必要があります。さまざまな局面で日本社会はボトムアップで仕事が進められていく形となっています。民間の大組織もそうですが、特に役所は徹底していて、役所の非効率の典型のように言われる稟議書を作成し、上司に事業実施の伺いをする形で決済を求めます。

石原さんは2017年3月の記者会見で、浜渦さんに任せていたとか、部下からの話があったから、その方向に進むことにしたのだという言い方がごく普通に出てきます。これはボトムアップのあり方そのものを認めていることになります。

こうした言い方を聞くたびに、私が思い出すのが「東京裁判」です。この時の被告となった幹部の方々や、周辺の多くの方々も、同じ心境だったのではないでしょうか。このために、東京裁判で刑死した人たちも決して悪くはないのだという気持ちが多くの日本人の中にあり、靖国に合祀する必要があると考えた人がおり、その結果として、国際的に今に至るまで、戦争犯罪人として断罪された人を祀ってあるところに国を代表する人たちが参拝するのは、国家としてこの戦争犯罪をなお認めていないことだとして問題を今に至るまで引きずることになったわけです。ここには、そういう人以外にたいへん多くの方が祀られているので、参拝するのは国の代表として当たり前、という気持ちが裏にあるのでしょうが、他国（特に日本に痛めつけられた国々）には納得いく話にはなりません。

　こうした発言や、考え方が出てくるベースには、日本社会のボトムアップの行動パターンがあると思っています。トップの自分が自ら下の人を引っ張っていったわけではなく、下から上がってくることを受けただけであり、自分が直接リードして決めたわけでもないのになぜ自分だけが責任を取らなくてはいけないのだという感覚が常にあります。皆がそう思っていたからそれで進めるようにしただけなのに、なぜその責任を自分が取らなければいけないのだということです。

　これは、私たち日本人の行動パターンがボトムアップであるのに、制度は欧米流で、トップダウンの形を前提としたものになっているということに起因している、と私は考えています。昔は（というのは明治以前ですが）そうしたことにはならず、トップがおかしな判断を下す状況になった時は部下が責任を取るということがごく普通にあったような気がしています……誤った行動をトップに促した部下の責任ということでしょうか。

　さて、このようなボトムアップ社会を考えた時に、トップが決済をした案件について、責任が部下にあるのか、トップにあるのかということですが、形式的には決済権限が内部規範で（秘密ではありません）定められているので、その責任は決裁権者が取るべきであるわけです。しかし、決済権限が内規で決められ部下の方に降ろされているものは、概ねルーチンワークに類したものであり、初めて取り扱う重要案件に類するものは、通常トップが決済するものとされているか、そうでなければ、必ずトップに報告が行くこととなっています。すなわちそうした案件は決定権者がトップであり、このためトップの印が押されているのです。重要案件であれば、その決済の形にかかわらずトップに報告されないということはまずありません。聞いていないということがもしあったとすると、聞くべき時にいなかったか、聞く耳を持っていなかったとしか考えられません。その間に起案したもの、あるいは決済過程で印を押したものにどこまで責任があるかということですが、これは決定をする権限を持っているわけではないので、いくら責めても限界があると思います。

　現代社会では、欧米型の発想に立つしかないということであろうと思います。それでも日本流の考え方が生き残る余地があるのか、小池、石原両氏の戦いがどのような決着をもたらすのか、じっくりと見ていきたいと思っているところです。

　かつて私が役所に就職した時、まず最初に気付かされたのは、自分は上司から指示・命令が降ってくると思ったのに、ボトムアップで進めていかなければ、何1つ事柄の改善には結びつかないということでした。これは、ある意味で大きなカルチャーショックのようなものでした。そして、それまで受けてきた学校教育では、特に明示的にどこでということはなかったと思いますが、常にトップダウンの考え方しか教えられていなかったことに思い至ったのです。

戦後教育を受けた人たちは、どこの局面ということはないのですが、いつの間にか組織ではトップダウンが当たり前で、上司から的確な指示が必ず出てくるものと、思い込むように育てられてきたように感じます。そして実際に仕事に就いたときに、日本社会では自分から積極的に動かなければ、評価もされないということ、つまりボトムアップが当たり前なのだということを知らされてびっくりするのです。

このことは、やる気がありさえすれば、組織の中でいくらでも上司による評価にもつながっていくということにもなります。役所に入って1年ほど経った時に私の書いた「稟議制度の考察」は、そうしたことの戸惑いに発しているものでありました。組織に入ったら、ボトムアップを自覚し、早く自分の頑張れる世界を発見し、そこに注力することが肝要です。

現代日本社会では、一般的にそうした意識の齟齬の中にあって、それなりに一人一人が学習して状況に合わせていったのです。しかし、ここで、役所と企業とでは若干営みが異なるかと思います。

企業勤めの人たちは、比較的早く状況に適応していったのではないかと思います。また、トップの人たちは、一般的には同じ道を歩んできたエリート先輩であり、自分が判断を下すべきところをかなり的確に受け止めて仕事をこなしてきた人たちではないかと思います。こうしたトップと部下との絶妙なコンビネーションが、日本の経済発展に大きな寄与をしてきたと思っています。部下のやる気を出させるため、うまくその尻を叩くことが大事という意識が浸透していて、結果として新人はボトムアップの行動パターンを比較的短時間に会得していったと思います。

一方、役所の場合は、企業と同じ行動パターンももちろんある程度あるわけですが、比較的緩やかで、そのために、教育されてきた「上からの指示待ち感覚」が残ったまま、という傾向が残りやすい状況がありました。また、やるべきことの多くは法的に決められていた面もあり、逸脱することへの不安もありました。そして、何よりも組織のトップが常に外部注入であるということから（たまには上司が選挙を経てトップに立つという偶然もあるわけですが）、かなり上層部までが、指示待ち現象に陥るということも起きる状況がありました。選挙制度自体がトップダウンを前提として成り立っている仕組みといって良いと思います。しかし、トップを除けば、上司はボトムアップで下からの案を待ち、部下はトップダウンの上司の指示待ちという、相互見合い現象が出て、いわゆるお役所仕事として幅を利かす状況に変わりはなかったのです。（これは、私が勤務した役所のパターンをベースに述べているものであり、国のキャリアの生態は、おそらくかなり異なっていると思います。）

政治的に選ばれてトップに立った人が先見性を持ち、優れた方法論を持っていても、（思想・信条）を吸収して、部下が自発性を発揮するようになるまでには、場合によっては数年かかるというように、かなりの時間がかかる可能性があります。

そういう中ですから、年功序列、終身雇用が保証されている（条例で決まっているということが最大の強みです）役人の世界では、生活が保証されているわけですから、指示待ちに徹するということも出てきて、決まったことしかやらないで残りの時間は自分の趣味に生きるという選択をする人も出てきます。現在のような失われた四半世紀で停滞した経済状況になりますと、立ち位置の逆転が出てきて、公務員は安定して条例で定められた給与をもらっていること自体が妬みの対象ともなり、役人バッシングの原点になります。経済成長が途絶えて以降、果てしないバッシング・マニフェストが、有権者への格好の訴えにもなります。

さてここで、少し違った視点を取り上げたいと思います。

企業の場合は、創業者がトップの座を維持し続ける場合や、組織内から一定の年功と抜擢などを経てトップの座に就くといったことが一般的なパターンであって、外部から招聘されるというケースは、そう多くはないのではないかと思います。外部注入では、ＩＴ関係ではかなりあるようにも思いますが、それ以外でも、日産のゴーンさんや、かつてのソニーのトップなどが記憶にあるところです。

これに対して、自治体などの役所のトップリーダーは基本的に全て外部注入になります。この場合の当たり外れは、組織の活力に大きく影響するのはいうまでもありません。政治的なリーダーの資質によって、部下職員は大きく影響を受けることになります。

自分の思いつきやりたいことだけを組織に投げて、実施させることがリーダーシップであるかのように考えて取り組む人が多いようですが、これは日本の場合、トップの本来あるべきリーダーシップではありません。まして、あるべきトップダウンの仕方でもありません。このパターンでは、そのリーダーの能力の限界が組織の限界になって、組織の成長の見込みは絶たれてしまいます。

日本的リーダーシップのあり方としては、ボトムアップを前提としながら、厳しい外部環境の中にあって、いかに外部注入のトップが組織を発展させていけるか、ということにかかっています。ボトム、あるいはボトムアップを最大限活性化させながら、外部環境へ適応させ、これを通して社会的に政策の先進性を示すことができるかが、リーダーたる人の資質ということになります。

大きな話題となってきた東芝の現在の状況は、リーダーを内部選抜する日本の組織の持つ限界を示したものであるように私は思っております。内部抗争を生き抜いたリーダーというものは、日本ではややもして外部環境に対して、きちんとしたシステム認識に基づいた長期展望を持つことが困難になりがちになるのではないかと思っています。しかしながら同時に、こうした組織ではポストに就いた時に、遥かな先の展望力を持ったリーダーに生まれ変わるという保証もありません。

多くの組織メンバーを抱えた役所は、優れたリーダーが選ばれればかなりの能力を発揮することは間違いありません。外部注入で、外部環境への対応力を持ったトップを通して行われる組織スタイルは、それなりに意味のあることではあります。

石原さんの知事としての行動はどうだったのかということですが、石原都政の10年を検証した「東京白書Ⅲ」（B5版「石原都政10年の検証」２００９年12月20日発行 編集：東京自治研究センター 発行：生活社）というのがあります。また、最近購入した「黒い都知事 石原慎太郎」（２０１２年1月27日発行 宝島社）という本もあります。後者の本を読んだ印象から考えてみると、かなりはっきりとその性格が読み取れます。

石原さんは、基本的に思いつき型リーダーで、自分のやりたいことだけをやり、それ以外のことは役人任せというという仕事のパターンであったように思われます。ある意味で、役人にとっては好ましいトップと言えると思います。しかし、役人の立場で判断できない重大事項について、判断をしてくれないとなるとこれは問題なので、頼る相手を見つけるという行動が生まれてきて、そうした場合、二元代表制のもう一方の有力者を頼るということが出てきても不思議ではありません。

築地移転問題も当然書かれていまして、今徐々に表面化してきている課題・問題もだいたい正確に記述されています。そして、私は今回初めて知ったのですが、石原さんの4男の関連記事も出てきています。政治の世界での身内重視はつきものなのでしょうか。そしてこの石原さんの路線は、高度経済成長路線の延長で、さらに東京を発展させるという漠然とした感覚のもと、金に任せてハードづくりに注力したことがうかがわれます。知名度だけがやたらと高かったので当選しただけなのではないか、とさえ思います。

ある場面ではトップダウン、また別の場面ではボトムアップという具合に、トップリーダーが都合の良いところだけとる形は、ご都合主義で欧米型、日本型の好ましくない接合の典型と言って良いように思います。

第2部　日本経済の発展と現状

第3章　経済開発をスタートさせたエネルギーはどこにあったのか

(1)　日本の経済開発のスタイル

高度経済成長社会は、目指すべき目標ではなく、人々が充実した生活を送るための、避けることのできなかった1つの階梯です。その意味で、明治以降の日本の経済的発展は、特にアジア諸国の経済発展の1つの先行事例として評価され、現在、日本に習って経済発展の仕組みを作り成長過程を歩んでいるところも多く出ています。

日本の経済発展は、欧米の後を追うために様々な工夫がされ、欧米とは異なる政治行政構造の中で成長軌道を作りました。行政主導による経済発展の形で進んできたため、行政の構造は明示的ではありませんが、成長を促進するための構造となっていると考えられます。その意味で、日本は明治以降、行政国家としての歩みを進めてきたと言えます。経済成長に伴って社会の複雑化に対応するため、欧米の先進諸国は徐々に行政の役割が拡大していって、行政への依存度を高めざるを得ず、現在行政国家と言われるまでになっていますが、日本は明治の当初から強力な行政国家だったのです。官僚、あるいは官僚政治家の目標は、いかに欧米先進国に伍していけるようにするかということで、必死に欧米への対応策を考えて実践をしていったわけです。

日本ではもともとボトムアップ構造のため、従来のままでは全体の発展、転換が進まないと判断し、この仕組みの是正が緊急の課題となったと想像されます。

幕藩体制で分権化されていた日本をいち早く明治の集権国家にする決断をしたのは、欧米のゲームに対して、日本としても呑み込まれることのない対応が求められたためですが、これは欧米の姿を見た（忖度した）結果として、乗り越えのための形を読み取っていったと考えることができます。

和魂洋才

この時使われたとする「和魂洋才」というスローガンが

ります。この語は、古くから使われていた和魂漢才からの転用と言われています。かつては進んだ中国のさまざまな成果を和魂の精神により取り入れていったのですが、時代が変わり、取り入れる相手が欧米ということになったわけです。初めから和魂を意識しながら欧米と接していたのかどうかはなんとも言えませんが、内面的な点では、欧米との間でも無視し難い違いを感じていたのは間違いないところであると思います。もし自分の側の精神の自覚がなければ、和魂などということばは使うことはないはずです。その内容が何であれ、欧米の考え方と違う和魂なる精神のもとで欧米の技術・研究を取り入れようとしました。ただ、自分の側でこれと積極的に定義できる性格のものではなかった感じです。

自生的に経済発展が進んだ欧米と異なり、欧米の後追いだったが故に、意識的に集権型の政治行政構造を作り、国を挙げる形で成長軌道に入って行きました。

受けることは得意であるが、自らの考え方をおもてに発することはあまり得意でないというのが日本人の基本的な特質のように思われます。しかし、現実にはなにがしかの理念の相違を感じながら、明確に自らの精神を展開することが難しかったのではないかと思います。何れにしても、この外国と異なるものを感覚的に認識しつつ、当時の切迫した状況に対応していく力にしていった面があるのではないかと思います。

いくつかのポイントとなる方向性が建てられ、それに基づいて当時の日本として可能な道を選び出し、展開して行きました。個人的な認識ベースでは、日本的な発想を色濃く持っていたと想像されますが、実際はその時点での対応として、ゲームの理論の実践編という形で事実上の対応をしていったことが想像されます。

植民地化を回避

日本は欧米相手のゲームをうまく進めていきました。もちろんゲームであるという自覚などはなかったと思います。必死で国家を背負って活動する形の中で、まさしく日本語の持つ特性が働いたのです。相手の心のうちを読みながら、自分の側の目指していることを実現していくスタンスです。日本語の相手のスタンスを見てこちら側の対応を考えるやり方は、日本人には身についた手法であり、これは生き様ともなっています。これをゲームに例えれば、相手のスタンスに対して自分の行動、対応を決めることをしていくので、ゲームの理論の実践編と考えて良いのではないかと思います。これは、今まで述べて来たように天性として身についたもので、日本にはもともとこうした対応は当たり前ででした。この結果、簡単に西欧諸国に呑み込まれる対応とはならず、ボトムアップ社会としては異例ですが、実に素早い対応を取り、欧米諸国も日本には一目置かなければなりませんでした。直ちに欧米的な行動のスタイルを呑み込み。これに対する対応を考えていったと言えると思います。こうした的確な対応のもと、植民地化を回避して、欧米との不平等条約の是正ほか可能な限りの欧米対応の取り組みを推進しました。江戸幕府の官僚制はそれなりに優れたものがあったと言われていますが、安定構造に浸って長い時間を経過していたこともあって、おそらく同様の結果を生み出す行動はとれなかったであろうと想像します。もしこの時、日本人の持つ特性を発揮することがなかったら、どのような結末を迎えていたかわかりません。否、この特性は持って生まれたもので使うことを宿命づけられていたわけですから、失敗のしようがなかったといっても良いかもしれません。これは本来的な資質ですから、たまたま、明治維新期には、欧米諸国の渡来があったために特別の対応をしたように思われますが、もっと早い時期の課題に対しても、同じように対応していったと見ることができます。

その後、だんだんと日本がおかしな道に迷い込んだのは、成功の失敗というようなものであったかもしれません。相手にきちんと向かい合うことを忘れ、慣れない欧米流の自己主張型の対応にのめり込み、それまでの忖度型のスタイルを無視して進むことを当たり前と考えるようになったためです。まして軍隊は、形式としてはトップダウン型の組織です。もし本来の姿を忘れることなく、常に日本の持つ受け身の対応パターンを、十分に働かせる道を歩んだならば、戦争への道は回避できたのではないかと想像します。どこかで、自分の持っている本質的な機能を顧みることをしなくなったのが日本の姿だったのです。これは、今後においても同じであろうと思います。もし、自らの持つ、この類稀なる特質を見失うようであれば、日本の未来は極めて暗いものとならざるを得ないでしょう。

今後の対応として十分留意しなければならないのは、実質的に権力を握った時に、常に日本的特質を生かし、全体的な視点で進むことができるかどうかということです。

行政国家

欧米知識の吸収を効率的に実施するため、日本では明治以降、ずっと行政が主導で経済開発を進めてきました。日本は明治に入った時からすでに行政が万能の力を発揮する行政国家として政治・行政を進めてきたと言えます。行政が主役で政治的な活動も行政の範囲で行われたのはいうまでもありません。議会が開設され、徐々に議会人による政治的な仕組みも導入されましたが、基本は行政が担ってきたのです。強烈な国士の活動の世界が長い間展開していきました。おそらく、この残滓が現在まで、役人が政策づくりをするのが当然とする構造を導いてきたと考えられます。

経済をテイクオフして成長軌道に乗せるに際して、欧米に遅れをとらないためのあり方としては、天皇の権限を借りた上で、ことを進める必要がありました。これを進める中で、行政部門は、実績を踏まえて天皇の官吏として大きな権限を獲得していったのです。概ね、行政の活動は大きな誤りなくことを運んだ結果でもあります。軍事化についても当時の状況としては必ずしも誤りとは言えなかったかもしれませんが、予想を超えた鬼っ子を生み出すことの認識が欠けていました。欧米への対抗のため、日本人の持つ特性を捨てて、軍隊だからということで、欧米と同じようなトップダウン型を採り、ボトムの自由度を奪って、その知恵の発揮の場ということを考えなくなってしまいました。

そして、あとで述べるように、第２次大戦後は、行政の権力的位置付けは表面的には目立たないようになりましたが、実際は巧妙に自己権力維持装置を制度として組み込んで現在に至っています。

民間払い下げ（殖産興業）

高度経済成長時代は、企業ごとの、いわゆるミクロの効率は、そのまま日本経済全体の社会的状況も含めたマクロの効率につながっていった面が大きく、企業活動を日本経済の指標としていれば、特に問題となることはなかったと言えます。また、当時のさまざまな制度も経済の実態にフィットして、大きな不満を生み出すことなく成長路線を進めることができました。

しかしながら、成熟時代に入ると、個々の企業の効率がそのまま日本経済全体の効率に繋がるとは言えなくなってきました。作っても売れない状況が出てきたため、海外市場に重点を移す企業も出てくるとともに、開発途上国の企業から安い商品が入ってくる、といったことのため、作り方・販売の仕方を工夫しなければならなくなりました。生産拠点を海外に移すなどのため、国内の生産体制を縮小せざるを得ない企業も生まれました。何よりもはっきりしているのは、日本社会全体で見れば、生産力は今や必要量を遥かに凌駕するまでになっているのです。その結果、企業の個々の生産活動におけるミクロの効率が、社会全体のマクロの効率からだんだん乖離していくようになったのです。

経済の目指す原点に立ち戻れば、すべての人が、生活の必要を満たし、その上で、一人一人の目指す方向への可能性を拓くことが、これからの社会の目標になります。「経済は成長するしないにかかわらず、その循環が円滑に行われること、そして、人が皆等しく生活の必要を満たすことができるようになる」ことと言って良いと思います。

マクロ効率というのは、経済の領域の効率だけではなく、社会全体にとって無駄の少ない社会経済状況を作る指標として考えたいと思います。ミクロ効率を意味する個別企業の収益拡大は、高度経済成長期にはほぼマクロ効率に合致していましたが、今や、個々の企業の生産活動が効率的（ミクロとして効率的）であっても、社会全体としてのマクロの効率と乖離する状態になっています。例えば、ソ連は、それまでの生産体制を続けたために、マクロ効率との乖離が著しく大きくなり、経済循環がうまく機能しない状態となり、経済システムとしては崩壊しました。

成熟社会ではミクロ効率の総和＝マクロ効率とはならないのであり、社会システム全体を考えて、マクロ効率の最大化を考える必要があるのです。

明治政府において採用された、事業の民間への払い下げの考え方は、行政が具体的に経営業務にタッチする第3セクター方式は非効率であり、民間に委ねた方がはるかに効率的であるという発想に基づくものです。民間の効率は、ミクロベースの考え方であり、当面、ミクロベースで効率的な経営ができるのは民間であるという発想はかなり的確なものであったと想像されます。ミクロベースの効率化は、この時点では国家全体を見た時のマクロベースの効率化と一致していました。個々の企業が生産に励めば、それは即、社会全体の規模拡大につながったからです。こうして、日本は欧米への追尾を図ったのです。

日本社会では、行政機構は経済運営という点では非効率なものであり、経済発展のためには企業活動に委ねるのが望ましく、仕組みを作るのは行政であっても、運営は民間の自由な活動に委ねた方がはるかに効率ということが当たり前のように見られてきました。市場の自由に委ねた方が、アダムスミスの見えざる手ではありませんが、予定調和を達成できるということは、日本では殖産興業の時代からあったことです。

現在は、これが、欧米における新自由主義の考え方と結びついて、（全く環境が異なっているにもかかわらず）なお強力に進めようという動きになったりしています。しかし、現代においてはこのような官主導の民営化発想のやり方には大きな齟齬があると考えるべきです。それまで進めてきた民営化路線の経験は多々あったのですから、自らの知恵で新たな発展の方向を見定めるべき時とも言うべく、安易に海外で進んでいた新自由主義的な運営パターンを真似ることなど、必要のなかったことだと思います。

長期にわたり、ミクロ効率がマクロ効率と一致する時代が続きました。供給力が、需要に対してはるかに小さい場面では、ここの企業ベースのミクロの効率の最大化が、国家経済全体のマクロの効率化に貢献してきたと考えて良いと思います。ミクロに任せて少し問題があってもこれを許容してきたのがこの時代の特質と言えましょう。（隣国、中国の現況は、まだこの段階にあり、これから徐々に新たな展開が求められる状況になっていくと思います。）この時期を経過する中で徐々に基本的必要についての供給不足は解消していきました。

しかし、さまざまな商品の生産が拡大して、国内需要が飽和状態に達すると、それ以上のものは売れなくなり、生産全般にわたって見直しが必要になりました。

市町村合併

市町村合併は、明治以来何度となく実施されてきて、しばらく前には平成の大合併が行われました。明治から昭和に至る間に実施された合併は、集権化を進める手段として、また経済効率性を高める手段として行われたものとみて良いと思います。

これに対して、平成の大合併は、すでに成熟社会を迎えてミクロ効率とマクロ効率が乖離してきた時代に、形から入った、必然性のない政策であったと思います。いつ、どの時代にも通用する万能の政策などありえない話です。時代が変わり、むしろ地域特性を生かした活動が活発に行われるべき時代に、相変わらず財政的な誘引策で、経済効率が高められるとして行われたこの合併は、マクロ効率を高めたとはとても言えないように思っています。

加工貿易

何れにしても、大規模化によるコスト削減の限界は、生産が行き渡り、それ以上の製品ニーズがなくなった時点ではっきりと訪れるようになりました。国家政策として経済発展を目指した国では、自生的発展が進んだ欧米諸国と比べると、成長限界が、はっきりと表れる可能性が高いのではないかと推測します。

資源の不足していた日本では、原材料を輸入し、加工して製品を作り輸出することで、さらなる原材料の確保を行い、同時に、規模拡大を図る形を一般形としました。

日本は、加工貿易こそが日本の生きる道と考えたわけですが、実は、資源の一番大きなものは、原材料ではなく、労働者の資質であったと考えるのがふさわしいと思います。日本の生産力を高めたものは日本的特質を持った労働者の資質にあることの認識が必要です。

技術水準を一定程度高め、また、企業の活動水準を高めるため、一定レベルの教育を全国的に展開する必要に迫られました。このため、秩序社会の中でさらに画一的な教育体制をとり、企業のニーズに応えられる人材育成を図っていったのです。国内的にも日本人としての特質を十二分に発揮して、発展に尽力していきました。組織によって体質が大きく異なるため、専門教育は企業内教育を中心とする形となりました。

実際のところ、大規模化が限界を迎えていく段階になると、この画一型教育は新しいものを生み出さなくなるため、変更が求められるようになり、本来は、教育の多様化が必要となっていくのですが、一時の成功で、この方法だけが、最善の日本の教育であるかのように認識され、この形は今においても採用すべき唯一の方法と思っている人たちが多くいます。

また、海外に出かけその地に学ぶことは、日本の特性を認識する上では重要ですが、海外の知恵が日本分析の唯一の手段であるかのごとく考える研究スタンスは今や時代錯誤となりつつあります。日本の持つ特性をきちんと認識した上で、日本社会に可能な仕組みを構築するという考え方の定着が求められるところです。

資金調達

明治以降、決定的に不足する資本を補うために、土地を疑似資本に見立て、それを担保に金を供給し、あたかも資本があるかのようにして、さまざまな資材や資源を調達して経済発展を遂げて、欧米以外で初めて先進国入りを果たすという快挙を達成しました。土地そのものが生み出す農業生産物に価値を見立てた、重農主義のように生産要素としたのではなく、それを資本と見立てて、金に替えさまざまなものを調達することを行ってきて資本不足を補ってきたわけです。土地を担保に金を貸すという仕組みが典型的なものです。

これは見事に成功したことは歴史が証明しています。日本人の土地への執着心を巧みに利用した知恵といわなければなりません。

また、郵便貯金は、零細な庶民のお金を集めて大きな資本として集中投資する仕組みであって、庶民の方に還元する仕組みではなく、少ない生産要素としての資本をかき集めて、まとまった資本として大規模な価値生産に振り向けるための仕組みでした。これも国家が関与してたいへん効果的に機能した仕組みの１つで、庶民は自分の方には利子が戻ることに満足してこれを支えてきました。しかしながら、郵貯は、日本が戦争に敗れた時に混乱とインフレの中で一度システムの破綻を経験しています。

(2) ゲームの理論を地で行った日本

経済開発に向かう流れとしてなぜ、テイクオフが日本で可能だったのか。なぜ、欧米の植民地化の動きを阻止できたのでしょうか。「追いかけの得意、創造は不得意」は、日本の本来の姿ではありません。追いかけるべき時には追いかけ、そうする価値を感じることが出来なくなったときは、自らの創造性に立ち還る、これが歴史から見ることのできる日本の姿でした。

例えば、私たちは、特に明治以降、欧米の文明に接し、これを吸収していかなければ、呑み込まれてしまうという危機感の中で、極めて巧みに欧米の文物、技術等を取り入れ、非欧米の後発国としていち早く先進国入りを果たしましたが、これは、１つには相手の意向をうまく受け止めることのできたからであると思います。ここではまさしく日本人の特性として「相手の立場になって、対応する」という機能が働いたためであるといって良いと思います。

つまり、日本が明治期に植民地化を逃れることができ、欧米の圧力に抗しつつ後進国の中で初めて経済成長を遂げることができたのは、述べてきたような日本語というものの特性があったという気がしています。この時期の日本の海外諸国に対する対応としては、相手の立場を一方では忖度しながら、それに対する日本の対応を生み出していくという気がみなぎっていたのは明らかです。単に自己主張するだけではなく、相手の考え方を受けながら、単に従順に従うのではなくこちら側の対応を作り出して行くという形をとれたのは、他の国の言語にない、日本語の特質からくる部分がかなり大きかったのではないかと思います。現代的な言い方で言うならば、日本語には、ゲームの理論を実地に行く構造が組み込まれていたので、海外とゲームをすることができたということです。こうした視点でいけば、海外に出ても、個人的にも十分対応できるのであり、そうしたことができる素質を日本人は言語的に持っているのであり、これは他の国々が太刀打ちできない日本の特質と考えて良いと思います。

この特質を理解せず、欧米に対応するには、自己主張型で海外と争えば良いと考える状況が一般化した時、これに反対する人たちの意見は封殺され、また海外との争いに対しては独断的な対応をとって自己主張を強めるだけの対応を取るようになり、道を誤っていきます。

日本では、相手の考えがどうしても受け入れられなかった時に、関係を絶つということを比較的簡単におこなってしまいました。これは個人の間でもよくあることですが、国家間でもそのような対応が平気に採用されたことがあったわけです。かつて国際連盟から脱退したことなどはこうした部類になります。ほんとうにゲームの理論を実地に展開するためには、タテ型発想、内部事情を中心に考えるのではなく、あくまでも相手の対応にどのように答えるかというスタンスで進める信念がなければならなかったと思います。相手の状況を真にきちんと忖度して、対応をゲームの理論に沿ってこちら側の損害を最小限にする努力が必要でした。現代流にいうインテリジェンスということになるでしょうか。日本語には構造的に組み込まれているのだから精一杯その機能を働かせればよく、その結果として行動を判断していく必要があるのであって、自己の中に閉じこもったのは、好ましい結果を自ら断つようなものであったのではないかと思います。

日本語の持つインテリジェンス機能

相手のことを慮って発信をする日本語は、自覚はないながら、生まれながらのインテリジェンス機能を内包しているということができるのではないかと思います。言ってみれば、変幻自在のインテリジェンスということで、通常は自覚しているわけではないのですが、実態としては目先のインテリジェンスであったり、遠望のインテリジェンスであったりと、状況に応じて変幻自在にその機能を発揮していると言えるのではないでしょうか。この機能は、自覚すればさらにレベルの高いインテリジェンス能力を発揮できるようになるのではないかと思います。

このインテリジェンス機能が、いつもということにはならないかもしれませんが、少なくとも今までの社会の危機にあって大いにこの機能が発揮されて今があると思っています。幕末期から明治維新の時期はまさに、インテリジェンス機能を十二分に発揮して、新しい体制を作っていったと考えられます。危機にあっては成功の可能性、失敗の可能性と様々あったはずですが、選択の方向はこれ以外の道はなかったのではないかと想像できるくらい的確になされたように感じています。これは、まさしく日本語に由来し、日本人の持った特質のなせる技であったと言えると思います。

第2次大戦における選択は瑣末な細部にこだわるインテリジェンス機能に埋没していって、大局を見る力が働かなくなったためのように思います。これを展望する人材が欠けていたということも言えると思います。欧米の自己主張型対応に自らも引き込まれていってしまって、本来の日本的インテリジェンスを見失ってしまったと言えるのではないでしょうか。武器に頼り、自らの特質を発揮できなくなってしまった結果であると思います。

理と情のインテリジェンス機能が日本のケースと見て良いのではないかと思います。海外でのインテリジェンス機能は、純粋に理の世界で進められるので、極めて客観的な判断のもと、相手に対してリードできる道を探るというパターンになると考えられますが、この自己利益の確保拡大ばかりを目指すインテリジェンスは、ややもすれば極めて冷酷なものとなっていくのではないかと思います。

日本では、相手の気持ちを推し量りつつそれへの対応を考えるという点で、究極的には自らが生き延びることを考えているのですが、同時に相手の気持ちをいかにして生かしながら自己の目標を達成するか、という点を含み持つという点で、相当程度異なったものと捉えることが出来ます。この点について、日本型の優れたインテリジェンスの機能として再認識し、この特性を生かす道を考えるのも大事なのではないかと考えるところです。

現在、喫緊の課題となってしまっている北朝鮮問題への対応にしても、まさに、日本的特質を活かして対応にあたるべき課題であるのに、全くそうした視点を見失っているのは困ったことだとしか言いようがありません。

第4章　成熟社会の現状に対する理解

(1)「成熟社会」について

神奈川の地方自治研究センターで「かながわの戦後70年と革新自治体」と題するシンポジウムで報告（２０１５年10月24日）したのを契機に、「地方の時代と長洲県政」という1文を書きました（自治研月報２０１６年2月号、No.157, 特集「シンポジウム・かながわの戦後70年と革新自治体」41～50ページ　http://kjk.gpn.co.jp/2015.html）。

ここでは、長州県政における政策展開は成熟社会へ向う先駆けであったのではないかと考えました。そして、これを契機に「成熟社会」に対する1つの発想を得たので、少し展開してみます。

ウィキペディアで、「成熟社会」に関する情報を検索してみますと、意外にもこのことばでの項目は作られていません。そこで、このことばで検索をかけて、その意味合いに関する定義を探ってみますと、これがまたほとんど出て来ません。辞書でということで、見てみますと3つの説明がありました。大辞林とニッポニカの説明は、内容的には同じ出典によるようですから、実質的には2つです。

①大辞林 第三版の解説

量的拡大のみを追求する経済成長が終息に向かう中で、精神的豊かさや生活の質の向上を重視する、平和で自由な社会。〔イギリスの物理学者ガボールの署名から〕

②栄養・生化学辞典の解説

諸種の制度や施設が整備されて安定な状態にある社会。

③日本大百科全書（ニッポニカ）の解説 mature society（横線は私が引きました。）

イギリスのガボールの著した『成熟社会』（１９７２）からの転用語で、一種の未来社会についてのビジョン。ガボールは１９７１年にノーベル物理学賞を受賞した高名な物理学者で、かたわら未来学者としても活躍した。彼のいう成熟社会とは、これまでの物質万能主義を排し、ひたすら量的拡大のみを追い求める経済成長やそれに支えられた大量消費社会のかわりに、高水準の物質文明と共存しつつも、精神的な豊かさや生活の質の向上を最優先させるような、平和で自由な社会を意味している。そこでガボールが提示している未来社会像は、かならずしも新奇なものではなく、高成長から低成長への転換期にあたり、自然との闘いから人間性との闘いへ、物質的・手段的価値から精神的・表出的価値への推移（＝成熟）を可能にし促進するような政治、経済、社会、文化全般の見直しを提唱したものである。

たとえば、消費社会の不毛と倦怠《けんたい》の克服、知能偏重から知能と倫理の調和へ、善意と幸福を周囲に広げる人間の形成、強制と支配ではなく自由と責任と連帯の拡充、多様な個性と価値観を尊重し許容する寛容な民主的社会の実現などが主張されている。この立場は、生活の質の向上による社会の漸進的活性化を意図するもので、人間にとって真の豊かさとは何かを追求するポスト・マテリアリズム post-materialism の立場にほかならないが、一方、伝統的な自由主義・民主主義の流れに棹《さお》さしながら、一種のエリート主義的な色調をも帯びている。［濱嶋 朗］

『D・ガボール著、林雄二郎訳『成熟社会 新しい文明の選択』（1973・講談社）▽林雄二郎著『成熟社会日本の選択』（1983・中央経済社）▽野村総合研究所編・刊『日本型成熟社会』（1981）』

［参照項目］｜脱工業化社会

「成熟社会」の経済学的定義

「mature society」ということば自体はあまり聞きませんが、イギリスの物理学者、ガボールという人が最初に使ったことは上記の③でかなりよく読み取ることができます。量的拡大のみを求めることから、もっと生活の質的な向上を目指す方向に行くようにしようという、一種の願望も込めた定義のようにも思えます。「一種のエリート主義的な色調……」と濱嶋さんが書いておられるのは、その中に、事実としての成熟の定義というよりは、願望としての未来が込められているためのように思われます。この1972年という時点は、欧米では経済成長が進まなくなってだいぶ経っているのではないかと思います。さらなる成長を持続することが困難になってきた状況の中で、そのために果てしない、しかも厳しい努力を続けるのではなく、もっと人間的に、精神豊かに生きるように方向転換しようではないかというものであろうと思います。

ここで、私は成熟社会についてもう1つ、経済学的な視点からの定義を試みたいと思います。

私の定義する成熟社会とは、ある意味、無味乾燥なものですが、以下の通りです。

「**成熟社会とは、社会における生産関係で、マクロ的に見て、供給力が恒常的に需要を上回るようになった社会である。**」

個別商品が、ヒットして爆発的に売れることがあるのを否定するものではありません。しかし、総体とすれば、供給力が需要を常に上回る状態になっているということです。国により、歴史的な生成により、この状態に達する時点はかなり違いが出てくると思われますが、いずれにせよ、遅かれ早かれこうした状態が生まれてくると考えます。このような定義（仮説の設定）をすることによって、説明できることがいろいろと出てきます。

このような状態になったときには、需要を超える供給をしてもなかなか売れないため、さまざまな商品の販売の拡大が困難になっていきます。まず、価格を上げることが困難となり、今の日本がまさに直面しているように、デフレ状況が一般的な姿となります。

そして、物が売れているのに、売れないという結論になってしまうのは、供給力が、需要量を遥かに上回っているからであり、こうした中では、マクロ的に見れば持続的な経済の成長ができなくなるということになります。

こうした状況を乗り越えて、成長をしていかなければ、さらなる物質的な豊かさを期待することは出来ません。このような中では成長を持続することが困難になるので、この事態への対応策を必死で考えていかなくてはなりません。（2016. 6. 5）

供給力優先型システムでの、さらなる成長へ向けた模索は行われているが……

対処法の第一は海外展開です。海外では現在はまだ供給が不足している国や地域がたくさんあり、販路拡大の余地があるので、輸出からさらには生産拠点の海外移転へと進みます。制度の枠を乗り越える1つの手法でありますが、そうした海外展開ができない生産者は、成熟化した国内で他の生産者との間の競争は続いているので、経費を削減して何としても勝ち抜かなくてはなりません。このため、最大の固定経費となっている、人件費の削減を徹底して進めるようになります。

つまり、国内での生産活動を基本とする限り、よくいえば労働生産性の向上、一般的には労働力の削減は必要不可欠な行為となります。その結果として、きちんと働く場のある人とない人との間での所得の格差はどんどん広がっていくことになります。つまり、成熟社会では、一般的に貧富の格差は必然的に拡大していくのです。

アベノミクスが時代錯誤的な政策であるというのは、成熟社会では、供給サイドの視点で拡大を奨励しても、トリクルダウンで皆が豊かになることがありえないからです。また、円安を導いて輸出拡大で成長を促進するという発想は、成熟社会を理解せず、需要者サイド視点のない政策と言って良いと思います。需要側では円高は大きなメリットです。

現在、日本は経済成長という点では、先進国の中で最も停滞したままの国のようで、一人当たりのＧＤＰも１９９０年台前半には世界の中で一時は3位まで到達していたのが、現在は26番目（一人当たりの名目ＧＤＰ（ＵＳドル）ランキング（２０１５）「世界経済ネタ帳」を参照してください）になってしまっているとのことです。

欧米では少しずつながらまだ成長を続けていますが、日本は、成熟社会における経済の転換の必要性を認識できないまま来たために、失われた20年に入ってしまっているのです（最近、ある学会の会合に参加しましたら、締めの挨拶をする先生が、失われた25年と言っておられました。まさに失われた四半世紀ということです）。

それでは、成熟社会では今後明るい展望は得られないのか、ということですが、決してそのようなことはありません。先のような定義を作ることによって、その対処法もいくつも出てくると言って良いと思います。（2016. 6. 6）

供給力優先型成長志向の構造そのものの転換を

日本では、今に繋がる経済成長の端緒は、明治維新です。そして、欧米にキャッチアップするために、経済成長に適合するようにさまざまな局面にわたり、行政や政治の構造を作っていきました。そして、昭和の敗戦を契機に、さらに成長を促進するよう構造を整備し、ひたすら経済成長路線を歩んできました。そして、現在、成熟社会を迎えています。

戦後の日本の貢献は、欧米以外で初めて成功したテイクオフから先進国への歩みを、アジア周辺諸国に伝え、また、テイクオフと成長を支援したことにあります。

日本が出来たことであれば、それぞれ自国の歴史的生成過程を踏まえて、適合した仕組みをうまく作ることができさえすれば、我々にも出来る、そういう希望と意欲を育みました。一面では日本が経済支配を進めたと批判される向きもあるかもしれませんが、第２次大戦前はともかく、戦後日本の、アジアを中心とした諸国への貢献は、私たちとしては大いに誇って良いことであると思います。また、それが日本が世界の中で生きていく道でもありました。

しかし、ここにきて、成熟社会となってからの日本は、どういうことでしょう、成長が止まり、他の国々に追いつかれているのはまだ良いとして、自信喪失状態に陥っているように見受けられます。こうした状況が、一方で軍事面での優位を作って、誇りを取り戻したいという気持ちに火をつけています。

私は、このような状況におちいったのは、今までの成長指向の行政や政治を始めとした構造の転換を図るべき時期に、それぞれの主体が既得権を守ること拘泥し、構造改革に取り組むことができず、相変わらず過去の夢を追ったやり方を道しるべにせざるを得ないままだったからだと考えています。かつてのまぎれもない現実であった成長路線を取り続けること自体が、既得権維持の行動であると言って間違いではありません。

150年かけて整備されていったこれまでの成長指向の構造を、成熟社会になったからといって、ただちにこれからの時代に見合った構造に転換することは、たやすいことではありません。しかも現在は、先例も明らかな形では見つけることが出来ません。現在そうしたことの分析研究が行われている状況も見えず、現時点では、「成熟社会」についての認識すらできていないのですから、それに見合う構造を考える環境もありません。

はっきりしているのは、成熟社会の認識と、それに伴う構造改革を進めることに合意ができていかない限り、今の不安定な状況がそのまま続き、だんだんと不整合の拡大の中で、日本は衰微していくことは避けられないと私は思っています。私が、以前より「緩慢なる崩壊過程」と呼んできたものです。

繰り返しになりますが、日本の明治以降の行政運営においては、欧米列強に追いつき追い越すことが唯一最大の使命で、そのために必要な仕組みをその構造の中にビルトインしました。高度経済成長が終焉した時点で、その構造は少しずつ見直されていきましたが、本質的な部分で転換はなされていない、と私は考えています。行政が、企業の成長を支援するのは当たり前と思っている方が多いかもしれませんが、そのように人々の意識が作られていること自体が、今までの成長指向の構造が崩れていないことを示しています。今までお話ししてきたように、これが問題なのは、供給力拡大のための仕組みとしてガチガチに出来上がっているということで、また、そこで作られた既得権に関係者がしがみついているために、構造転換ができないままになっているということです。既得権を持っている人たちは、それが転換されるべきものであるという認識も、持ち合わせていないというのが実態でしょう。

１９９０年代以降、日本社会では政治的にはさまざまな動きが表れるようになりましたが、これはそれまでの構造を変えなければならないという、人々の暗黙のうちの危機感があったと思います。

そして、２００９年の政権交代につながるマニフェストでは、「生活が第一」というコピーが使われました。意識下ではあるが、需要サイドから捉えなければならないという認識の１つの表れだったと私は捉えています。（ただ、このことの具体化に失敗した結果、現在は供給力優先型成長構造をさらに進める中で、需要サイドの捉え方自体が見えなくなっていて、混迷を深めているというのが実態です。）

（2016. 6. 10）

企業支援や団体支援の構造を転換する

成熟社会にあっては、企業は基本的に自立して自らの道を歩むべきであり、租税特別措置などに依存する形は改められるべきです。供給体制の整備より遥かに大事なことが求められる時代になっているからです。

また、行政の構造は団体支援を基本として、傘下団体が支援を受ける形で事業展開を進めるというのが一般的で、行政関係の団体が数多く作られています。かつては、天下り先となるそうした団体を上手に作ることが、携わった官僚の手柄とも言われました。団体支援の形は、ここで一度抜本的に見直しをする必要があります。これ自体が、わかりにくいかもしれませんが、供給支援型の構造そのものの中にあるからです。少なくとも、国家財政の規模は大きく縮小することが求められます。

これからの社会で、移転的経費支出のみを行政の役割とすべきと言っているわけではありません。ハンディキャップを抱えた人々に対しては、移転経費として支出することは避けることはできません、むしろその領域を確定し、生活可能な経費支出をすることが求められます。

しかし、大事なのは、人々の活動をしたいというインセンティブを導き出すような個人支援のメニューを確立することが最も大事なことだと思います。行政のターゲットは特定団体ではなく、国民そのものであるべきであり、また、そうした支援対象を見つけ出す中間支援組織の役割を国ではなく地域（具体的には自治体）が担うべきであると考えます。こうすることによって、今まで陽の当たらなかった介護や育児分野に資金が回るようにしていくことが重要です。これは１つの事例に過ぎませんが、そうした支援が求められる分野は限りなくあると考えます。

こうした活動を進めるためには、地域が重要なのであって、国家が手を出すことではありません。また、一律の制度に当てはめてそれに従わせるやり方もふさわしくありません。各地域の創意工夫を最大限発揮出来るようなボトムアップの制度設計を考える必要があります。人々の意欲に呼応することなくして、成熟社会の展望は生まれません。目標は、生活する側の満足を最大にすることであり、そのためにはニーズに即し、創意工夫をこらして人々が希望を捨てることなく実現を目指す、それを支援することに尽きます。

　人々のニーズに基づいて、地域のさまざまな活動も徐々に大きく舵を切り直しつつあるとお考えかもしれませんが、行政は、決まったことを着実に進めるのに適した組織であり、今まで決まっていたことを変えていくのは、行政の役割ではなく政治の役割です。政治が方向を見失ったり、身内びいきに堕したり　行政のいいなりに動いている間、行政も自己の既得権にしがみつき、どんどん時代の要請から離れていくことになるわけです。供給力優先型成長志向の構造が変わっていないと判断する根拠はここにあります。

　新しい事業を始めると、赤字がどんどん増えるので、新たなことには行財政的には取り組まなくて良いという考え方をする人もいるかと思います。既得権を切り崩していかなければそうなるのは当たり前のことです。既得権を切り崩せないということは構造転換を進められないということになります。

　いわゆる事業仕分けレベルの見直しではなく、既存の事業をすべて俎上に乗せて、これからの社会における必要性に即して、事業の改廃に取り組むことが求められます。企業支援や外郭団体支援メニューは原則廃止です。既存事業に切り込み、廃止できる事業が多くなれば、赤字を増やすことなく新たな事業展開に向けた資金を振り向けることができるようになります。そのためには、成熟社会における政策転換を、人々が明確に認識する必要があると考えます。(2016.7.4)

必要なのは、需要拡大を目指す仕組みを作ること

　需要喚起ということで一般的に扱われている政策は、J・M・ケインズの提起した有効需要を作り出す政策です。景気が悪いということは物が売れないわけだから、無駄であっても一時的に公共事業を起こしてでも需要を作り出し、そこから始まって自立循環を回復するようにしようとするものです。自立的に経済が循環するようになったら、費やした費用も景気回復に伴って税収増となって戻

り、公共事業の役割は終了ということになります。

しかし、成熟社会では、元々の構造として需要が供給力を常に下回る状態になってしまっているので、一時的に需要を喚起し、供給とバランスするようにしたとしても、公共事業が終わると元の木阿弥で需要が供給を下回る状態になります。したがって、また公共事業を実施して需要喚起をするということを繰り返すことになります。成熟社会に入って、起きたのはまさにこのような現象で、１９９０年代以降、景気対策を進めるたびに政府の赤字が急速に積み上がり、今や１,０００兆円を超える状態になってしまい、赤字は増え続けています。この状態は地方も同じで、「地方の時代と長洲県政」のペーパー（自治研月報２０１６年2月号、No.157、特集「シンポジウム・かながわの戦後70年と革新自治体」41～50ページ　http://kjk.gpn.co.jp/2015.html）の神奈川県の事例でご覧いただけるように、実証されています。つまり、いわゆる一時的な不況克服策としての有効需要喚起政策は、終われば再び供給過多の状況に立ち戻る状態になっています。そしてさらなる喚起策を打ち出す必要が出てくるという具合で、その繰り返しの中で結果的に財政赤字だけが急速に積み上がりました。悪循環はとどまることを知りません。こうした状況の中で、消費税増税でカバーするという発想は、焼け石に水で、まず効果をもたらすことは考えられません。発展途上の国にあっては有効であっても、成熟社会においてはケインズ型政策は、有効性を失っていると考えてみることが必要だと思います。

成熟社会を、恒常的な供給過剰社会として認識するなら、ここでさらなる供給力拡大の政策をとるのはさらなる需要と供給のマクロバランスを乖離させるだけであり、正しい政策ではありません。成熟社会の経済システムとして、サプライサイドからデマンドサイドへ政策のポイントを移すことにより、さまざまな新たな政策の可能性が生まれ、また、展望も見えてきます。基本的視点を転換することにより、全く異なった政策の芽を発見することができるようになるのです。

⑴第一は、いかに需要力を高めるかということです。また、当然のことですが、⑵需要の質の高まりに対応する供給のシステムを作るということが重要です。たくさん作ることが価値ではなくなり、優れたものを作ることが価値となります。需要者の要望に応える品物作りが供給サイドに求められます。今までのように、供給者の提供するものを需要者がただ購入する形ではなく、需要者の要望に的確に対処する力量が、供給サイドの必要条件となっていきます。そのための仕組みも必要です。

まず、(1)への対応ですが、需要者が高い所得を獲得していなければ、購入することもできないわけで、その意味で、需要者にいかに金が回る仕組みを作るか、ということが最も大事なことになります。しかし、理屈ではわかっても、今の社会システムではこれが市場に任せて実現できる素地がないことは、よくお分かりのことと思います。ベーシックインカムの発想の一端はここから生まれています。

豊かな時代であっても、全体の中で豊かな人が占める割合が小さな社会では、全体の購買力はあまり増えず、格差が市場メカニズムに従って拡大していくばかりというのが成熟時代です。大多数の人が、等しく豊かになることが、社会全体としての購買力を高めるポイントです。豊かさを分け合うことが、さらなる豊かさを創り出す原点といってよいのです。このことから考えると、アメリカ型の、成功者に格別の所得を保障するような仕組みは、その他の人々の相対的貧困をどんどん創り出すことにつながっていくだけで、成熟社会のシステムとして排除すべき考え方です。この形では、豊かな社会であっても格差の拡大により社会は不安定化していきます。日本もアメリカ型の考え方に毒されつつあるのですが、こうした方向は間違いであるという共通認識を作る必要があると思います。今の企業社会のシステムを是認すると、現在の社会が進んで行っているように、豊かな人はどんどん豊かになり、貧しい人との格差はどんどん広がるというのが避けられない構造となっています。このまま進んで行くと、社会の断絶はより深くなり、その結果として、社会は安定から遠ざかることになります。今の供給力優先型システムでは、システムの本質として格差の拡大を押しとどめることが不可能なため、不満が積み上がっていくのは避けられないのが実態です。

対応していくための考え方としては、私は以前からずっと言っていることですが、日本には「貧しきを憂えず、等しからざるを憂う。」ということばがあるのを思い出していただく必要があります。これは中国の春秋時代からある格言のようで、成熟時代のはるか以前、テイクオフなど思いもしなかった時代のことばですが、これを、成熟時代にも適用可能と私は考えています。日本には素地があるのです。現に、小学生の徒競走でも一緒に並んでゴールしようなどという平等主義が蔓延している日本です。私たちの中には格言にあるような平等感が宿っているところでもあるので、その価値を再認識することがまず大事なことと思います。

豊かになるのは、生活者全てに関わることであり、そのための仕組みを考えることが当然ながら求められます。このことは、「地方の時代と長洲県政」で「福祉型成長」という形で、少しだけ書いてありますが、例えば、福祉分野などに携わる人たちの所得を、一般の企業従事者並みに高めていくということで、平均的所得の向上を図ることが求められます。現在、介護や保育分野への従事者が不足しているのは、そこで得られる所得では満足な生活を維持できる状態にないほど低いからです。まずもって、税金を、企業向けに使うのではなくこうした分野の所得につながるように基本政策の転換が必要になると思います。こうした分野は、隙間産業ではなく、成熟社会の中心産業と考えるべきです。通常なら、人手が少なければ給料を上げてその分野に参入していくという形が、需給バランスの考え方としては当たり前なのに、そのようにならないのは、今のマーケットメカニズムというものがものづくり支援に特化していて、そうした領域に働く装置ではないことを示していきます。そうした経験的な現実の中で、欧米では少なくとももう少し違った芽が育ちつつあります。この分野への参入を圧倒的に増やすには、まず人々の認識を変えて、社会的に必要事業であるという合意をはっきりさせることが必要で、そうなれば給料を上げて従事者を増やすのは当たり前の方向になっていくはずです。そうすることによって、具体的政策展開の検討も進むようになると思います。

税金だけで賄うことが困難な場合どうするか、についても考えていく必要があると思います。（この領域は、いわゆる社会的経済に関わる分野とオーバーラップしているので、この領域のあり方として考えていくことが必要です。）

このように必要とされている分野の従事者の給料が上がっていくことによって全体としての購買力が高まり、それがブーメランのように一般の企業へ戻ってきて、企業の拡大再生産を可能にするというのが、私の主張です。今まで企業支援として注ぎ込まれてきた資金を福祉等の社会的経済分野に振り向けることは、現在は相応の意味を持つようになってきているのです。経済循環を円滑に進める目的から考えると、供給サイドに力点を置くか、需要者の層の厚みを作り出すことに重点を置くか、その起点のありようが大きな政策的な差異とその成果の違いを生み出すことになると考えます。

その他にも、これに関して述べることはありますが、とりあえず(2)の方に移ります。

需要者が欲しがるものを作り売らなければ、企業活動が拡大することがないのは当たり前ですが、さらに一渡りものが充足するようになった成熟社会では、本当に必要なものは質の高いものでなくてはなりません。これは、奢侈品に限った話ではなく、生活に必要なものすべてにわたって言えることではないかと思います。（もちろん量産品で済むものは、徹底して低コストで済ませる前提です。）

品質面で今後一番大事なのは、例えば食品です。人々にもれなく食べるものが行き渡るまでは、大規模化による低価格品の大量生産が、奨励されたわけですが、もう、なんでも低コスト大量生産を目指す大規模化を政策的に進める時代はとっくに終わったというのが、成熟社会です。本当に良いものを作っているところは需要がどんどん高まっていっているのではないかと、私は思っています。

規模の経済を求める方向性が限界を迎えた典型的な事例は、米の生産調整でした。調整田となった耕作放棄地は雑草で荒れ放題となり、ようやく最近その使い道が目に見える形になってきたように思いますが、ほんとうは、規模の経済を求める政策から脱皮すべき時であったと思います。

農業は、地産地消が品質面で最も優れた政策であることは言うまでもありません。地域農業こそが最先端農業となる可能性を持っているので、地産地消を通していかに最先端農業を実現するか、といったことを農業所管部門の命題とすべきです。この農業分野に企業参入を許し、大規模化を促進し効率化を図ろうといった政策は、本来あるべき方向から見ると、真逆の政策であると考えます。

規模拡大により単価を落として競争力を高める今までのやり方については、アメリカや、オーストラリアのような広大な土地を持つ国では、コスト削減効果は非常に大きいわけですが、もともと日本で、規模拡大を目指しても限界があります。したがって同一土俵でのコスト戦争は成り立たず、日本の食料自給率は大きく下がりました。今となっては、日本はできるだけ早く違った道を発見していかなくてはいけません。

また、こうしたことは、地域特性に応じてそれぞれの歴史的生成を踏まえて作られていくもので、全国一律で進めて良いことではありません。

各地域が、自分たちの生活する環境に応じて、自分たちで知恵を出し合って質の良いものを作り出す、農業で言えば地産地消型の推進、製造業であれば、多品種少量生産による高品質を可能にするシステムをどのように構築していくかということになると思います。

一億総活躍社会、とか、国主導の地方創生などは、前から申し上げておりますように、結局一律化で効率化を目指そうとすることにつながるもので、従来政策の延長上にあり、質の向上には決して繋がらないものと認識すべきです。

長洲知事が提唱した「地方の時代」はそうした高度経済成長期、（とにかく豊かになろう）の政策段階から脱皮しようとしたものです。国はどうしても支援を求められる状況が出てきたら支援をすればいいのであって（補完性の原理）、自ら主導する時代ではなくなっているということが重要です。これを、私は「マクロの効率性」という視点で説明いたしました。（2016. 6. 6）

ベーシックインカムについて

スイスで国民全員に最低限の生活ができるだけの一定額を毎月支給する「ベーシックインカム（最低限所得保障）」と呼ばれる制度導入の是非を問う国民投票が行われたという話がありました。大人一人当たり約27万円を支給するというものだったそうです。労働意欲を削ぐ、あるいは膨大な予算不足に陥るということなどで、否決される見通しになったということですが、オランダ国内、あるいはフィンランドなど、ヨーロッパを中心としてこうした議論が活発化しているようです。こうした動きも、所得の均一化を目指す動きの１つとして考えることができます。

ワークシェアリングもかなり進んでいるようですが、日本ではなかなか難しい状況ですね。

日本では、派遣社員とか契約社員という制度を使った、安いコストでの労働力の利用について、批判が強いですが、何よりも福利厚生なども含めて、同一労働同一給与の基礎ができていないのが、大問題です。これは年功給与の制度が続く限り、実現することはないと思われますが……。

（2016. 6. 6）

(2)　懲りない成長志向　アベノミクス

供給力優先型社会の成れの果て

現状の経済社会の取り組みようについて、少し述べたいと思います。

現在の実際の経済活動は、需要者サイドから捉えるのではなく、相変わらず供給サイドからの取り組みが中心になっています。

需要をいかに高めるかについて、供給者サイドで考えるのは、いかに商品を売り込むかということです。

毎日が休日の私は、テレビを見る機会がやたらと多くなって、自分でもこれではいけないと思っておりますが、最近民放を中心に見るようになって、企業は広告でいかに商品を知ってもらうかで、涙ぐましい努力をしていることを強く感じます。需要者側の人も出てきて、その商品の良さをアピールするわけですが、広告主が製造者側ですから、これは供給サイドの典型的な行動パターンです。供給サイドは、とにかく生産拡大につなげられるように必死の努力をしているのがわかります。

サプリメント広告がやたらと多いですが、一粒で何百個分の素材に匹敵しているなどという広告は、「サプリメント社会」で概ね述べておりますが（※**「サプリメント」の項を参照してください。**）、潜んでいるのは、量的に多ければそれが一番という拡大再生産のロジックそのものと言って良いと思います。

最近は、広告だけではなく、番組そのものが需要喚起を狙っているようなものも増えてきました。（その分、見たい番組はどんどんなくなって、残っているのは、刑事物ばかりになってきた感があります。この刑事ものについては別の機会に述べたいと思いますが、これは日本人の、行政への信頼の象徴のように思われてなりません。）

したがって、こうした世界を見る限りでは、需要者サイドの所得拡大などは、思い浮かぶことではありません。まったく別の視点に立たなければ、需要者サイドの発想には転換は出来ません。（2016. 6. 7）

ここでは、高度経済成長を目指していた時代の発想が変わらない中で、生み出されているいくつかの動きについて、取り上げてみます。

① ゴミ屋敷の成り立ち

ゴミ屋敷の話が、時々テレビを賑わしていますが、これは、多かれ少なかれ普通の家庭でも起きている現象です。供給が、恒常的に需要を上回る時代に入り（モノ余り）、これが成熟社会と言って良い状況に入ったことを示しています。もの余り状態は、家庭の変質を招いて、一部では家庭にゴミ屋敷状態を作り出していると言って良いと思います。

なぜこうした状況が一般的に生じやすいのかを考えますと、思いついたのは、使い切り、処分する前にものを買ってしまう、ということですね。処分するスピードをはるかに上回ってものを買ってしまう時代になっている、ということです。ものあまり社会の典型的な消費生活スタイルと言って良いと思います。

もの余り時代で生活の充実は、どこにその価値を見出すかにあります。もはや、闇雲に生産を奨励するのではなく、時代のニーズのある先の展望を描くときです。作っても豊かになれる時代ではありません。

最近は「断捨離」ということばが当たり前のように使われるようになり、時代の変化を感じさせています。

家庭の中で実際のところモノ（ゴミ）が増える一方であり、自前で解決できない状態となっているのです。

供給（購入）が実需（消費）を上回っているため、ゴミなのか、普通の消費財なのか判然としない、このゴミ屋敷は普通のやり方では解決する方法がない、そして、ここで解決するための方法は何かというと、それを他人に委ねて整理してもらうということでした。基本的には、自分ではなかなか捨てられないので、他の人に金を払って、処分を委ねるということになります。資本主義社会ですから新しいビジネスがここで成立します。

この現象は、サプリメント社会の到来と同じです。豊かになって、栄養の取りすぎによる体のアンバランスを解決するため、新しいビジネスとして、サプリメントがビジネスとして隆盛となるというものです。

しかし、問題の本質を捉える必要があります。これは、さまざまな供給過剰現象が現れている実証とも言えるものです。これ以上何に飛びつくか、時代はそこまで来ていま す。度々言うので、みなさんの耳にタコになっていると思いますが、アベノミクスは、一時的な好転現象ではあっても、総供給力が総需要を恒常的に上回っているために、この「ものあまり」状況をさらに増幅するものでしかなく、現代社会には適合しない政策の典型と言って良いと思います。作りすぎて無駄になったものを、処分するためまた新たなビジネスを立ち上げる、これが資本主義的拡大再生産システムの現状ということになります。（2016. 6. 9）

② サプリメント社会

しばらく前、いつ頃からでしょうか、「マツモトキヨシ」の名前を耳にすることが多くなって、ドラッグストアの進出があることを知りました。ドラッグストアにしては、ちょっと異様な名前が露出しているという感じがしたものです。最近はあまり耳にすることはなくなりました。

インターネット、ウィキペディアで検索しますと、ドラッグストアチェーンの日本最大手企業の１つとなっていますから、特に廃れたわけではないようです。元は（今も本社所在地は同じですが）、松戸市の企業で、ドラッグストア事業を中心としてさまざまなサービス業を行っているようです。２００５年から全国でフランチャイズ展開をはじめ、また、エキナカ店舗の出店も行っているとあります。さらにはローソンとの提携もあるとしています。ちょうど騒がれ始めたのはこの頃からで、あまり騒がれなくなったのは定着をしてきたから、ということのように見えます。

こんなことを書くのは、実は我が住地でも駅の近くに、チェーン店らしいのですがココカラファイン・セガミというドラッグストアがいつの間にか大きくなって、北口に１店舗、南口に２店舗と出店して、華やかな色彩豊かな商品を並べてで目立つ存在になっています。さらには隣駅周辺にも、ドラッグストアが幅を利かせているのを発見しました。また、たまたま出かけた新横浜駅の駅ビルの1階に大きな類似店を発見しました。

これらの現象は、おそらく他の駅周辺でも起きていることとなのではないかと思った次第です。地価の高い駅の近くに出店して、しかも拡大を続けているというのは、日本社会の現在の状況を端的に表しているからに違いありません。

こうしたドラッグストアには、薬を置いて薬剤師がいるというだけではありません。化粧品、洗剤、歯ブラシ、ティッシュペーパー、台所用品などの他、健康食品、ペットボトルなどがところ狭しと並んでいて、会計のすぐ近くで、人が並ぶすぐ脇には、さまざまなサプリメントが陳列してあります。青汁もあるのでしょうね。

健康志向が強まる中で、マツモトキヨシをはじめとしたさまざまな健康関係の商品を扱うドラッグストア群が都市の中心地に進出するようになったということは、高度経済成長初期に銀行が中心地に立地したのと同様の意味合いを内包していると思います。今や「サプリメント社会」とでもいうにふさわしい新しい時代の幕開けを感じさせます。海外でも同じなのでしょうか。あるいは、日本人がことのほか健康志向が強いということはないでしょうか。

テレビでも、サプリメントの広告がたいへん目立ちます。テレビ広告では、何年も売り上げNo.1の商品（何を基準にNo.1と言っているのか、説明は全くありません）ばかりで、何が良いのか聞いているだけではわかりません。ご自分の体調を勘案の上、広告を参考にお求めになっている方も多いのではないでしょうか。

こうした傾向は、一つには日本社会が超高齢社会を迎えて、長生きと健康を目指す社会の趨勢に従うものであることは確かでしょう。健康長寿を謳い文句にしたサプリメントが幅を利かすのはよくわかります。しかし、これらのうち、自分にとって最適なものが何かを見極めるのは、とても困難が伴う感じがします。病気の治療のためということではなく、こうしたサプリメントの中から具体的に選ばれた方には、手前味噌のテレビ広告とは違った効能のお話を、是非ともお聞かせ願いたいものです。

もう一つとしては、成熟社会に到達して時間も経過してきた中で、その豊かさの結果として出てきた病気への対処が求められ、サプリメント社会に移行してきたのではないかという気がしています。例えば、飲食の過多、あるいはその結果としての肥満の解消のため、体型を元に戻したいという切なる願いが、こうしたサプリメントを作り出しているると言えるのではないかと思います。豊かさゆえの悩みの解決策として、新たな成長産業になっているのではないかということです。やや極端な言い方になるかもしれませんが、こうした現象は、成長を求めてやまない資本主義的社会の貫徹というか、資本主義の成れの果てではないかと思います。資本主義社会が生み出した課題を資本主義の方法で解決しようとするとこういうことになるのだと思います。

ですから、もう一度昔のような質素な生活に戻り、スリムなボディを維持・継続するようにしたいと言っても、そんなことは許されないわけです。成熟社会で需要より供給が大きくなって（要するに、満ち足りて）しまったために、儲けの出なくなった事業は廃れていくか、路線論争を経て方向転換を模索し次の成長を目指すしかないのですが、新たな産業が生まれれば、これに飛びつき成長を目指す、ということになります。

サプリメントや、スキマ産業として、様々な商品が作られ、テレビでも宣伝されていますが、これらは概ね、目先を変えて、という発想に乗ったものであり、成熟社会のあり方として必ずしもふさわしいとは言えません。当たれば成功するものがあっても不思議はありませんが、不用品生産という視点を持って接した方が良いように思います。

（2016. 5. 19）

③　ボランティアバス「違反」

熊本地震の後、災害被災地にＮＰＯ等が参加費を集める形でボランティアの参加を募り、ボランティアバスで出かけることは、旅行業法に違反しているということで、観光庁より是正通知が出されたとのことです。旅行業者には厳しい安全管理等が求められているのに対して、こうしたバスによる被災地でのボランティア活動への参加は、そういう対応なしで行われるもので、旅行業者のような活動をしているのに、何の規制も受けないで行っているのは不公平だというものかと思われます。このため、熊本地震の被災地支援のための派遣中止も出てきているようです。要するにそうした企画が法令違反にあたるということです。

確かに緊急の派遣による善意の行動として行われる被災地支援といえども、安全管理を怠っているのでは、問題のある部分はあります。低コストでバスを借り上げられて使われたのでは、旅行業者としては対抗することができないということで不満が出るのはある意味で普通かもしれません。（本来であれば、新たな需要先として自ら取り組めばいいのですが、通常業務がある中で、一時的なものに取り組むことが良いのかどうかの判断もありますし、利益獲得という点で逡巡するのでしょうね。）

今回の通知については、復興庁には連絡がなかったとのことです。

この通知でよくわかるのは、旅行業法というものが、旅行業者を管理監督するものであり、規制をかけているものであると同時に、業者を守っている法律でもあるということです。

この法律が、旅行業者に向けられたものであって、社会の中でのボランティア活動などへの対応については、規定の範囲外であるということを示しています。しかし、旅行業者を守っているということからすると、社会的に求められる新たなニーズがあっても、これは業態が似てくれば、この法で処断することが可能ということを示しています。

このことが問題なのは、この法律の想定外の事象が起きつつあるためであり、この法律自体が時代に即応できないものであることを示しています。同時に、この法律自体が、業者保護の法律であるという側面を衆人に明らかにしたことになります。

考えてみると、これに類似した業法はたくさんあるのではないでしょうか。さまざまな業法が、今や既得権化して、その世界を守っていて、知らない人は善意で抵触してしまったものであっても業法により処罰される。社会全体から見ると、業法の限界であり、時代のニーズの向かう方向を押し殺しているといったことが、さまざまあるのではないかと思います。社会全体のニーズの動きから、こうした業法のあり方を点検しなければならない、というのが現代の緊急の時代要請であると思っています。（2016. 6. 12）

④ ヤマト運輸の個人扱いのメール便

ヤマト運輸の個人扱いのメール便がなくなりました。それまで、厚さ3センチ未満の本等は、80円で送ることができたのですが、個人が従来通り送ろうとすると、箱を買わなくてはいけない、５００円ぐらいが最低の料金になるということになってしまいました。このため、必然的に郵便局へ足を向けることになります。郵便局でゆうメールという形で送ろうとすると、ここは民営化されたはずなのに、逆に行政の規制が厳格に適用されることになり、役所時代に戻ったような感じになっていて、ゆうメールで少し大きめの冊子を送ろうとすると、開封して確認を求められ、最低で２１５円、文書が入っていると２５０円ということになってしまいました。

このヤマト運輸の措置は、時代のニーズの方向を完全に見誤ったと、私は考えています。ヤマト運輸は、個人のニーズの所在を無視して、企業・団体の利便性を優先したということがポイントです。ヤマト運輸は21世紀型企業から脱落したとさえ思っています。

メール便が、親書の秘密を侵していると攻められたため、やむを得ない措置であるとヤマト運輸側は言っているようですが、これは、ためにする議論です。

想像するに、80円のために個人から呼び出されて収集し、先方に届けるという行為は、全く採算が合わないということが前提にあったと思います。しかし、そうであるならば、団体に対しても仕組みとしては同様の対応をとるべきで、一方的な切り捨ては、生活者のニーズの切り捨てということであり、個人を捨て企業・団体の活動にシフトした判断でしかありません。量とそれに要する手間だけの判断で、企業・団体優先の方向にシフトしました。

実際のところは、郵政側に責められて、郵政側との妥協として、自分の方でも切り捨てたかった分野でもあったので、そこで折り合いをつけたのだろうと私は推測しています。

既に手遅れですが、個人分については、家庭への集荷方式をやめるとともに、値段を採算点よりやや低いところまで上げるという対応もあったのではないかと、思っています。

個人の行動としては、従来メール便で送っていた簡易な荷物は、ゆうメールやレターパックで送ることになりました。そして、日々、「役所」に戻った郵便局の厳格な取り扱いに辟易しながら書類等の送付を行うこととなっています。しかも、コストは、3倍から4倍となって……。(2016.6.12)

⑤　建築ブームの再来か

ある時期までに町中の建物はほぼ一新して落ち着いているように考えておりましたが、最近、町中を歩いていると、改築中や新築中の様々な建物によく出くわします。

景気が良くなって、建築ブームの再来なのでしょうか。いつも変わらない姿なのですが、大きな建物を造っているのを見たりすると、ちょっと不思議な気がいたします。

日本は既に人口減少社会を迎えて、それでなくても住宅がかなり余ってきているというのになぜ今建築ブームなのでしょうか。

こうした状況を見るにつけ、何らかの税制優遇措置などがこうした動きを後押ししているのではないかという気持ちがよぎります。まちをきれいにするための再開発ならまだしも、バラバラに建物の更新だけが進められているのは、今の状況からすると違和感を感じてなりません。

これからの日本社会は、基本的にメンテナンス社会であると思っています。新たなものを作るために大規模投資するのではなく、あまり金をかけず既存のものをメンテナンスしながら使い続けて行く、また、メンテナンスに対応出来る構造にしていくことが極めて重要であると考えています。相続に有利なための、賃貸アパートや賃貸マンションの建築に金をつぎ込ませるよう仕向けるような政策は、長期的に見れば全く間違っているものであると私は考えます。(2015. 12. 7)

⑥ カジノ法案

カジノ法案が成立ということで、ギャンブル依存対策はどうなのかといった議論が出てきています。

カジノについて、最近思うのは、日本では、これが成熟社会現象の1つであるように思えてならないということです。これは、ある意味では新たな需要を作り出す1つの要素でもありますから、場合によっては、前に述べたサプリメントの蔓延と同様の効果をもたらし、成長の要素となるかもしれない、そう思って身構えているビジネスマンもいるのではないでしょうか。

成熟社会は、一方では資本力が増大し、お金自体は潤沢に存在するようになってきています。通常は、こうしたお金を持った人々がターゲットなのでしょう。問題はこれが偏在しているということで、たくさん金を抱えている人にとって、大変楽しみな娯楽ということでしょう。これだけ社会が豊かになったのだから、外国にはずっと前からあるのだし、日本でも少しは遊びもある社会がよろしい……。経済的に豊かな人が楽しめばいいのであって、そうでない人の中で、依存症になる人が出るとしてもこれはやむを得ない、そういったところなのでしょうか。

何れにしても、成熟社会になってしまった今、金余り社会の金の吸収装置として機能するとしても、これが日本社会に新たな方向転換を促すような大きな効果をもたらすものになるとは、とても考えられない、といったところです。

(2016. 12. 4)

⑦ 成熟社会を認識しないオリンピック狂騒

会場問題を中心に、4者協議なるものが開催されて、レガシーをきちんと作るべきだ、もっと節約をすべきだという議論が続いてきました。

私は、もともと、オリンピックを今頃東京で開催するべき時代ではないと思ってきましたので、どうもその議論自体にシラけています。

日本社会はすでにメンテナンス社会に入って久しくなっ

ているのに、新たな施設を仰々しく作るということ自体が気に入りません。少なくとも豪華なオリンピック施設を作るなどということは、発展途上国ならありうると思いますが、ゼロ成長社会になっている今の日本で考えるべきことではありません。

ですから、金がある自治体だからといって東京都にたかるようにして際限なくアスリートファーストなどという人や、選手ＯＢは気に入りません。今回の問題は、小池百合子さんが知事にならなければ、当たり前のように進んでいったと思われるにつけ、彼女が出なかったらどうなっただろうかと寒気がするような気がしています。

現在は、あれもこれもの時代ではなく、あれかこれかの時代になっているわけで、その視点がなく、整備を進めるべきという発言をする人をテレビで見ていると、これが日本社会の一般認識なのかと思い、また、アベノミクスなどという高度経済成長期の経済の発想を否定できないのも、こういう状況では仕方がないのかと、半ば諦めの心境で見ています。

しばらく前に、広島・長崎での開催提案がありましたが、そこでやるというのなら、今の東京で起きているような惨めな展開はなかったのではないかと思います。

東京は今の日本の税制度がおかしいために、東京に金が集まるようになってしまっているのです。この仕組みを変えるのは国の役割ですが、それをしないままでいるために、東京一極集中が起こり、また東京都だけが潤沢な税収を期待できる状況になっているわけです。そしてそれに便乗したたかりの構造が作り上げられていると言えるのではないかと思います。

しばらく前にたまたまお会いしたある組織のリーダーの方が、東京都議会は（田舎の方には失礼かもしれないと思いましたが）田舎の議会そのものだと発言されていました。金があると、効率的に公明正大にその活用を図るということではなく自分たちの利権を確保するようにぶん取り合戦をするようになるわけです。２００億円の議会枠とかいう金の存在は、耳を疑いました。

こうしたことに見られるように、国も地方も予算の分捕り形になっていて、成熟社会になっても変えることができないまま、赤字を拡大させているのが実態です。マニフェストが必要になったのは、今の社会があれもこれもの時代ではなくなって、あれかこれかの時代になったからです。優先順位をマニフェストを示して争うことが大事なのであり、今回の問題は、まさにそのことを示していると言って良いと思います。（2016. 12. 4）

⑧ 金融について

もの余り状況は、同時に金余り状況です。資本ストックと表裏の関係で金融があるわけで、投資先のない金が行き場を探している状態を指しています。しかも、この金は、人々に均等に行き渡っているのではなく、大きく偏在しているわけです。豊かになれないばかりか、この格差の拡大は、人々の生活の質を高めるということにつながらず、最悪の状況を生み出しています。

金融に関しては、これを政策的に規制するとともに、資金の行く先を、社会的経済領域となるように政策の検討を進める必要があります。

しかし、経済システムとしては、高度経済成長時の仕組みがそのまま残り、幻影となった高度経済成長を追い続ける状態が続いています。既得権を維持するために、この路線からの変更に踏み切れないままです。行政は、このまま続けながら徐々に構造を変えることができると考えているせいか、細部の修正は行うが、構造の改革には手をつけない状況です。政治は、細部の状況のみならず、マクロ的な変化の方向もわからないまま、過去を追い求める状況となっています。

こうした経済発展の仕組みが裏目に出たのが、１９８０年代後半ののバブルの時期であり、90年代におけるその崩壊です。資本が潤沢になったときに、その仕組みを基本的に変更しなければならなかったのに、相変わらず疑似資本を資本と同一視して、価値を生み出さないものへの投資を続けても大丈夫だと思っていたことに大きな間違いがありました。土地信仰から抜け出せないまま、日本は深い谷間に入り、これを抜け出すのに長い時間を要し、今でも完全に抜け出しているとは言えません。仕組み自体に大きな変化が作り出されているわけではなく、ただ皆が臆病になっているだけだからです。仕組みの変更として、土地を担保に金を貸す仕組み自体を変えない限り変わることはありません。そうしたことが今の私たちに想像できるでしょうか。

日本では、資本が十分に潤沢となってしまった21世紀社会ではありますが、一方では、経済発展の緒に就いたばかりの国もあります。余ってきた資本は、発展途上国の資本へと融通し、それぞれの国が皆等しく豊かになるように資本を活用する仕組みがこれからは大事なのではないでしょうか。現在、アメリカで発達した考え方では、余剰資本は基本的に企業の自由に使えるものになっています。今までの仕組みの延長で行けば、資本自体が利益を生むことが求められるので、企業自体が、それぞれ個別利益のために資本移動を繰り返すしかないわけです。金融資本主義といわれる状態に移行して、これにそれぞれの国家が部分的に加担しています。

私たちは今、未踏の時代にいるのであり、そこで何が新たに生まれ、私たちがどういった過去の意識に囚われながら生きているかを自ら明らかにしなければいけないのではないかと思います。現在の危機は、これからも続く危機であり、そこには20世紀型とは異なった新しい仕組みが構築されて行かなければ、同じことがこれからも繰り返されていくことは必至です。(2008. 10. 21)

懲りない成長志向

社会の変化の中で生まれたいわゆる歪み（新たなステップを見出せない閉塞感）が、表れています。経済の成長に伴い、人々がより豊かになれば、それはそれで良いことと考えられますが、企業の活動は大きな変化が必要となり、この対応をそれぞれで進めるうちに、今のままでは回復不可能な問題が出てきていると言えます。成熟社会を先に示したように、恒常的な供給力＞需要社会と位置付けると、企業は、売れるものの限界から、新規投資をしても利益を拡大することが難しいという判断から、コストカットにより利益確保に向かうのは当たり前です。このため雇用はむしろ削減の方に向かいます。一方、海外の日本周辺国では商品需要がまだ旺盛であるという事情から、輸出に今まで以上に力を入れる、あるいは、企業の海外進出により、コストの低い国での生産体制を作るべく、海外投資を進める形をとるか、いずれかの方向にシフトしていきます。こうした状況で供給力拡大型の景気対策を打っても、結局のところ国内では財政赤字が確実に積み上がり、さらに格差が拡大に向かう結果になってきています。

歪みを抜本的に解消するにはどうすれば良いか、知恵の出しどころなのですが、成果を上げる状態になっていません。本来であれば、基本的な部分の見直しをして、再出発の必要に迫られているのにこれに対応することがないまま、時を費やしているのが実態です。日本が目指すべき先行事例がないため、方向を見定められないのです。しかし、どのようにして直すか、意識しないままで行くと問題は持続するだけです。懲りない成長志向、そして加工貿易型経済運営、海外展開といった進め方に今一度見直しをかける必要があるのは当たり前です。

ここで、今まで日本がいち早く先進各国を追随することができた理由を考えてみる必要があります。日本にとって最大の武器は高レベルの労働者の存在であったという事実です。この働く人々にとって最も力を発揮しやすい形をどうするか、今一度考え直す時期にきているのです。むしろ、この時期がきているのに見直しができないため、日本はズルズルと下り坂を滑り落ちていると言わなくてはなりません。

あくなき供給体制の拡大路線を目指しても希望のある社会は訪れないと言って良いと思います。

選択と集中は、基本的に高度経済成長型、大規模生産の発想の域を出ていません。

なんのための選択と集中か。なんのための生き残りをかけるのか。知恵を発揮する環境を様々な場に用意することこそが必要であり、それは集中とは限りません。

人口減少社会に入って、経済成長を持続するためには選択と集中によって、今までの生産体制を維持しなければならないという発想なのでしょうか。むしろ分散型で、かつ日本社会全体をマクロ的に捉えた効率を高める方向がこれからの日本社会の歩む道であるという考え方の方がふさわしいと考えます。

タテ型の社会である日本は、組織の規模が拡大して行くと、外部社会への視点が弱くなり、組織内部に目がゆく形となりやすいですが、そうならないためには、これからは、組織活性が維持できる適正規模を念頭におくことが必要です。ＩＴをフルに活用し各地域で活躍する中小企業こそが日本社会の場合、未来を豊かにする可能性を秘めているとも言えます。そして、組織的安定を確実にするためには、外部との交流を仕組みとして構築していくことが必要となります。今までのような大規模化ばかりに未来があると考える発想からの転換が求められるところです。

第5章　日本における現在の課題

(1)　政治と行政の間

公務員の中立幻想

日本社会では、一般職公務員というのは政治的に中立でなければいけない、という考え方が前からありました。国家公務員法上は、公務員は全体の奉仕者という扱いになっています。そして、政策を作るのは、だいたい終身雇用を前提とした、こうした公務員の仕事になってきたのが今までの実態です。

この形は、しかし、トップに政治家が座る以上、もともと非常に難しい課題を孕んでいます。選挙で選ばれる首長や議員には、政治的中立性が必要という話は聞いたことがありません。とすれば、そこで選ばれた政治家に従って、様々な政策を作り、事業を進める以上、公務員自身の行動にあっても党派性は抜きがたいものであるはずです。

アメリカの、政権交代に伴って上級官僚が1セットで替わっていくという仕組みの方は、とてもわかりやすい感じがします。トップとしては自分の主張が分かってもらえる部下を雇用し、必要とする仕事に配置するのは、わかりやすい合理的な仕組みです。日本は基本的に終身雇用型の公務員制度になっているので、この点に大きな疑問が生じます。

では公務員はなぜ政治的に中立なのか、ということです。

政治家は、いつでも選挙で替わる可能性がある、ということを除けば、公務員の政治的中立ということは、天皇の官僚であったかつては、国民の側にしても非常にわかりやすいイデオロギーであったのではないか、という気がいたします。今のような公選制となる前においては、官僚が不偏不党の立場で仕事をするというのは、国民の鏡であったわけです。国民はそのような公務員が、間違いなく仕事をすることに信頼をおいてきました。

そこに、選挙制度なるものが導入されるようになって、政治的な争いが世の中を騒がせるようになったのですが、シャッポは変わるけれどもその下の官僚はそうしたものに惑わされることなく、終身雇用のもと、仕事をすることが当たり前とされ、あまり矛盾を感じて来なかったようです。

トップは時代の流れで、やむを得ず変わるけれど、それを支える官僚群はボトムアップで中立的に仕事を進めていけばいい。事実、一般職公務員の方が、政治家より信頼度が高かったというのが政治・行政システムの中での実態と言って良いと思います。

しかし、今までは、こうした考えが支配的であったのかも知れませんが、ほんとうはこれは、現代にあっては公務員の中立幻想と言って良いのではないかと思います。選挙制度が導入されたにもかかわらず、明治以来の終身雇用型の官僚制度はそのまま残ったために、官僚自体が独立権力を持つと見間違われる状況が生み出され、現在にいたっています。中立性に替わる理念が導入されるべきでありました。

ついでながら、1つ申し上げておきたいことがあります。日本社会では製造業への労働者の定着を目指すために、年功序列方式、終身雇用制度を構築し成功裏に運用してきたが、第3次産業に主力が移行していくに従って、この制度が崩れてきた、という話が、産業界でなされています。しかし、日本社会で、全くこの終身雇用、年功序列制度が崩れていないのは、実は公務員の世界であるということをご存知でしょうか。法的、あるいは条例できちんと定められていて、給与制度はどの産業よりもきちんとしたものになっています。（2009. 2. 23）

公務員法の改正等に関して——政治主導とは何か

2012年、国家公務員法が改正され、幹部職員600人余りの人事権が内閣官房に移りました。

内容的には、幹部人事の内閣一元化、次官・局長クラスの並列化、退職者管理の適正化等が盛られるようなお話が出ております。検察庁や警察庁などは適用除外のようです。

いままでは政策を作るのは役人であり、政治家はその上に乗って御神輿として担がれる存在ということに甘んじていましたが、政治主導を進めるための前提として、内閣が官僚全体をリードする体制を確立したものと言えます。官僚は少なくとも政治家の下風に立つことを余儀なくされていくようになると思います。

現状では、政治家が官僚をうまく使いこなす状況には至っていないという話をよく聞きますが、いずれにしても今後は相互の役割分担を巡って、いささかちぐはぐな状況は続くと思われます。方向を決めるのは、良くも悪くも選挙で選ばれた政治家の役割であり、その決定に基づいた事業を進めるのが役人の領分ということがはっきりしていればいいのですが、政策づくりは相変わらず官僚の特権である今の実態との間に矛盾をはらんでいます。政策作りが、いわゆる「中立」の立場で行われることは、今までにもましてなくなったと言えます。

優秀な官僚がいて国家が間違いのない方向に進んでいくということは、多くの人々の間でコンセンサスの得られてきた話ではないかと思われます。そうしたリスクを冒してまで、何故このような制度改正を行うのかという疑問も湧いてきます。

実は、戦後の公選の選挙制度を導入したときから、すでに状況は変わってきているのです。決定者を公選の政治家に付与するようになったということは、政策の基本は政治家の側で作るということでなくてはなりません。しかしながら、アメリカ連邦政府の上層部官僚と違って、日本の官僚は終身雇用を前提としています。

政治の世界の常として、政権が選挙で変わる構造を保証していながら、政策自体を政治家が作らず、官僚に任せているという構図は、まさに矛盾しています。どの政党が政策づくりを行っても同じように官僚が作るのなら、別に政党というものは存在しなくてもいいのではないでしょうか。官僚は全体の奉仕者として、政治的には中立で、政権の意のままに動くロボットなのでしょうか。そうでなければ、政権交代した時に同じように政策を作る立場であるというようなことが果たしてできるのか、とても不思議に思えます。ロボットに政策を作ってもらいたいとは思いません。

あるいは、官僚は、どんな政党の注文であっても的確に意向に従って政策づくりをするというのでしょうか。政治家は、今までは密やかにこうして進めさせてきた気配がありますが、これは相当に人間というものを甘く見ていると思います。

そして、今回、終身雇用の幹部職員について、人事権を政治の側に移しました。これは、政権政党のいうことを聞けというための仕組みであり、幹部職員の人事権が移動するということは、幹部職員が傘下の職員をコントロールするのですから、官僚全般の人事が政権の側に移ったと言って良い状況になったのです。

これは、政権が変わることを想定していないシステムなら了解できますが、政権交代のありうる政治システムの中では、納得しがたい仕組みです。

実は、戦後地方政治システムとしてはすでにこのような仕組みの中で進んできています。政権が代わると（要するに首長が替わると）、2元代表制のもう一方である議会で、それまで政権側にいた党は人事を巡って嫌がらせをする形をとります。それまでの幹部職員とも連んで、わずかな幹部職員の外部導入をも拒否する行動をとるのです。そして、それが済んでもなお、今度は職員自身が新政権の考え方を受け止めていないので、これを納得するまでにかなりの時間を要します。政権交代があるということは、有権者の間に強い要請があるからなのですが、直ちにこれに対応することができないのは、状況的には明らかです。

これが国政の場の問題ということになるとさらに深刻です。実質的には永久政権を保証するような形が、現状と言って良いと思います。

以前、横浜の参加型システム研究所主催のフォーラムで珍しくパネリストとなって、「官僚・行政主導の現状から～変革の可能性を探る」というテーマで話をしたことがありますが、その際コメントに立たれた当時の理事長が、たいへん興味あるお話をしてくださいました。日本では、明治以来、官僚を養成する仕組みが作られ、たいへん優秀な人材輩出をもたらしたが、政治家養成の仕組みは作られないままで来た、現在は政治家を養成する仕組みがきわめて大事だと思うということでした。

そうです。当時は、選挙のことなどはあまり念頭にない時代でもあり、民主主義について認識されないまま、天皇の官僚として日本国家を欧米に伍していける仕組みをどう作るかにまっしぐら、専念していったのです。官僚が政策を作り、運用をしてきたのです。今までお話ししてきたように、日本は明治のはじめから、ずっと官僚主導で、行政国家でした。そして懐かしいこの過去の時代に戻りたいという願望が官僚の間に、今も存在しているようです。政治家育成のシステム不在の現状から出てきているとしか思われない議員の失態が目立つようになってきました。1つには、突然の解散などによる人材調達の不備があると思いますが、さらにより大事な点として、政治家人材の育成の仕組みがないことをあげなければなりません。

今、政治家を養成する本格的な機関は、松下政経塾が第一と言って良いかと思います。松下政経塾出身の政治家がやたらと多いことに不満を述べるのではなく、様々な地域で幅広い形で、いかにして政治家を志す人材を育てるのがよいかを考え、そうした場を作るような動きを、さまざま作ることを考えるべき時代になっています。そうした点で、松下幸之助さんは、たいへんな先見の明のあった方であり、小沢塾にしてもやはり多数派集団を作るという意味だけで勘ぐってはいけないのであり、日本の未来を見ながら人材育成のための努力をしているのだと考えるべきであろうと思います。

果たして、現在の制度の矛盾を解決して、納得のいく仕組みが作られるのか、人事権の移動で政治家が育つようになるのか、見守らなければなりません。

何故、官僚ではなく、政治なのだということが常に残る疑問でありますが、非常に単純なことであります。政治家は常に外部に向いているのに対して、役人というのは組織内でヒエラルキーに従って仕事をするという役割で仕事をこなしています。上の方針に従うことを使命としている組織の中では、具体的なテーマが見つかれば精巧に仕組みを構築することは出来ますが、官僚がオールマイティであった時代はともかく、現代のような複雑多様な社会になったとき、新しい課題発見の力が欠けるようになってきています。新しい課題発見でいままで問題が表面化しなかったのは、海外の先進事例に学ぶことが出来たからです。官僚制は実質ボトムアップでボトムが外部に解放されていない限り、その活動には限界があります。

現代は、成熟社会を迎え、これからの社会の質はみずからの力量によって作る時代となり、地域の隅々にある課題の中から課題を発見して、解決策をみずからの力で見いだしていくべきときとなっています。この役割に相応しいのが政治家であると思っています。非常に多様な課題が並行して走っている時代であり、それらを外部に開かれた目で探り出し、具体的な制度として実現していくことが必要な時代です。常に外に目を向けることを仕事とする優秀な政治家が課題提起をし、そして引っ張っていくことにより、新しい変化が導かれていきます。優秀な人材を政治に糾合することが求められる時代に突入しているのです。（2010.2.12　法案成立年次を入れましたので、この項を書いた時点との間に矛盾があります。）

「政府はもう嘘をつけない」

ジャーナリストの堤未果さんの書いた本で、「政府は必ず嘘をつく」（角川ＳＳＣ新書、２０１２年２月発行）、「政府はもう嘘をつけない」（角川新書、２０１６年７月10日発行）の２冊があります。

私が大ショックを受けたのは、この後者の本の中で公務員について語っているところです。

話の内容は、これがまた、かつて鹿児島県の阿久根市の市長で、当時様々物議を醸したこともあった竹原信一氏の話として語られています。

日本国憲法で公務員の定義をしているのは日本国憲法第15条です。

第十五条　公務員を選定し、及びこれを罷免することは、国民固有の権利である。

○2　すべて公務員は、全体の奉仕者であって、一部の奉仕者ではない。

○3　公務員の選挙については、成年者による普通選挙を保障する。

○4　すべて選挙における投票の秘密は、これを侵してはならない。選挙人は、その選択に関し公的にも私的にも責任を問はれない。

公務員は選挙で選ばれる者であるという文脈はここでかなりはっきりを示されています。ここで示されている公務員とは、どう見ても議会議員を指しています。

また、憲法第73条では、

第七十三条　内閣は、他の一般行政事務の外、左の事務を行ふ。

・

・

四　法律の定める基準に従ひ、官吏に関する事務を掌理すること。

・

・

とあり、国家公務員法ではこれを受けて、

（この法律の目的及び効力）

第一条　この法律は、国家公務員たる職員について適用すべき各般の根本基準（職員の福祉及び利益を保護するための適切な措置を含む。）を確立し、職員がその職務の遂行に当り、最大の能率を発揮し得るように、民主的な方法で、選択され、且つ、指導さるべきことを定め、以て国民に対し、公務の民主的且つ能率的な運営を保障することを目的とする。

・

○2　この法律は、もっぱら日本国憲法第七十三条にいう官吏に関する事務を掌理する基準を定めるものである。

・

・

としています。国家公務員法というのは、官吏に関して定めたもので、憲法上のいわゆる「公務員」について定めたものではないということです。ここまでは筋がはっきりしています。

しかし、この官吏の「事務を掌理する基準」を定めた法律を「国家公務員法」としたことによって、また、内容的に見て全体の奉仕者たる公務員に関する定義の実質的な転換がなされたということです。

こうした法律の規定によって、公務員とは、一般的に役人を指し、国会議員ではないということになっていきます。確かに、第2条で特別職公務員ということで議員のことも書かれていますが、3条以降の規定は全て憲法第73条4項の官吏に関することを規定するとなっています。

これは、明らかに意図的に行われた「公務員」の意味の転換であると思われます。公務員の定義を、議員から官吏に移す作業がここでなされているのであって、これは、うっかりではなく極めて巧妙に法律を通して転換したものと思われます。（このような展開の話をなぜ竹原信一氏がしたかということですが、竹原氏は元は自衛官であったということですから、自衛官の研修で一般的に教えられていたことではないかと推測します。とすると、国家公務員の皆さんは、大体このあたりの事情は皆承知しているのではないかとも推測されます。）

後づけの説明として、『官吏である公務員は究極的には国民が罷免する権利を持っている』などと言い訳的な言い方が様々なところでなされています。しかし、国家公務員法によって、選挙で選ばれているわけではない国家公務員が「全体の奉仕者」としての振る舞う存在であるとされ、法第70条の6（研修計画）、同82条（懲戒の場合）、96条（服務の根本基準）と3箇所で「全体の奉仕者」という表現が使われています。明らかに全体の奉仕者という役割が、官吏である国家公務員のものであるという認識を与えるものになっています。

そして、何よりも認識しなくてはならないのは、実質的にほとんどの法律はこの国家公務員法に規定された「公務員」が作り、運用し、解釈しており、実質的に司法、立法、行政の3権を手中にしているということです。

地方公務員はどこに根拠があるのかということも、私としては気になったのですが、これについては、どこにも根拠は示されないまま地方公務員法ができています。

現在、様々な課題や疑問、矛盾していると思われることが出てきていますが、おそらく、そうした解釈の変更や、意図的な転換がなされたものについて、もう一度立ち返って考えなければいけない時期に来ているのではないか、とつくづく考えさせられているところです。

そして堤さんは、２０１４年の公務員法の改正により、幹部公務員６００人の人事権が内閣人事局移ったことにより、今までの公務員の変質も起きてきているということも述べています。時の政権に追従する度合いが高まり、実質的に全体の奉仕者ではすでになくなってきているということです。

一方で、国家公務員法で勝手に全体の奉仕者が一般職公務員であるとしてしまっていることの矛盾を承知していることから、憲法改正にあたっては、この矛盾を解消するため、一般職公務員も全体の奉仕者であると入れ込むような改正案を、さりげなく自民党の憲法改正案の中に潜り込ませています。(2016. 8. 26)

最大の課題　森友・加計学園問題で見えてきたこと

公務員の中立幻想、公務員法の改正、政府の嘘と見てきたことから考えると、日本社会で緊急に考えなくてはいけない大問題は、堤さんのお話にあるような全体の奉仕者としての国家公務員と、同じく全体の奉仕者としての政治家とのあるべき姿の見直しということであると思います。

アメリカ的な発想からすると、政権の交代に伴って、数千人のスタッフが交代する形をとっているので、矛盾はあまり起きないと考えますが、日本の一般職公務員は相変わらず全体の奉仕者として、実質的に終身雇用の形をとって、政権のいかんにかかわらず、政策づくりの仕事を続ける形になっています。このことの問題は、政治家が、トップに立って官僚を動かすようになって、大きな矛盾に到達したと考えます。

最初(明治に入ってからのことですが)は、官僚は、政策づくりの素人である政治家を無視しても問題ありませんでしたが、そのうちに、無視するよりも、自分が政治家になれば良いということに気づいて政治家に転身する人も多くなりました。いわゆる官僚政治家の誕生です。戦前は天皇の官僚として、超越的な立場にいましたから矛盾はなかったのです。しかし、時代を経て、終戦後は公選制が確立し、プロパーの政治家の力が強くなっていったのが現実です。そしてここにきて、幹部官僚の人事を政治家が担うようになって、状況は大きく変化しました。

政治家の力が圧倒的に強くなったのが現実です。しかし、一般職公務員は制度的には国家公務員法に規定されている「全体の奉仕者」であり、そしてまた終身雇用のままとなっています。これは、実際は、アメリカ型とは全く違います。私たちの意識の中では、公務員は全体の奉仕者であるという通念が未だ強いのですが、実態は、時の政権の奉仕者に変質してしまいました。時の政権が国民を代表しているのだから、何の矛盾もないという言い訳をするのでしょうが、公務員が政権のしもべになるということは、公務員自身の志とは関係なく時の政権の方針に従うということで、終身雇用ですから、自分の志に関係なく政権のしもべとして方針に基づいて行動するということになります。はっきりといえば、この制度は、政権交代を想定していない、永久政権の仕組みであり、同時に、公務員の人格・志操の存在を否定したものであるということです。

民主国家となった戦後においても、憲法に定められた全体の奉仕者としての政治家の機能を、国家公務員法の制定を通してせっかく簒奪したはずであるのに、状況は極めて悪化して、気に入らない政権であってもこのしもべとして働く機能しか持っていないということを、日々認識させられる状況に追い込まれました。

実際、今起きている森友学園問題や加計学園問題での官僚のこの上ない破廉恥な振る舞いを見る時、怒りを通り越して、制度の基本的矛盾を考えないわけにはいきません。こんなふうにしか扱えない今の公務員制度は、もはや崩壊していると考えていいのではないでしょうか。何よりも、官僚自身が一番この矛盾に憤っているのではないでしょうか。いかに組織の一員であるとしても、行われた行為について、上司である政治家におもねて嘘を語って良いということは、どう見てもおかしいことです。優秀な頭脳を生かし、公務員として、全体の奉仕者としての誇りを取り戻し、真に国民のために働くことができるようにするためには、今の制度は抜本的に見直さないと、これは日本の将来にとっても大変な禍根を残し、日本の将来を展望のないものにしていくに違いありません。

海外に出かけると、ちょっとした問題でも賄賂を平気で受け取る外国の現地公務員の話を聞くにつけ、日本の公務員の質が圧倒的に高いことを感じると多くの人が言います。これは、日本の公務員のレベルの高さというか、清廉潔白な資質を表しています。しかし、現在見るような状況は、恥も外聞もない最も悪質な居直りであって、国民への背信行為であります。こうしたことがないようなこれからの公務員制度を構築し、私たちが信頼の中で、生活できる基盤を作る必要があると考えるものです。

そして、政治家は、身内びいきを平気でするようなことではなく、今こそ、全体の奉仕者としての役割を取り戻すべき時であると考えます。

身内びいきが当たり前であるかのような風潮が蔓延すること自体が問題なのであり、そういうことに対する政治家のモラル一般の教育もなされていない現状は大変問題な時代であると思います。

文部科学省の前事務次官の方が、記者会見して、怪文書と官房長官が決めつけた書類が実際にあったと話されました。これを聞いて、非常に課題がクリアになった気が致しました。

今起きている一連の問題は、政治家と、国家官僚との間の、いずれが「全体の奉仕者」であるかをめぐる争いであるということです。

そして、よりはっきりしてきたのは、今まで、政治家は一度として全体の奉仕者としての立場に立つことができないままであったということ、そして、今後、現憲法に則った全体の奉仕者となれるかどうかについて、大きな曲がり角に来ているということです。全体の奉仕者の立場を日本において確保するためには、官僚に成り代わって、清廉潔白に振舞っていることを日々衆目に晒し、証明していくことであるという認識を得ました。官僚は、少なくとも今までそうした立場で、全般的には国民の信頼を得てきた歴史があります（個別にハレンチな行動をとる公務員がいることはありますが、総体としてみれば清廉潔白であると言って良いと思います）。

「政治主導の本質」は、そうした清廉潔白にことを処理する立場に、全て政治を志す政治家が立つことであると言い換えることができるのではないでしょうか。そして政治主導を通して全体の奉仕者となるための前提条件として、内閣府に幹部職員の人事権を移したのだと考えるのが納得しやすい説明になると思います。そして、政策づくりを自らの役割として明確に位置付け、それにふさわしい振る舞い、清廉潔白な立場に政治家自身が立つことができるかどうかが、問われていると考えるべきであると思います。

もし、「身内びいき」「お手盛り」ということが政治家の特権であると考え続けるようであれば、今まで通り、憲法の記載には目を瞑ってでも、官僚に全体の奉仕者の役割を与え続けておく方が日本国民としては安心できる結論ということになります。今後もきちんと議論の場にあげることなく、国民に見えないところで身内びいきなどの行動をするのが、住民の支持を得て議員となった立場としては許される、あるいは腹心の友であるからには、やむを得ないと忖度を見過ごしたりすることから逃れられないのであれば、少なくとも幹部官僚の人事権は官僚に戻すべきであると考えます。このまま、うやむやに済ませるなら、身内びいきをするために人事権を手もとに持ってきたということで、現在の姿は古の歴史からあった権力闘争を勝ち抜く部隊を手中に収めて、しめたというだけのことに過ぎず、結果的に社会を崩壊させることにつながるだけで、国民として絶対に許すことのできない逸脱行為になると考えてよいと思います。

もし**ここで、政治家が踏ん張るとしたら、政治家全体のモラルとして、嘘偽りなく、身内びいき、お手盛りを一切排除する、と内外に宣言するべき**であります。こうしたことは、国・地方を通じた政治家を志す者の逸脱してはならないルールとして肝に銘じる必要があります。のみならず、これをまた国民のすべての社会意識として確立することであると思います。国民自身が自分たちの選出した議員が自分たちの地域へのお手盛りを求めるようでは、政治家は全体の奉仕者としての志を遂げることができなくなります。

全体の奉仕者である政治家に、政治家である間は、個別要望を出すことを自粛するということを国民自身が自覚することだと言っても良いかもしれません。たとえ地域の代表として選ばれたとしても、一旦議員となったからは全体の奉仕者であるべきであり、身内としての地域のための行動は自粛することが求められます。国民の側からの要望は一般要望として受け止める仕組みが別途必要になります。そうした仕組みの構築を考えないと、今の制度は矛盾をさらに大きくしていくだけになるでしょう。

現在、政は官に依存しながら、政治的な決定は好き放題にしている、これは、要するに無責任体制そのものと言って良いと思います。現在の日本の赤字体質は、官の上に乗っている政治が、官がうまく処理するはずという前提で好き勝手をしているためで、双方の無責任がだんだんと危機を高めている状況と言って良いと思います。つまり、経済の環境が変わってきたにもかかわらず、これに見合う仕組みを考えることもなく、政に従わざるを得ない構造で仕事が進められていて、結果的に１０００兆円の借金が積み上がったわけで、このこと自体は、失われた四半世紀、この20年あまりの間に起きた出来事なのです。

議員職の世襲化

日本では、親の仕事を子が引き継ぐということがごく当たり前のこととされています。さまざまな領域、芸事の世界、店の継承等、こうしたことがむしろ望ましいこととして考えられてきました。ここには時間の長さに関する信仰が原点にあります。

この根強い日本人の時間感覚に乗って、議員の世襲があたかも当然のこととして認められてきて現在に至っています。どの選挙区から立候補するかは個人の自由である、といった議論も当たり前のようになされています。しかしこれは、タテ社会における身内びいきの制度的保障以外の何物でもありません。政治の世界はタテ社会の利害代表ではなく、選ばれた瞬間から全体の奉仕者であるべき存在です。世襲で済む世界ではありません。いかにして、地域の政治や国政が偏ることなく運営されるか、という視点に立って、適切な規制のもとで制度設計がなされるべきものです。

議会人の地盤の世襲化は、地域代表としての役割の変質をもたらし、議員一族という階級社会的な状況を作り出しつつあります。世襲化を阻止するための制度的な担保が必要です。韓国の制度が参考になりますが、同時に、選挙制度自体の見直しが急務と考えます。**選挙制度は細部はやたらと細かいのに、基本的な部分が抜け落ちてしまっています**。あるべき姿に全くマッチしない制度になっているのです。

政治にかかる専門性を議員の資質とするのではなく、誰もが政治に立ち会うことができるようにしていくことが何よりも大事です。（2008. 9. 23）

政治家の品格

政治家というのは、私たちの意向や抱える課題を政府の仕事にしていく調整役ですから、コミュニケーション能力が問われているのは当然です。誰がどれだけの説得力を持って話が出来るかで、資質が決まるわけです。

しかし、その政治家の資質を見分けるのが私たちですから、政治家の資質というのは必然的に私たちの資質ということになってしまうのではないか、と思ってしまいます。

政治家が駄目、政治に期待しないという人が多いのですが、私は、それは天に唾することと同じで自分に返ってくるだけだと思っています。政治は私たちが逃れることの出来ない世界であり、汚いからと言ってそこから目を背けたら、そのときから社会の解体、崩壊に手を貸していることになるのだということだと思います。私たちは、年貢を納めている（取られるだけのもの）ではなくて、税金を納めているのだということですね。税金を納めるのが国民の義務であるように、政治家が全体の奉仕者としてふさわしい行動を取っているか、きちんと監視することは、国民の役割でもあります。

なぜ、政治が私たちと余り関わりないと思ってしまうのか、私たちは選挙の時だけ主権者で、そのあとは奴隷になっているというのは、いかにもおかしな話です。

そういう傾向になりやすいということのキーポイントは、日本人のタテ指向によるものだと思っています。ウチ、ソトの議論が昔から盛んにされております。一般的に政治は私たちにとってソトと思い込みやすいのですが、私は、政治はソトではあり得ないと思っています。そして、政治家を選ぶのは私たちですから、政治家の品格は、私たちの人を見る目にかかっていると言っても良いと思います。

（2008. 10. 2）

ところで、今回（2017. 10. 22）の衆議院議員選挙の結果、議員数の変動で民進党内の事務局体制が大きく変化を余儀なくされ、その変更をめぐって混乱を生じているとのことです。このことは政治家の立脚基盤となっている党の体制がいかに脆弱かということを示しています。このことについて、みなさまは、こうした栄枯盛衰は、政治の世界では不可避の現実と考えておられるのでしょうか。

何よりも、政党に、きちんとした政策立案体制が用意されておらず、今回のような混乱は、秘書や党事務局員の失業・再就職問題みたいにして扱われているのが現状です。私は、この現実は、政策立案機能を行政が全面的に握っている中で生まれている、矮小化された混乱であると思っています。私たち自身、政治家は選挙で落ちればただの人、などと自虐的なコピーを当たり前のこととしてみているわけです。

こうした実態の意味するところは、政治家というものが備えるべき素養について、何も考えておらず、ただ、人気が出て投票してもらえば勝ちといった状況で、みているということがわかります。ポピュリズムが支配する世界です。

現在の日本では、政治家に政策形成能力は求められていないのです。この政策形成の領域は、行政国家たる日本では、もともと行政のテリトリーであり、政治家はそれに乗っていればいいという発想が内在しています。こうした中では、政党は官僚の人事権を掌握すれば、永久政権の構造が完成ということになります。実際的に国民に訴えることの出来る政策の立案能力を、官僚を通して全て握ることになるからです。これは、戦前の日本が歩んだと同じ道を辿ることを意味します。

このような体制は、政策形成能力をそれぞれの政党、そして政治家の側が持つようにしない限り、変えようのない実態と言えると思います。政治家が、スローガンだけで商売をしていればいいといった実態を変えなければなりません。このためには、政策形成体制を、官僚から政治家の側に移すという、それぞれの党の強力な政策形成体制を作ることを目指さなければなりません。政治家の役割は、現在のように官僚と向き合うことではなく、国民と向き合うことでなくてはなりません。そしてこれは、政党事務局や政治家が考えれば済むことではなく、国民全体で共通の意識（社会意識とすること）としなければ実現することのない課題です。これを実現することによって、人々の政治家への目も変わり、とかく問題を起こしがちな政治家の輩出状況は大きく変わっていくであろうとも考えています。そして、その時、初めて政治家が「全体の奉仕者」となる環境が生まれるといって良いと思います。

(2) 日本語認識の不足による課題

都市への人口移動により、子育て環境が大きく変化したことの影響や、社会的に子育て中の母親が働きに出る要請が強くなったため、子育てのあり方が大きく変容を遂げています。待機児童問題が政治的にも解決を求められる大きな問題になりつつありますが、同時に、幼稚園、保育園といった質の違った機関による子育ての質的な違いが生まれる可能性が高いことに注目する必要があります。その場その場の都合で子育てをやっていて、子ども達の視点から見ることがなされていません。

一方、高齢化問題は、このまま行けば福祉・医療の問題であるかのように思われますが、高齢者の経験と知恵を生かし、社会で活力を持って生きていける環境づくりがなされればいけない時代であると思っています。ねんねんころり、からピンピンコロリへと高齢者の生き様が変化することとも大いにあると考えるにつけ、高齢者を無為に過ごさせる形は大きな損失となっていると考えられます。

ここでは、社会の変容に伴い起きたと考えられる事項数点について、その問題点を探ります。

不登校、引きこもり

不登校、ひきこもりとなる人たちは、高度経済成長過程で生み出された日本社会の歪みの犠牲者と考えています。そして、こうした人たちが、むしろこれからの日本を支える人材であるというふうに、考え方の転換を図ることが必要であるとも考えています。感性の鋭い人材は、これからの日本社会の様々な活動に不可欠なのに、今はそのことに気がつかないまま、こうした人材をスポイルして、病人に仕立て上げてしまっているのだと考えています。問題のポイントを見誤って、さらに傷を深くする前に、その問題となる点に気付くことが何よりも肝要ですが、全く自覚がないため、日本社会の未来には、暗雲が垂れ込めたままになっています。

不登校生徒の通う学校を認知し、そこでの学習に単位を与える、ユニークな活動のチャンスを与える、日本語の本質についての理解を進め、コミュニケーションを通して、自信を持たせるとともに、未来展望図を作ってもらうしか解決の道はないと考えていただきたいと思います。

「なじみの構造」を書いたすぐあとになりますが、1997年に配属された先で青少年関係の指導者養成に関する仕事に携わることになり、そこで「なじみの構造」の考え方を青少年問題に適用して検証してみる機会がありま

全国の不登校児童生徒数の推移

※文部科学省　平成27年度「児童生徒の問題行動等生徒指導上の諸問題に関する調査」より

年度	小学校不登校児童数（人）	中学校不登校児童数（人）	高校不登校児童数（人）	小学校不登校比率（%）	中学校不登校比率（%）	高校不登校比率（%）
1991	12,645	54,172	--	0.14	1.04	--
1992	13,710	58,421	--	0.15	1.16	--
1993	14,769	60,039	--	0.17	1.24	--
1994	15,786	61,663	--	0.18	1.32	--
1995	16,569	65,022	--	0.20	1.42	--
1996	19,498	74,853	--	0.24	1.65	--
1997	20,765	84,701	--	0.26	1.89	--
1998	26,017	101,675	--	0.34	2.32	--
1999	26,047	104,180	--	0.35	2.45	--
2000	26,373	107,913	--	0.36	2.63	--
2001	26,511	112,211	--	0.36	2.81	--
2002	25,869	105,383	--	0.36	2.73	--
2003	24,077	102,149	--	0.33	2.73	--
2004	23,318	100,040	67,500	0.32	2.73	1.82
2005	22,709	99,578	59,680	0.32	2.75	1.66
2006	23,825	103,069	57,544	0.33	2.86	1.65
2007	23,927	105,328	53,041	0.34	2.91	1.56
2008	22,652	104,153	53,024	0.32	2.89	1.58
2009	22,327	100,105	51,728	0.32	2.77	1.55
2010	22,463	97,428	55,776	0.32	2.73	1.66
2011	22,622	94,836	56,361	0.33	2.64	1.68
2012	21,243	91,446	57,664	0.31	2.56	1.72
2013	24,175	95,422	55,655	0.36	2.69	1.67
2014	25,866	97,036	53,156	0.40	2.80	1.59
2015	27,581	98,428	49,591	0.42	2.83	1.49

※比率は少数点以下第三位を切り捨て

した。そのときまとめたものを、神奈川県を退職後、自費出版冊子「夢はるか」に含めて整理しました（「青少年指導者養成の現在（人間関係論の視点から）」）。

不登校・引きこもり問題についていろいろな方のお話を伺い、課題を抱えた方に接し、また本を読んでみて、日本社会の経済発展に伴う都市化・核家族化の進展という環境の激変に起因する問題ではないか、という認識を持ちました。

子どもたちは従来なら成長過程で無意識のうちに経験を通して体得出来ていた、コミュニケーションそのものに齟齬を生じる現象が起きたと考えています。これが不登校・引きこもりという形でクローズアップされる状態になりました。都市への移動、核家族化が進む中で「人間関係をとり結ぶ術《すべ》を失う」形で育てられる子供たちが増えていったため起きた問題と捉えるべきであると私は考えてきました。この社会環境の不可逆的かつ巨大な社会変動の中で生まれたコミュニケーション不全問題について、対処法を再考することなく子育てを進めてきた結果であり、これは、子どもたちの問題ではなく、大人の無自覚によるものです。大人は自分たちが育ったときはそうではなかったので、理解出来ない面が大きいようです。

従って、この不登校の問題は、教育問題ではなく、社会問題であるという視点で捉えなくてはなりません。何よりも、学校生活をなんとか無事終えて就職した若者が、すぐに仕事を続けられなくなり、引きこもる現象が起きているということも、その傍証です。

海外でも、一定の不登校はもちろんあるわけですが、日本のような現象にはなっていないと思います。従って、海外ではあまりこのことを専門的に研究することがなされていないため、移入学問を珍重する日本社会でもあまり大きく取り上げられることはありませんでした。しかし、あまりにも不登校が増える状況となったので、試行錯誤の中で研究が進められてきたのが、日本の現状であると思います。一時は、学校に不登校回避の責任があることが喧伝され、このため引きこもりとなった教師もいる、といった話も聞きました。

最近は、不登校世代が親になってきていることもあり、無理に学校に行かせなくてもよいという整理がされるようになって、収まってきている面もあるのではないかと思います。また人の移動は相変わらず多いのですが、社会変動自体は定常系に移ってきたため、さらに増えるような状態は統計上はおさまってきて、高原状態になっているように思います。しかし、学齢期を抜け出た人たちは、この統計から外れていくわけですが、その時点で不登校・ひきこもりを克服したということにはなりませんし、新たに統計に入ってくる子どもたちの数が高原状態ということは、先にも述べた通り、社会全体として増え続けているということを意味します。

しかし、今まで採られてきた対策は、いずれも対症療法で、本来あるべき解決策とはなっていません。核家族化の進行した中で、親が（子どものことを思ってですが）子どもを囲い込んで、コミュニケーションの場を封じ込めてきた面があり、能動的に話を仕掛ける、経験知が育つ場が失われてしまっているケースが多いと考えます。もちろんこうした中でも子どもたちはこれを当たり前のこととして、けなげに生活を続け育っているわけですが、子どもたちの中で、特に感受性の強い子どもたちは、こうした環境で育っていくと、コミュニケーションがとれないことを感じたときから、ストレスとなって、嵩じていくと、からだが外部環境を拒否するようになっていきます。

同年代、あるいは近い年代の子どもたち同士のコミュニケーションの場づくりが決定的に重要で、そこで子どもたちは、相手にどのように対応するかを経験的に学び、それが原点となって、以降の敬語の世界にも結びついていっていると考えるのが良いと思います。そこで基本的な忖度の形を体得しているのです。

抜本的な解決策は、日本語の持つこのような特性を認識して、成長過程で経験的に相手の立場を考えてモノを言うコミュニケーション能力を獲得する場を作り出すしかないと思っています。対処法はあるのです。特に、これからの日本社会では、ユニークな発想力と豊かな感受性を持った若者が社会的に貢献していく時代に入ってきているのですが、そうした子供たちが社会の重荷としか受け止められていない状況に追い込んでいるのでは、どう見ても日本社会の未来を暗いものにして行かざるを得ません。

先に述べてきたように、欧米的発想との混淆の中で、マークス寿子さんのような考え方が当たり前と誤認されるような状況は、道が遠いことを感じさせます。

私自身、小学校、中学校のとき、朝方よく頭痛に襲われ、吐き気がして、学校を休むことがありました。そのあと眠気がきて少し眠り、学校に行かなくても済むようになったときには治っていました。頭のどこかがおかしいのではないかと心配して（？）医者に話すと、大人になれば治るでしょうという話で、実際大人になってからは、たまに引きこもりたいときもありますが、からだがそれでおかしくなるということは表面には出てきていません。私は自嘲的に「聖なる病」と名付けていました。今考えると、不登校に至る初期現象だったのではないかと思っています。

小学校に入る直前、福井から都会へ出てきて、父親は別途単身赴任、母親に育てられる中でコミュニケーションづくりに難しい面があったようです。引っ越して入ったばかりの小学1年の時、担任の教師が家に来て、お宅の子どもはいじめっ子で困ると文句を言われて、あとで母親に泣かれたこともありました。自分では全くいじめっ子だという自覚はありませんでした。しかし、それからおとなしくなったようで、逆に自分自身の体調不良でカバーする形に転換するようにもなったようにも思います。

学校に行きたくないということをはっきりと主張出来るのは、むしろ強い性格の持ち主で、不登校の一般的な形は、からだに変調を来すことにあり、ほんとうのところは、からだと精神とは本来不離一体であることを認識する必要があります。親はこの現象を子供のわがままと受け止める傾向が強いのですが、子どもの方では大変な苦しみを抱えている状況と見なくてはなりません。

一般的に中学の2年生を経過する中で、人は精神的に子どもから大人への変化が起きるとされていますが、そのときまでに、日本語の特性に基づいた行動のスタイルを経験知として体得することが、特に大事なことであると思っています。大人になってからの場合は、自覚的に習得する必要が増します。

また、これを解決するためには、日本におけるコミュニケーションの特質、日本語が、話しかける側の能動性に依拠した言語であるという特質を理解した上で、取組みを検討する必要があると思っています。

これからの日本社会は、感受性豊かな若者が、社会の中で中心となって新たな活動を進めていくことによって、大きな可能性を拓く時代になっていると考えます。企業活動でも新たな活動スタイルを作る上でも創造性が求められている時代です。そうした意味で、中心で活動をしていただきたい人たちが、不登校や引きこもりとなって閉じこもってしまうのでは日本社会の明るい展望は生まれません。

また一方、そうした感受性豊かな若者を育てる視点を持たず、画一的な教育を押し付け続ける今の教育環境では、多様性に満ちた文化の華ひらく方向など期待出来るわけもなく、日本社会の将来展望はいよいよ暗くなるばかりであると思います。

問題の根本にあるものについての社会意識ができていくようになれば、処方箋はそれほど難しいことではないと思います。子どもたちのコミュニケーション環境を取り戻す場を、さまざま工夫して作り出すということに尽きます。

私が異動先の青少年関連機関で、学校から出向している先生方がカリキュラムとして実施していた体験型活動の推進は、まさにこれに該当するものでした。体験を通して人と人との関係をとり結ぶすべを認識し、それを持ち帰って日々の生活に生かしてもらうという形です。この組織での活動形態は、高度経済成長期に都会へ出てきた若者が道を踏み外さないようにということで、活動と交流の場を作っていった経験に基づくものでしたが、高度経済成長が終わり、若者の都会への移動がなくなるとともに、こうした行政分野は不要であるとして、新たに起きていた不登校・ひきこもりという問題にもそのまま対応できるノウハウであったにも拘わらず、縮小を余儀なくされ、ついには無くなって、数十年にわたって蓄積されたノウハウは胡散霧消していきました。（2014. 5. 26）

「教育機会確保法」について

２０１６年12月に不登校の児童生徒を国や自治体が支援することを明記した表記の法が成立しました。

超党派議員連盟が法案づくりを進めたとあります。フリースクールでの学習を義務教育と認める予定でいたが、与党議員の一部から義務教育は学校でやるべきだ、あるいは認めると不登校を助長するという反論が出て、見送りになったとのことです。

不思議なのは、なぜ、不登校が増大したかということについて、その原因の分析や、不登校の子どもたちが、どのような資質を持っているかについて、情報の共有、理解がまるでないままこうした方向になったように思われることです。不登校現象から始めて、どのような対策をと考えるだけでは、対症療法の域を出ません。このようなことをやっている限り、日本の若者の未来は暗いと思います。

不登校が高度経済成長期に伸び始めて現在に至っているということは、社会的な環境変化を受けているからであるというのは明らかであり、変わってしまった環境に対して、これをカバーする措置を講じない限り、この問題の解決には繋がっていくことはありません。これは学校問題ではなく、日本特有のコミュニケーションのあり方に関するところから生まれている社会問題であるという認識をなぜ持てないのか、不思議でなりません。もっと自由な教育環境こそが求められるのであって、今までの教育スタイルだけが守られるべき未来ではありません。

青少年行政に従事した時に不思議でならなかったのは、学校へいけない子供たちが、なぜ、サポート校には行けるのかということでした。さまざまな理由はあると思いますが、問題は今の学校教育の持つ問題が大きく、これに順応仕切れない子供たちが一定程度いるということでもあると思います。もっと柔軟に教育の場を設定していくことが、特に日本では重要なのだということを認識してもらわなくてはなりません。コンピュータの世界は、大方の大人たちには理解できない部分が多いので、間違った政策でもノリーパスにするケースがやたら多いのですが、子どもたちの問題は、誰もが子供を抱えて経験している課題であるため、自分の世界を一般化してその主張を頑なに守ろうとするわけです。日本社会の特質については全くと言って良いほど無理解な状況と私は見ているところです。（2016.12.8）

オレオレ詐欺

なかなかなくならないですね。こんなことは外国でも頻繁にあるのでしょうか。

それにしても、皆さん、高齢の方々はものすごいお金持ちですね。話を聞くたびに、その1件あたりの金額の大きさにびっくりしてしまいます。しかしこれは、仕掛ける側は周到な準備をして取り掛かっているのであり、お金持ちが狙われているのですね。

日本人の特性をうまく活用した詐欺の手口であり、これを防ぐには、日本人の特性に立ち戻って対応を考える必要があると私は考えています。このオレオレ詐欺というものが、今まで述べてきた、日本語の特性に由来する部分が大きいということについて、少し展開してみたいと思います。

日本語は、相手に依存して、相手の立場を損なわないように配慮して、ものを言う言語の形であるということを、ずっと述べてまいりました。たとえ、かかってきた電話であってもことは同様です。相手の立場について意を巡らし発言をすることを習性としている立場からすると、これがおかしな電話であるということを考えるよりも先に、心理的に相手の意にどのように答えるかという習性が先に立ち、対応をしてしまうということではないかと考えます。その時、声の質について考えるといったことよりも、何よりも大事なコミュニケーションのスタンスとして、相手からのメッセージへの反応を急ぐことになりがちであり、術策にはまってしまうことになります。

先方は、日本語の相手依存の構造をうまく利用して、信用させ、行動を引き出すわけで、仕掛けるにさいし電話をかける相手先について、状況の分析をして取りかかっている筈なので、偽の電話について気付かないうちにことを成就する手筈を付けているわけですし、ことのほかうまくいくと、何度でもチャレンジしてくるということになります。

これを未然防止する手立ては、「たとえほんとうの話であっても断わっていいのだ」という社会意識（社会的コンセンサス）を作ることではないかと思います。断ることは失礼ではないのです。オレオレ詐欺ではない、ほんとうの話であって相手に失礼になることは避けられないとしても、常に断わることを共通の意識、社会意識とするということです。

「すぐに対応せずに、消費生活センターに相談するように……」と言っても、その前に対応してしまっているので、それでは手遅れです。「まず、断わろう。それは失礼なことではありません。」というべきだと思います。

さて、皆様、日本人の「お・も・て・な・し」感覚を礼賛するよりも先に、今抱えているこうした課題解決の方が先行されるべきと考えますが、いかがなものでしょうか。

オレオレ詐欺（まがい）の相手に「お・も・て・な・し」をしたりしている場合ではないと思うのですが……。

オレオレ詐欺の実行部隊はともかくとして、計画や具体的シナリオを作った人たちは、おそらく日本人でしょう。日本語の細部に関する事情に通じた、ことばの達人と考えられます。外国人にこうした日本人の機微に関わることを理解した上で、犯罪を計画することはとても困難なことのように思います。とすれば、このマニュアル類は、日本語の特性を的確に掴んだ上で作られているわけですから、格好の日本語特性の研究材料と言って良いと思います。ただ不届きであるとして、罰するだけでなく、日本語の根本に宿るものを掴む素材として、作った本人を交えて問題の本質を探ることを進めるなら、日本におけるコミュニケーションのあり方について、格別の成果が得られるに違いないと思います。この詐欺の手口こそ、日本的なコミュニケーションの本質が取り扱われている、インテリジェンス・マニュアルと考えることができるのではないでしょうか。（2014. 6. 3）

ストーカー規制

ストーカーは、情報化の進んだことによる側面も否定できないですが、その根源は高度経済成長期に生み出された、コミュニケーション環境の変質に伴って顕在化した面が大きいと私は考えています。

規制法を作るのはやむを得ないことと思いますが、これは対症療法であり、真の打開策を作り出すためには、社会環境の大きな変化について、人々の認識を共有し、その発生の元を断つ方策を考える必要があると思います。

ちょうど西暦２０００年という年だったようですが、いわゆるストーカー規制法（ストーカー行為等の規制等に関する法律）が制定されました。ここにきて命を取り留めた大学生に関連した裁判も進んでいるようです。また、法の制定後十数年経って、この法律で欠けているところを修正する改正もなされたところのようです。

ところで、この法律が制定された時に、何となく違和感を感じていました。それは、「何故、今頃？」ということだったと思います。ストーカーというのは、古来存在していたはずなのに、現代社会、今頃になってなぜ、法的な規制をしなければならない状態が出てきたのか、ということです。もちろん、ストーカー問題が頻発するようになって、相手を傷つけたり、殺してしまうようなことも出てきたので、急遽法律による取り締まりがないと未然に防ぐことはとてもできないということが明らかになったためと思います。それだけ、激しい愛憎劇が生まれるようになった、ということでしょうか。

なぜ今頃ということですが、1つには、先に述べたように大きな要素として情報社会化が進んで、こうした中で情報媒体を通してよく相手も知らないまま付き合いを始め、結果として付き合うに伴って相互の相性の違いが露呈し、トラブルようになる、といったことがあると思います。

また、以前なら、仲人という世話焼きが地域にたくさんいて、相性の良さそうな相手を結びつける役割を果たしていたのに、そうしたコミュニティが崩れて世話を焼く人がいなくなってきてしまった、ということもあるでしょう。これは情報社会化とも絡んで、メディアを通して、自分の相手にふさわしいと妄想する人に目が行きやすくなって、自分の居場所が見えなくなってしまっているということがあるかもしれません。

このように、相手を結びつける仲人の役割がうまく機能しなくなったということは確かにありますが、それ以前に、もう1つの根拠と考えられる要素が、不登校・引きこもり問題と根っこは同じではないかということです。

繰り返しますが、私たちは、相手のスタンスを見て自分の物言いをするという言語構造の中で生きています。

高度経済成長期における民族大移動を経て、核家族化が行き渡り、子育ての仕方が劇的に変容しました。しかし、大人の子どもを見る目は一向に変化がなかったのです。経験的に日本語の難しいコミュニケーションのスタイルを体得しなければならない時点で、そうした経験の場が失われてしまったことへの認識がなかったために、経験を通してしか作られなかったコミュニケーションの仕方が身につかないまま、大人になってしまうケースが生まれるようになりました。この、コミュニケーションの日本的あり方を習得できないまま、人間関係の坩堝に放り込まれて起きる不登校・引きこもり現象と同様の問題が、異性との付き合いでも出てきていると考えました。異性とのコミュニケーションにあっては、普通でも特別の工夫と努力を重ねなければならないのに、人との付き合い方を経験的に体得しないまま大人になっていくということになると、どうしても情念に縛られた行動が出てきてしまう度合いが増すのではないかと思います。十分なコミュニケーション能力を持った若者であっても、仲人の存在は重要であったわけです。コミュニケーション能力を獲得しないまま大人になった若者は、と考えるとこれは絶望的な状況と言わなくてはなりません。

前にも述べたかと思いますが、子どもは14歳の時点で大人になるということがあります。中学2年生です。人によって個人差はあるのではないかとも思うのですが、何人かの信頼できる教育界の先生方が同じことを言っておられるので、だいたいこの年齢が目安になると言っていいのではないかと思います。

日本社会では、この年齢に至るまでに（要するに大人になる前に）、同じような世代の中で、仲間を作ったり、喧嘩をしたり、一緒に遊んだり、服従をさせたり、服従したりという経験を通して、相手への対応の仕方を学び、自分を生き延びさせるコミュニケーションスタイルを体得する必要があるというのが私の考えです。大人はまた、そうした世界を見守る必要があります。

高度経済成長期を終える頃、都会への移動に伴って、実質的な核家族化が進んだ頃から、そうした場が圧倒的になくなり、並行してストーカー問題もエスカレートしていったのではないかというのが私の理解で、そのために、とにかく規制をということになったのではないかと考えているところです。ストーカーとなってしまった人たちに潜む、相手からの忖度の願望、相手に求める忖度を的確に、相手の感性を損なわない形で伝えられないまま、感情の高まりと相手からの侮蔑の意思表示に伴う自尊精神の崩壊は、自分では抑えられないまでの高まりを見せることは想像に難くありません。そして、失われた10年を経た頃に、ついに規制法の制定が不可欠となる状態に立ち至ったのです。

このような視点に立てば、法律を制定して罰則を示し、注意を促すことで、反省の機会を作り出すということも必要ではありますが、これは対症療法であり、遡って自覚的にコミュニケーション能力の習得の場を作り出し、日本的コミュニケーションにおける意識のありようについて原点から考えるよう仕向けることも大事ではないかと思う次第です。また、先人が活用してきた「仲人」の考え方にもう一度注目し、商売の道具ということではなく、現代でも慣習化できるようなあり方を、さらに検討することも、もちろん必要ではないかと考えております。（2017. 2. 24）

過当競争・談合社会

日本では、当初行政が先行指標となって方向性を示してその中で業界が生まれ、場合によっては殖産興業として行政から事業を民間に委ねる方式で経済発展を目指してきました。そして第２次世界大戦で敗北後も同じスタンスは続き、業界ごとに横並びを推奨する形での経済発展が続けられました。銀行ばかりでなく、こうした形を、護送船団方式という人も多いと思います。日本では企業活動を進める中で、常に横並びを気にする体質があり、行政はこれを利用しつつ、業界全体の底上げを図ったわけです。これはかなり巧妙なやり方であったのですが、この方式は日本語に根ざす、『相手のことを常に見ながら自分の行動を決めていく』というやり方につながります。

同業者団体を作り交流の場を設けて情報交換を進め、他社と少しの違いがあると、それをいかにカバーするかを考え、自分たちの側の特性をどこにするか考えるという具合に、わずかな差が果てしない競争を生みだす形となっています。一般的には、製品の価格が問題なのですが、同様の商品開発であると、その中でいかに安くするかが常に課題となるため、利益率を低くして、競争を勝ち抜こうとする姿勢が一般的となります。日本の企業の商品の利益率が低くなるのはこうしたところに原因があると思います。要するに、自社がこの路線で行くと決めて、そこに向かってひたすら歩み続けるというより、ライバル企業の状況を勘案しながら、自分の行動を決めて行くというスタンスが当たり前なので、わずかな差でも競争状態は維持され、自らの利益率を中心に事業活動を進めて行くことは2の次になってしまうのです。

いわゆる過当競争というのはこういう状態を指します。競争のための競争になり、自分を見失ってしまうことにもなるのです。これは、日本語特性に由来する現象の1つであると私は思っています。

そして、これが、極端となり、先が見えない状態となって行くことを回避するため談合に向かうことは、ほぼセットのような状態と言えます。常に相手のことを考えるが故に競争のための競争に入っていく、これが過ぎると談合を呼ぶわけで、この動きを断ち切ることは難しいのが現実と言って良いと思います。仕事の発注主体が行政の場合、行政側から仕事を割り振るといった、いわゆる「官製談合」といったことも起きていることも仄聞します。単に競争自粛の申し合わせ程度であれば問題ないでしょうが、これが、価格協定や仕事の配分にまで及ぶと、欧米的な発想に基づく、資本主義の基本論理に反するということで、深刻な状況が表沙汰になれば、司直の介入するところとなります。

実は、地方行政でも同様の傾向が見られます。ただ行政は談合をしても問題として問われることは全くないので、政策導入に関する競争は絶えることがありません。どこかの自治体で面白い政策が取り入れられると、他の自治体もそれを上回る形で類似政策の導入を図るという現象が出てきます。最近、表面化した課題は、ふるさと納税にかかる返礼品競争の激化であり、これに総務省が異議を唱えるといった形で競争の動きに対する牽制を行なっています。異議を唱えるに際して、加熱した競争が地域社会の発展にそれなりに貢献しているという状況もきちんと把握した上で行なっているのでしょうか。

また、地方創生に関しては、逆に、競争を促進させるための介入を国家が行うといった事態が出てきているわけで、わずかな差をめぐって競争を喚起するということで、日本語特性を利用されて操られているのが実態です。このようにして、中央政府は地方のコントロールをする体質が定着しています。

地方行政も企業も今まではこうした日本における特性を利用する形で、中央政府のコントロールを受けやすい体質になっていると言えます。

日本社会は滅私型の競争があちこちにあり、これは欧米ではあまり考えられないことではないかという気がします。事業の継続に差し支えるようなことでも、ついつい競争となると度がすぎる状態になっていくのは困ったことだと思う向きも多いと思います。しかし、ここで談合に向かわせるのが良いのか、あるいはこれを禁止するのか、競争を持続する形の中で知恵を出すようにすることが良いのかは、考えものです。進め方次第で、日本の人はいくらでも知恵を出すのではないかと思うにつけ、相変わらずの国の短絡発想に辟易というところです。

(3)　受け身の日本人とメディアの現状維持に向けた加担

テレビ社会

日本人は、相手の対応を見て自分のスタンスを決めていくという点で、テレビは、日本人にマッチした格好のメディアであると言えます。テレビを見ていると、自分が、相手に対するスタンスを固める前に、対応策まで示してくれるので、対応策を自分で考えるという局面を省略できてしまうからです。また、一般的には、受け取るだけで対応をしなくてもすむ、ということで、情報が得られて、しかも自分の側でどうするかという対応を省略できるので、コミュニケーションとしては、日本人にたいへんフィットした媒体であると言えると思います。

しかし、受け身であるからといって、これに安住するありようは、実社会の変化に目を瞑ることにつながっているという面もあります。また、テレビメディアは政治的に偏向した情報を提供し、これで目くらましさせる動きもあるので、十分この点の認識が必要になります。

最近は専門家と称して、自分の主張を述べる大勢のキャスターが、事件が起きた時や、様々な政治状況について意見を述べる立場で、テレビ出演をしています。それだけなら良いのですが、明らかに、政治的に特定の人たちの主張を受け、代弁することを使命としている人たちも出てきているのが実態です。日本人の特性に鑑みて、こうした人の活動は実際には中立的な意見ではなく、日本社会の視聴者の判断を特定方向に誘導しているのが実態で、本人の自覚の有無に関わらず、マイナスを助長していくケースが多いように、私は感じています。そこには実質的な客観性は感じられません。裏のスポンサーの言い分を受けなければ、事後の取材に支障をきたすということかもしれませんが、こうした対応の仕方は、事実上いつの間にか代弁者になってしまっているからです。局側が、こうした状態を持続していることは、そうなることを黙認しているわけで、局サイドも裏の意図を含んでいると勘ぐられても仕方ありません。日本社会で、こうした情報がもたらす弊害の自覚がない、あるいは承知の上で無視しているのは困ったものです。

特定の利害代理人と思しき人物が、専門家としてテレビ等に出しゃばることは、なんとしても避ける必要があります。受け身になりがちな日本人の中に、客観評価を欠いた身内重視型の発想を植えつけないように仕組みを作っていってもらいたいものです。こうしたキャスターは、広告費のいらない広告塔に過ぎないので、これに委ねる側は、一石二鳥と考えているのかもしれませんが、そうしたやり方は、視聴者に見えないように、機能する洗脳機関であり、最も卑劣なやり方であると考えます。最近の状況を見ると、戦前の日本を誤らせたと同じような動きをマスコミが取っているようにも見え、体質が変わっていないと感じています。

日本人はITを活用できないのか

ITの世界は本質的な部分はわからないので、言われたまま受け入れてしまうが、子育てや次世代育成といったことについては自分の経験で主張し、考え方の統一を目指すことは簡単ではありません。こうしたことから、子育てについては百家争鳴でまとまらない一方、ITの世界では、新たなことが生じると、常に規制の対象としてみてしまう傾向が出ています。現代社会の情報化の現状から、日本社会では思いもよらない問題が生じてきているのは、マスコミで日常的に見ている通りです。

以前まだ公務員として勤務していたころ、上司であった某副知事から「ハッカーというのはいいやつで、問題なのはクラッカーというらしいじゃないか」、ということを言われてびっくりしました。岩波新書からの引用だったようですが、情報システム関係で仕事をしていた私はそんなものも読んでいませんでした。

クラッカーというのは、悪意を持ってネットワークを通じて他人のパソコンやシステムに進入し、自己の利益のために犯罪を犯すもの、それに対してハッカーは純粋にネットワークの弱点を確認し、陰に陽に警告をするためにネットワークに侵入するもの、といったようなことであったかと思います（正確な定義ではありませんが……）。

ソフトウェア、ウィニーを開発した人が容疑者として逮捕された時、このニュースに接して、非常に残念な気がしていました。住民基本台帳ネットワークシステムのセキュリティ問題が、さんざん議論され、その結果として大金を使いながら使い物にならないガチガチのシステムを作り、多くの人の気持ちからネットワーク、さらには情報システムへの期待がしぼんでいきましたが、この事件でさらに日本ではネットワーク時代への対応が遅れ、ネット、イコール危険なものという意識が定着するだろうと思ったからです。ウィルスといったことばが使われているため、アナロジーに過ぎないのに私たちの意識になおさら危険な印象を与えているところもあります。

ウィニーの問題は、開発者が、悪用される危険性があることを知りながら、そこに対処するまでのソフトとして仕上げなかったことに問題があります。そこまでにすることは、なかなか難しかったのに違いありませんから、手っ取り早く使い始めてしまったのでしょう。

それにしても、このウィニーというソフトの作成者を、ウィルスソフトを作り拡散させたという嫌疑で逮捕してしまうという事件（このかたは結局最高裁まで行って無罪が確定しましたね、その後、間もなくこの方は亡くなってしまっています。）や、また、有料放送を不正なプログラムを作って視聴し、また、ソフトをインターネットに公開したということで、17歳の人が逮捕されることになったという事案は、こうした異能ともいうべき才能を活かす方向に誘導できず、また日本社会は摘んでしまったという思いでニュースを見ました。

かつての無駄金遣いの住民基本台帳システムや、これから犯罪の温床となることが予想されるマイナンバー制度みたいなものが問題でなくて、こうした優れた能力を持つ若者をうまく育てる方法を見出せない日本は、まだ、供給力優先型社会の真っ只中におり、需要者優先のＩＴ分野の主導権をとることはまず困難と見ています。（2016. 6. 10）

かつて、ハッカー対策は、ハッカーにやらせるのが一番よいという考えを実践しているところがあるという話を聞いたことがあります。セキュリティの強いシステムに侵入を試みさせ、入り込めたときには、その人に対策をとらせるというのは、かなり理にかなったことです。そうした能力を持った人たちを犯罪者として糾弾するだけでは、ネットワーク社会では愉快犯をはびこらせる結果になるだけで、ネットワーク社会の進展もありませんし、実際の危険も増大していくことになります。かつて毎日新聞の社説で、「複写機で本や雑誌など著作物をコピーしたと場合、複写機のメーカーが著作権侵害を手助けしたとして罪に問われることがあるのだろうか、殺人犯が使った刃物をつくった人が殺人ほう助になるのか、といった疑問が示された」、とありますが、問題は他の方へ流れていって、情報社会の進展に関わる問題からどんどんずれていってしまいました。今一度ネットワーク社会の進展がもたらす価値と課題について再考する必要があるのではないかと思っているところです。

ネットワーク技術に限らず、情報技術全般は、得意の人と不得意の人の力量の差は5倍、10倍といったところではなく、１００倍、あるいはもっと大きなものにもなるというのが、今までに抱いている認識です。情報技術能力の高い人の成果があって、私たちは何とか乗り遅れないように活用させてもらっているので、私たちには、こうなったらいいなというこちら側のニーズを示すことによって、そうした人たちがよいものを作っていくための動機づけを与えるという役割があるのではないかと思っています。能力のある人のやる気を押さえ込んでしまうようでは、情報社会は遠のいていくだけです。

たくさんのモノを量産し、出来るだけ高い価格で売りつけビジネスを拡大していった20世紀型の社会システムから、21世紀は、人々の相互のコミュニケーションネットワークの拡大を通して、利便性の拡大と併せて豊かな人と人との関係を作り出す時代であると認識しています。ある部分では、20世紀型のビジネスシステムのコンセプトの転換をしなくてはなりません。皆豊かになって、生活が出来るようになっていけばいいのであって、たくさん儲けることが価値であるような発想から転換できる時代になったのですから、そのような視点で、情報技術を見てもらいたいものだと思います。

インターネット技術は、まだまだ先が見えないほどの可能性を持っていると思っています。従来作られてきた価格システムに対する破壊力は強力です。情報技術の活用を進めるための人的な仕組み、またあるべき社会意識というものを改めて考えていく必要があるように感じているところです。(2009. 10. 2他)

ＩＴ産業はどうしたら産業をリードすることができるようになるのか

現在において成長産業とみなされるのは、ＩＴ産業、あるいはＩＣＴ関連産業という点ではみなさんの意見は一致するのではないかと思います。

この分野は、まだまだ先の見えないくらいの広がりを展望できると思っています。

前に、ＩＴ関連産業に21世紀型産業が多いと申し上げましたが、そこでも述べた通り、この事業は、ユーザーオリエンティド産業として位置付けられる点に特徴があります。

つまり、需要者の要望に応えることを最大の使命とし、その取り組みの結果として企業の成長が進んでいくというタイプであると再定義できるかと思います。徹底的に需要者側の要望にどう応えるかを考えている企業が、赤字赤字と言われ続けながらいつの間にか巨大企業に成長しています。

ところで、この分野での日本の産業としては存在感があまり大きいようには見えない、と述べてきました。（※**「なぜ、日本のＩＴは遅れをとったか」をご覧ください**）

このことを考えてみると、日本のＩＴ企業は、相変わらずものづくりを進めれば成長するという感覚で、企業活動をしている、つまり、供給力優先型企業のままでいるということではないかと思います。組織内ボトムからの企画提案を前提としているだけでは、ＩＴの活用にあまり期待を持つことはできません。これでは、満ち足りた世界で生活している需要者の要望を満たすことはできません。ＩＴ分野は先の見えないくらいの展望を持っているのに、それを活用できない日本の現状は、成長に貢献することはできないままです。（2016. 8. 14）

なぜ、日本のＩＴは遅れをとったか

いま、私が自宅で使っているパソコンやスマホはアップル、文書関係は今のところoffice、メールや検索はグーグル、商品購入は、メーカー等のホームページで内容を確認した上でアマゾン、ホームページ作成ソフトはjim-do（最近はデザインに優れているソフトとしてwix）……ＮＰＯ関係で、ビジネスソフトとしてセールスフォースを使おうとしたりということで、まず、日本のメーカーのソフトは出てきません。なお、今のところ私はfacebookとtwitterはやっていません（２０１７年に入って、社会的経済の進展・普及に効果を期待して、facebookに登録しましたが、まだ目指す目的に対して使い勝手をうまく把握することができません）。

なぜ、日本のＩＴはこれら分野で世界の中で遅れをとっているのか、伍していけるソフトを提供出来ないのか、専門の方が、皆様大勢いらっしゃるところですが、敢えて、私なりに考えるところを少し申し述べてみたいと思います。

まず、何よりも大きいのは、メーカーはもとよりユーザー組織のトップにおいて、ＩＴへの感度の悪さということが言えます。私は、役所に在職中の経験の中で、トップが自ら展開していく意図を持たない組織では、ＩＴはいろいろとある技術のうちの一つに過ぎず、技術的な必要があるときだけ使えばよいという理解しか持っていないということでした。このことからトップが戦略的に使う構図を自ら描くことをしない中でこれを使うときは、ほぼ、金の無駄遣いになるという認識を持ちました。もっとはっきりと申し上げると、トップ自らが、具体的、戦略的に使う目的をはっきりと描けないときには、ＩＴは使ってはいけない、とまで思い至っておりました。

現に、時代の流れだということで大々的に進められたe-Japanの取組みは、一時的に日本の大手ＩＴ企業に大規模な補助金を出すという、壮大な金の無駄遣いをして終わりという結果となりました。トップに、（政治的な意図は別として）これを日本再生の最重要の道具として多分野で活用しようという戦略的発想は全くありませんでした。

日本では、ＩＴをほんとうに必要と考えるトップは非常に少なく、また、なくて済んでしまう組織構造を持っている（ボトムアップ構造）というのが、今まで何度か私が申し上げてきたことです。

その典型として、ある首長が、「私のところには、（決裁に際して）紙一枚持って来ればいいんだよ」といったことばに端的に表されています。要するにボトムアップの稟議書が、途中の中間過程でもまれて修正を重ね、推敲を経た最終案文が一枚来れば、トップとして必要なことの判断はするんだよ、ということです。ここでは、ＩＴは必要ではなく、ましてＩＴのシステムの質を判断する意図などはどこにもありません。まずもって、ボトムアップ社会としての日本では、トップとしての判断形成にＩＴはあまり必要のないことなのです。

次に、トップがそうした感覚ですから、ＩＴ人材育成に力を入れない結果になります。トップが対外戦略を練る上でのもっとも有効かつ可能性のあるツールとしてＩＴを考えるという認識がなく、携わる人たちを技術者として捉えていますから、技術者養成レベルでの措置に止まります。つまり、処遇もそこまでの話です。特に役所では、事務職に比べて技術職は比較劣位に位置づけられていますから、技術者として位置づけられたＩＴ技術者は、特定分野に止めおかれる形となります。従って、彼らが組織内にＩＴの浸透を図ろうとするときには、彼らは上層部を甘いことばでまるめ込むしかありません。

システムを作るということは、システムとして想定する範囲の総体を捉えて、構築に向けて現状の改革を行いシステムとして新たに作っていくわけですから、全容の掌握なくして最適のシステムづくりは出来ません。システムのフレームが大きくなればなるほど、全体を掌握したシステムエンジニアが中核をなしてシステムづくりをしていかなければ、使い物になるものを作ることが出来ません。こうした点で、日本社会でのＩＴ普及は、最初から課題を宿しています。いわゆる「タテ社会」は全体をシステムとして捉える上で、大きな見えない障害を抱えているからです。システムとして捉えて外部からの分析がしにくい、一方、超えなければいけないタテ割り組織間の仕組みの分析にも困難があるからです。全体システムを構築するのは大きな困難を抱えていると言って良いと思います。

例えば、アマゾンのシステム。（多分私は一部機能しか使っていませんが。）それでも、流通関係との連携（郵便局、ヤマト運輸や佐川急便等との幅広い連携が当たり前のように組まれています）、出版界、古書店との連携がこれほどはっきりと見える形でシステムのフレームに含まれているのには驚かされます。配送の案内や、また、（こちらとしては面倒くさくて仕方がないのですが。）１件ごとの評価システムの組み込み、それらを統計的に利用者サイドに示しつつ類似品の案内もきちっとやるという仕組みをみると、ユーザー志向のシステムとして当初から設計、開発されたことがうかがわれます。何よりもアマゾンが全体責任をもっていることを感じ取れる内容となっており、また、安心感を利用者に与えるものとなっています。徹底したユーザー志向でシステムを作り、それを自らの最終利益に結びつけることがＩＴの世界でのやり方であるように思います。これは、21世紀型企業と私たちが呼んできたもののように思えます。

この仕組みを日本の企業でどこか作れるところがあるだろうかと考えると、思いつくものは何もありません。金儲けをしたいという願望ばかりが目立つしくみづくりで、ユーザーのためにという発想を感じ取れるものはありません。私は、ＩＴ技術はまだまだ計り知れない発展可能性を持っていると思っているのですが、日本では、これを進める可能性を持っている企業というところで思いつくところは全くありません。

これらのことからつらつら考えていくと、ＩＴは、トップのためのツールであるという理解をするのが正しいように思います。トップの戦略的発想を実現するツールなので、戦略的発想の不得意なボトムアップ社会の日本では、ＩＴの本格的活用というのは非常に難しく、まして、そうしたことまで包み込んだ人材養成は、とても思いが及んでいかないということだと思います。本来であれば、組織のトップが、システムのプロであるべき時代に入ってきているということです。

さらに、３つ目ですが、日本ではシステムの正当な評価を行える体制がありません。これは、小保方問題に見られるように、システム業界に限らず日本のあらゆる分野について言えることなのですが、身内びいきが蔓延し、客観評価を行える仕組みが非常に弱体です。この原因について私は日本語の特質にあると考えております。海外の諸国では、ロジカルな評価は左脳で行うわけですが、日本では、左脳は理と情とが一体となっているので、客観評価が困難な構造を持っているということではないかと思っています。様々な新しい研究、開発も一度海外に出して、海外の目で評価が定まると初めて日本でも評価されるというケースがむしろ普通なのではないかと思います。海外信仰もありますが海外諸国では左脳に位置付けられた論理のみに基づいた評価を行なっているからです。日本では、ノーベル賞学者について、身近なごく少数の人の評価を除けば、ノーベル賞受賞が決まって初めて日本の中で評価が定まるといったことが普通です。

日本におけるシステムは、従って十全の信頼をおいてシステムを利用するということがはばかられる面があります。社内システムの援用といったシステムがやたらと多いのは、新たに開発したシステムが、ほんとうに有効性があるかどうかの判断が出来ないものであることが多く、現実に使われてきたシステムなら一応安心と言った話でしかありません。これは、逆に言えば、タテ社会であるために、一般システムを開発する視点から、タテ組織の精緻な仕組みになじむシステムを構築する（使いものになるシステムを構築する）のは、なかなか難しいということを意味していると思います。システムづくりは、システム化を図ろうとする領域の全体の把握が前提となるからです。

さてそこで、こうした状況を打破して日本のＩＴの再生を図られていく可能性があるのかどうかということですが、日本が、ＩＴで主導権を握るチャンスはある時期には存在していたと思っています。

国際展開を視座においてＩＴに取り組んでいれば、そのチャンスはかなり大きかったのではないかと考えています。

日本語表現と、アルファベット表現の間で、パソコンはやたら面倒な仕組みを組み込まなくてはならなかった実情が日本にはありました。これが遅れをとった原因と考えている人も多いと思います。

私は逆に、これが日本が国際的にリードしていけるチャンスであったと思っています。コード変換という形で対応するしかなかったときに（日本語のかな、カナ、漢字「プラス」英字の世界ですが）、この技術は、国際的にも非常に有効な手法として一般化出来たのではないかと思います。

何よりも、中国です。現在どのような変換技術を中国語の世界で組み込んでいるのかわかりませんが、当時、中国を視野に入れてコード変換技術を組み込んだ仕組みを売り込めたら、最大のマーケットを取込みつつ国際社会の中でリードすることが出来たのではないかと思っているところです。（実際、そのようなチャンスがあったのかどうかは、私の思い過ごしかも知れませんので、詳しくご存知の方はぜひお教えください。少なくとも、ワードプロセッサーが華やかであった30年~40年前にそのような発想を実現する土壌がなければならなかったと思っています。）

しかし、当時、業界をリードしていたNECは、そのようなことは考えもしなかったようです。国内のシェア拡大、確保しか頭になかったのではないでしょうか。結果的には、DOSV機に組み込まれてアメリカが主導して進んでいってしまった、というのがわたしの理解ですが、事情をご存知の方がいらっしゃいましたら、ぜひお教えいただきたいと思います。（これは私の妄念のたぐいですので……。）

結局日本のIT企業のいくつかは、パソコンの分野からの撤退を余儀なくされるまでになってきています。その後のIT分野での動きからパソコンは全般に斜陽化してきているのは確かですが、その場合でも、先を読み、戦略を構築することで、先導して新たな分野への展開を進めることが出来た筈です。

国際化を念頭に置くということは、客観性が常に求められることになり、日本人の好きな身内重視、お手盛り型の開発ということでは進めることが出来ませんので、非常に有効な方向ということになると思います。

ITに関する能力は感覚的ではありますが、先に述べたように100倍程度の個人差があるというのが、役所時代の私の認識でした。最近は、子どもたちも小さい頃からITへの接触の機会が増えているので、若い人たちの能力は相当高まってきていると思いますが、そうした人たちのIT能力を高めていくためには、機械で遊ぶことと並行して、幅広いシステム感覚の養成をしていく必要があります。機械に強いということではなく、対象としているものをシステムとして捉え、これをインターネット時代にふさわしい形に変えていく能力が問われています。また、そうした人たちの活動の場を大いに拓いていく必要があります。お金のあるところでは、そうした人たちが自由に発想し、社会のシステムとつながるところで最適システムを考える環境を用意するぐらいのことをしなければ、まず、新たな展開にはつながらないでしょう。つまり、組織内のバトルを勝ち抜いてトップを目指す現在の日本の企業システムから、社会的にユーザーの願望を実現するために何をするかという視点に立ち、システムの再構成の出来るＩＴプロを育てることが求められます。すなわち、ＩＴプロを育てるということは、トップを育てることなのだというくらいのパラダイム転換を図るのでなければ、まずいというのが私の考えです。

特定分野の中でオンザジョブで人材を育成していっても、そのような戦略性を持った人材は育ちません。組織風土自体を変えていくことが必要であり、終身雇用型の仕組みに大きくメスを入れるとか、年功型の給与体系の抜本見直し、外部人材（外国人という意味ではありません）を内部組織と調和出来る形で積極登用するといったことで、人材の育ちかたをイメージして組織のかたちを転換していかなければならないと思います。

何よりも、ＩＴはトータルシステムの再構築をする技術であるという共通認識のもと、鳥瞰する幅広い領域の情報共有と再構築の視点の確立をしていかなくてはならないと考えます。（こうしたことは、昔からシステム開発の視点としては何ら変わることがないので、いまさらの感もありますが、実はこの環境が日本ではなかなか一般的な視点として成り立ってきていないということを言いたいわけです。）（2016.6.21）

マイナンバーって何？……これから訪れるＩＴ社会の危機、日本は果たして活用しきれるのか

一時期、上戸彩さんがでているＣＭで、マイナンバーなるものが取り上げられていました。このＣＭの提供者が誰なのかよくわかりませんでした。

マイナンバーって一体何なのでしょうか。言わずと知れた、昔、国民総背番号制と言われていたものの別名です。

「一人に1つマイナンバー」、ソフトに表現されているこのＣＭは、広告会社と役所の連携のもと、かつてのイメージを巧妙に払拭し、国民の抵抗心を除きながら、スムーズに導入を図っていきたいとする気持ちが、ＣＭの訳のわからない表現につながっていたという気がしていま

す。

国民総背番号制について、これがきちんと活用されるのであれば、悪だというふうには私は考えません。しかし、このわけのわからないCMは明らかに悪です。官僚の見え透いた心根がこのCMに集約されていると考えます。政府が取り仕切るCMであるならば、「どういう目的に使われ、どういう目的には使わない」ということをきちんと今から国民に示す必要があります。そして国民にとってどういうメリットがあり、導入に際してどこに問題があるかをきちんと提示する必要があります。さらにこれによって行政事務がどれだけ人の削減に結びついたかの説明も納得いく形で示されなくてはいけません。その結果、国民の側にどれだけ還元されたかということです。それをしないでイメージだけを示して内容の提示をしないことは、昔からの「由らしむべし知らしむべからず」あるいは、明治維新の「えーじゃないか」の動きを作り出したやり口と変わるところがありません。極端に言えば、国民のあずかり知らぬところでシステムを組み込むようにしてしまえば、あとはどうにでもなるという発想のように思えます。

これを利用しようとする企業や組織は、すでに淡々と対策を取っていると思います。1日、2日で導入できるものではなく、システムとして様々な分野に組み込まれていかなくてはならず、導入に際してシステムの再構築が求められるので、それ自体も大変なエネルギーを求められるものですし、将来、社会システム全般にかかる大きな変化をもたらすものになることは間違いありません。

しかし、このようなCMで見ている限り、このままいけば、理解が深まらないままずるずると実態が進められていくために、オレオレ詐欺などのターゲットとなっていく危険性はなくなりません。もちろん政府の側でこうしたことに対する対策も考えていると思いますが、役人の頭で考えることには限界があります。もっと国民的な議論の中で、悪用を防ぐ対策を皆が考えるべきところに来ているように思います。それこそ、社会意識としてコンセンサスが求められる世界なのです。

役人の頭が切り替わっていないこと、もともとITに関する認識が非常に弱い役人が、全体状況を透視してシステムとしての導入をしていくことは難しいことです。それがこのような形で出てきたということは、これからの社会の姿を考えたとき、危惧を感じないわけにはいきません。

現実にこのシステム再構築にそれぞれの立場で関わっている方も、企業や多くの団体等も含めて大勢いらっしゃるのではないかと思いますが、これは意味のない危惧でしょうか。

今の社会では、様々な事象がタテ割りの行政運営では進まない状態に来ていて、それを打開するヨコ割型の仕組みを組み込んでいかなくてはいけない時代になっています。その一環としての共通番号制の導入であるはずです。そして、そのことによって国民にとって真の利便性の向上が何であるのかを、明確にしなくてはいけないと思います。役所の中で利便性が高まることが目標ではなく、私たちが社会生活を営む上で利便性が大きく向上するのでなければ、ほんとうの利便性向上とは言えないと思います。

住民基本台帳ネットワークシステムでは、システム自体もお粗末でしたが、高い金を使って（また今でも使い続けて）、何のための導入かわからないようなシステムを作り出しました。役所が勝手に作り出すシステムでは同じことが再現される可能性があります。

住民基本台帳ネットワークシステムに比べて少し前進しているのは、データは分散管理としているのですが、これはネットワーク社会の前提にすぎません。今の仕組みづくりには、どこかでアメリカのＩＴ企業あたりが関わっている可能性もあるかも知れないと思います。何れにしても、まだ、データ整備段階ですから、動きは表に出ていませんが、データが整い活用が本格的に始まるようになれば、このまとまったデータベースからのデータ流出の起きる可能性が出てきます。人が持ち出すケースの方が一般的には大きいのですが、ネットワークにつながれている限り、ハッキングの可能性はなくなりません。政府の利用したい対象はある程度はっきりしているでしょうが、システムは人間の想定した範囲で作られるので、システムの抜け穴を発見する人が出てくれば、別の人による別の活用が出てくることは避けられません。どこまでそうしたことを勘案しているかわかりませんが、冒頭に書いたようなことをメディアを通じてやっている程度では、全面的に信頼することはまずできないというのが私の認識です。（2015. 3. 26）

(4) 幼保一元化……将来の社会を担う若者を初めから分断するつもりか

就学前教育として幼稚園教育がスタートしたのち、労働力不足に伴って、女性の職場進出を促進する動きが強まり、こどもを預ける必要が拡大したことから、保育園のニーズが著しく高まりました。

ところで、現在の日本社会の子育て環境について目を向けてみると、核家族化が一般化し、家族の中での子育てが中心となるに伴い、欧米型との子育て観の分裂があったほか、環境変化に伴う日本的な問題が表面化しました。

このような課題が出ている中で、子どもたちに取っても、さらに非常に不幸な状況が生まれています。

だいたい、幼稚園、保育園という形で、基本コンセプトも違う形のものが、国の別々の組織が主導する形で生き残っています。こうしたことが、子育てに関する日本の社会意識の分裂を定着させる役割を果たしているように思えます。

そろそろ幼保一元化の可能、不可能という議論を超えて、社会が子どもたちの未来をどのように考えるか、整理された社会意識の醸成が求められているように思います。

幼稚園、保育園を自由に選べるか

幼稚園、保育園で、それぞれの内容に即して違う形があること自体は、現況としては認めなくてはなりません。多様な子育ちの選択が出来るようにすることは自体は確かに大事な側面であろうと思います。しかし、現在の日本の中で、各家庭が自由にその形を選んでいける状況にはなく、それぞれの家庭でやむにやまれず選択して行かざるを得ない中で、実態として幼稚園から保育園へのシフトが進む状況が生まれているというのが実情です。ゆとりのある家庭では、まだ幼いときは子供に寄り添って子育てをし、一定年齢になってから幼稚園を選べるけれど、母親も仕事をしなければならない状況へ追い詰められている家庭では、保育園で何とか預かってもらいたい、ということで大きなシフトが起きているのが現実です。これが子育ての現況です。

幼稚園と保育園のあるべき姿がどこにあるのか、さらに詰めなければなりませんが、明治になって、ヨーロッパの教育システムが導入される過程の中で、幼稚園という形が生まれ、そこで就学前教育が行われるようになったけれど、段々それでは間に合わない状況、「保育に欠ける」子どもたちが多く出てくるに至って、保育園という形も成立したのではないかと考えます。

そのこと自体は問題はないのですが、現時点において、国における所管は、幼稚園行政は文部科学省、保育行政は厚生労働省、という形、地方では前者は教育委員会、後者は福祉部局ということで、行政の姿が完全に分かれてしまっていることは、日本社会として子供たちがどのように育ってもらいたいかという考え方を持っていないと言っても良い状況だということです。

基本的な子育ての中での理念は同じとしながらも、実際の業務に携わる人の資格も異なっていますし、行政としての支援の中身もタテ割りの組織の力関係などで一人歩きをするようになって、共通であるはずの子育てへの考え方は見えなくなり、戻りようのない違いを産むようになっているのが現状ではないかと思います。これは、かつての武士の子育てと庶民の子育ての違いと同じなどと言っていられるでしょうか。役所の組織というのは元々そういうものなのです。まして、さまざまな支援メニューがついて回るようになると、この違いは、たいへん顕著なものとなってきます。果ては、3歳とか4歳とかになると、保育園から幼稚園へ変わるなどということも出てきて、定員に満たないとか、逆に待機児童が出るとかいったことが一般化しているように、家庭では本来考えなくてもよいはずの負荷を背負わされてしまっています。そうした現在の課題に即して、1つの解決策として、制度の枠である幼保一元化という考え方が生まれているということは確かでしょう。

しかし、この辺でもう一度原点に立ち返って、就学前児童について社会としてどのような形で関わっていくのがよいかを考え、あるべき形を検討する必要があるのではないでしょうか。形の上での幼保一元化ではなく、子育てのあり方について、もう一度考えてみる必要が極めて大きいと考えるところです。その上で、国家が教育内容を強制するのではなく、家庭の思いにしたがって子育ての出来る多様な環境を確保していくことが大事であると考える次第です。

その場合の基本となるあり方が、「いかにすれば子どもの自発性が最大限発揮できるようになるか」、ということであると思っています。それは前にも申し上げたように、子どもの自由にさせればいいということではなく、活力ある社会をつくる上で、これからの日本では「自発性」が死命を制する重要な要素であると考えています。今までの「兵士を育てる教育」から大転換をしていく必要があると考えているものです。常に相手を見据え、みずから考え、判断し、そしてこれにみずからのエネルギーを注ぎ込むような経験の構造を作っていくしかないので、そのために妨げとなる、制度の壁を突き崩していかなくてはならない、と考えているところです。(2010. 6. 21)

(5) このまま続けられるか　年功序列給与、終身雇用

年功序列給与

終身雇用制とそれに伴う年功序列給与は、セットのように言われて来ておりますが、この制度そのものは、日本人の中に潜む意識に深く根ざして作られています。仕事へのなじみが増していくに従って、熟練度が増し給与をアップするのは合理性がある考え方として受け入れられてきまし

た。

一般的には製造業での必要が大きかったと言われていますが、この方式は、民間給与に連動するやり方の取られた役所にも導入されて法律、条例できっちりと決まっていることも述べました。役所の場合、公正なかたちで仕事を進めるためには、適正な給与の支給が必要ということで、かつては、毎年人事院勧告をベースに自治体でも給与勧告が出されて給与改定がなされ、国民としても特に異論はなかったのではないかと思います。

また、若いうちは、給与は低くてもそのエネルギーを存分に発揮してもらい、結婚、子育て、教育等の必要が生ずる年齢となっていくに伴って給与をアップしていく仕組みは、実際の生活の面でも、「能力に応じて働き、必要に応じて受け取る」という、納得性を与えるものであったと言える面もあるかと思います。

しかし、現在は、事情がだいぶ異なってきています。製造業のウエイトはだんだんと落ちてきて、三次産業のウエイトが大きくなりました。この世界では、熟練度が最重要ということはなく、従って、終身雇用という必要性はなくなり、現に短期間での転職が目につくようになりました。加えて製造業でも、成熟社会を迎えて、国内的には作れば売れる状態とは言えなくなってきたため、コスト削減による利益確保が欠かせないこととなり、制度の変更を踏まえて雇用形態も大きく変質し、非正規雇用のウエイトが高くなってきています。

年功序列給与の制度を崩すには、きわめて単純な、仕組みを導入すれば済みます。というよりは、制度の一部を止めれば済むことです。つまり、生産性アップを反映したベースアップの仕組みを残して、定期昇給の仕組みを廃止すれば済むことです（もちろん、これを発端として、仕組みは大きく変わっていくことになるわけですが……）。

企業のことは余り承知をしていないので、教えていただきたいと思いますが、定期昇給をなくすということは、一般的には給料表というものの形態が変わるということで、仕事の質に即して細かな給料や手当の設定をするということで、これを実現していれば、必然的に成果主義に移行することになります。

この年功序列給与の制度に守られて、役所は仕事をしなくてもよほど世渡りがまずくない限り毎年定期昇給をしていくので、現在のような豊かな社会になった今では、社会全体の中で役所の仕事の効率が著しく落ちてきているわけです。現在は、終身雇用制度は崩れたといわれておりますが、国、地方を問わず、役所は、法律や条例で定めて、がんじがらめの仕組みとなって制度維持されているのが実態です。

私も、この組織の中で生活をしてきて、この年功序列給与、終身雇用制度の良い点というのはよく分かりました。あるポストまでいくと、どんなに優秀な人でも、若いというだけで無能な私の言うことを聞かなくてはいけない制度であるということです。優秀な人間を、こき使うのは快感です。こちらの思う以上に仕事が進むことを意味しますから……。そのときだけは、制度がその状態を作りだしているだけなのだということを忘れてしまって、自分がよほど優秀であると錯覚してしまうことになります。これがこの仕組みの持つ魔術みたいなものです。

ですが、歳をとって退職した後には現実に引き戻されます。優秀な部下が順当にあがっていくのを側から見るのは嬉しいことですが、全く優秀でなかった部下も、やはり、高いポストにどんどんあがっていくのを側から見る羽目になるわけです。やってきた仕事が終身雇用制度というものの持つ、時間に支配されていただけなのだ、ということを否応なしに突きつけられるわけで、自分の力の程度をそこで実感させられることになります。

もう1つの課題は、組織の要請として緊急的に高い能力を持ち、またその職に適性のある人材を求めても、年功序列で進めている限り、そのポストに就ける適齢期の人材が限られているということです。そのとき、そのポストにふさわしいクラスに到達していなければ、いかに優れた能力を持っていても、ポストにつけられない、あと数年すれば可能だが今は無理、逆に、ほんとうはあの人が良かったがもう歳を取りすぎて、その任には当てられない、といったことが日常茶飯事で出てきます。

さて、この終身雇用制度、年功序列給与から、現代に適合した雇用システムとしてはどのようにしていけば変わるのか、お知恵がありましたらお教えください。特に役所でこのシステムが続く限り、日本の21世紀はどのように描いても明るい展望は出てこないのですが、どのようにお考えでしょうか。（2008. 9. 23）

低い給与だけが残った

かつて欧米では中年より若者の失業がはるかに多く、大きな社会問題になっているというニュースを聞く機会が多く、日本では新規学卒の若者が珍重され、中高年の方が疎まれているのに不思議だなと思っておりました。

当時、日本社会ではまだ終身雇用が当たり前のこととされ、年功序列型昇進・給与の体系が出来ていて、やる気に満ちた初々しい若者を求める気運がたいへん強いものがありました。賞味期限のとっくに切れた高給取りの中高年をお払い箱にして若者を採用すれば、職場の雰囲気も活気を増して、組織の活力を増大させるという認識が当たり前でした。

近年、ここに大きな変化が生まれました。１つは少子高齢化が急速に進行してきたということ、もう１つは、日本特有の終身雇用制が徐々に崩壊してきたということがあげられます。日本社会はいまや、かつての欧米と似た状況になろうとしている気配があります。

少子高齢化の問題ですが、産業活動の高度化に伴う労働力不足を解消するため、女性の労働力の活用が進んで来たこと、家族構成員の関心が子育てから消費生活の享受へと向かい、子育てや家族の長期的な繁栄への関心が薄れたこと等、産業化に伴って生まれた変化によって、少子化が進みました。その必然的な結果としても高齢化がもたらされました。

産業の高度化を目指して採られた政策の結果として、従来から続いてきた慣性がどのようにマイナスの副次効果を産むかを考えて、これに対する対策を講じなければならなかったところです。先進諸国でも少子高齢化の道を歩むところが多くなり、これに対する対策も講じられようとしています。少子化の進展により日本ではいまや相対的に、また絶対的にも少なくなってきた若者の、層としての発信力・声を挙げる力が大きく削がれるようになってきました。団塊世代のように、その存在自体で圧力を感じさせる事態が生まれることは、考えにくい時代になっています。

一方、製造業からサービス産業への移行という産業構造の変化は、産業界として終身雇用制へのニーズを大きく減じていくようになりました。製造業の技術レベルを高く維持する必要から終身雇用制によって個人の経験・ノウハウの散逸を防ぐ方式が採られてきて、これが成功したと思います。しかし、サービス業のウエイトが高まるのに伴いそうした個人のノウハウ等に執着する必要性が薄れてきました。

しかしながら、いまでも新卒者を採る日本的雇用が慣性として続いていて、若者の求人倍率は常に問題になっています。熟練が求められる程度が製造業に比べて大きく減ったというような要因もありますが、就職しても直ぐ辞める状況がうまれ、定職に就かないフリーターが一般化する事態が生まれました。若い人も中高年も、雇用という点では状況的には変わりがなくなって来ている感があります。

こうした若者の数が減少する事態になっているに環境の変化の中でも、終身雇用の動きは薄まったものの、慣性として確実に残っているのが年功序列型給与で、若者というだけで給与が低いのが当たり前という意識です。若者の採用への意欲が昔と同じようにあるのであれば、経済原則からすれば、数が少なくなれば、給与を上げて対応するという形がどんどん進んでもおかしくなかったはずです。しかしながら現実は、年功序列型給与の感覚が抜けず、いつまで経っても上がらない若者の給与ということになり、若者の生活感覚に重くのしかかってきています。終身雇用は少なくなってきているのに、年功序列給与が継続するという状態では、短い就業期間で職を変える若者は、新しい職に就いてもまた年功給で、低い給与からスタートすることになり、低い給与だけが継続していくことになります。私たちの意識の中で、仕事が変われば低い給与から始めるのは当たり前という、年功給与の発想がこびりついているのも事実です。

いまや、終身雇用を前提とした定期昇給は、その制度自体の崩壊に伴って明確性を失いました。いまでも確実に残っているのは役所や大組織といったところになってきているのではないかと思います。

いつまで経っても低い給与に甘んじなければならない状態から、負のスパイラルが作られ、若者の結婚や子育てに大きく影響し、少子化、ひいては高齢化をさらに促進させるということにつながっていることは間違いありません。もちろん、アジアの途上国の給与ベースが低いということで、これに引っ張られて日本の若者の給与の低位安定ともたらしている側面もありますが、それが総てではなく、年功序列型給与システムの慣行がもたらしている面も大きいと思っているところです。

終身雇用制度から決別するのであれば、年功序列給与体系についてもきちんと見直して、若い人でも専門能力や優秀な資質を勘案して、高い給与へのチャレンジも可能な形へと転換を考えなければいけません。

これからの社会の給与の仕組みのあり方について抜本的に練り直す時期になっているのではないかと思います。そしてまた、このことは、職業に関する教育システムの見直しも必要ということを意味します。組織内での人材育成のゆとりがなくなっているとしたら、外部の人材養成専門機関と連携し、欲しい人材を育成するための講師派遣を行う、といった仕組みを組み込むようなことも考えなければいけません。一般的に、日本の人材養成機関は、それ自体年功序列型で運用されている面が大きく、企業や、様々な専門機関の人材養成に踏み込んだ形は取りにくいのが実態であると思います。大学の寄付講座の変形パターンを、作ることはできないでしょうか。

なお、付言しますと、役所の年功序列型給与体系は、今後ともなかなか崩れることもないまま継続していくことが予想されます。国、地方を通じ役所の中では、誰１人として条例で守られている給与体系をおかしいと思っている人がいないからです。しかし、時代が変わってきていることを考えれば、こうした状況をそのまま続けているために、公務員バッシングは今後とも絶えることなく続いていくのだろうと考えているところです。（2010．1．11）

(6)　タテ割り・ボトムアップ社会で、いかにして「社会意識」を作るか

ボトムアップ社会の悲劇

日本社会は典型的なボトムアップ社会であることについては、前から何度も申し上げました。

ボトムアップの特徴は、１人１人のエネルギーの累積として社会の活動が進められていくので、そのエネルギーの累積量は非常に大きく、高度経済成長の時期にはこれが日本社会に大きな活力を産み、経済の成長を皆で支えて大きく発展を遂げることとなりました。他の国が、なぜ日本のようにならないのか皆不思議に思ったのではないでしょうか。

社会意識ということばを私はよく使いますが、自分が頑張れば豊かになれるという社会意識が浸透している中で、よく働き、またその成果を得て一億総中流となっていきました。バブル直前まで、自分たちの未来が今のようになると想像した人はあまりいなかったのではないでしょうか。

組織の中でのボトムアップを、プラスイメージの言い方で、私は「全員企画」の組織と名付けました。担当者は、自分のアイデアを企画案としてまとめ、そして決済を仰ぎ、新しい分野への進出を果たしていく……。自分の出した案が実現するならば、それがやりがいであり、組織で生きる証しでもあると思います。

ボトムアップを活性化する仕組みの１つとして、タテ割組織の中での上下の交流の場の設定があります。いわゆるアフターファイブの交流の場であり、また、無礼講の全員による飲み会などが行われています。通常は、上下の関係で縛られているのですが、こうした場ではお互いの関係をフラットとして、日頃伝えられないことを話すこともできます。コミュニケーションに際して相手に気を使わなくて良い環境というのは、相手を忖度することが欠かせないボトムアップのルールを離れて、全員企画の形を一時的に作り出します。そして、こうした交流の場の設定などなくても、常に全員企画型の活動が活性を持つように組織が運営されることは１つの理想です。

しかし、ここでは、このボトムアップの構造がこれから

の日本社会の進行方向を見定めていくにあたって、足を引っ張る要因になってきているということを述べたいと思います。

現在の日本の経済の状態には将来展望を抱くことがあまり出来ません。豊かになった経済の中で、構造的な転換をして新たな成長戦略を描かなくてはならないときに、ボトムアップは最も対応することが難しい構造だからです。大きな方向転換をするということは、場合によるとたいへんなお金がかかります。既存の事業にかけているお金を新しい方向に向けるには、その決め方の仕組み自体を変えないことには出来ません。しかし、お金の出し方を決める構造がボトムアップなのに、大きな方向転換をしようというのがもともと無理なのです。秩序志向が強くなり、作られた秩序から、新たな変化を作り出すことが難しいのがボトムアップ社会の特徴でもあります。

端的に言うと、例えば現在の役所の予算の仕組みに見ることができます。ボトムアップの構造の中では、大きな変更の案は出し切れないため、既存の予算を少しずつ削る方式をとります。しかし全体の予算が足りない状況ですから、新しい構造転換を進める予算はゼロ査定になり、結局全体がじり貧の予算が決まっていきます。これを打ち破り、新しい方向を打ち出していくためには、ボトムアップで生まれてきている新しい方向を総て認め、それに見合う既存の事業を総て削るというぐらいの大技を使う必要があります。そのためには、予算の決め方の仕組み自体の変更をしなければ、不可能です。しかし、そこまでの舵取りをするということは、未知の方向を歩み出すことであり、ボトムアップを活用しながら、同時に新たな方向への転換を進めることは、まず出来ないのではないでしょうか。

これが、今、私たちが直面しているボトムアップ社会の悲劇といったものに他なりません。

これは1例ですが、その他にも、保険の勧誘システムとか、新聞の勧誘システム、あるいは化粧品の購入サークルのように、原点となる加入者や、購読者、会員を集めるためのボトムの仕組みを運用している業態もあります。需要喚起をボトムに委ねて、いくばくかの資金提供でカバーしようとするこの仕組みは、ボトムアップ社会の必然のように思われがちですが、今となってはあまり効率的な仕組みではなくなっているように見えてなりません。様々な局面で、ボトムアップの乗り越えられない悩みの中で苦しんでいるのが私たちの状況です。供給システムの側（供給したいものの内容）がおかしくなっているのに、需要喚起をすればそれで済むというやり方自体が問題なのです。

時の流れに身を任せていたら状況は悪くなるだけなの

で、私たち自身が抱える特質をいかにしてプラスに変えていくことが出来るか、そろそろ考え、そして行動しなければならないのではないでしょうか。なおかつボトムアップを活用しつつ……。（2009. 8. 26）

社会意識になれば変わることは容易

日本社会はボトムアップであり、そのタテの構造が整っています。こうした構造を持つ社会では横の繋がりを作るのには大変な困難が伴います。連携をするためには、共通の強い絆となる考え方や思いを抱かなければ自分の関わるタテ社会から出ることは、普通はしないからです。

しかし、大きな問題が起きて、皆同じ情報を共有する段になると、タテの構造の枠は破れ、共通の意識を共有するまでになります。最も一般的なのは、（好ましいことではありませんが）、大きな災害が起きた時に、情報の共有は一挙に広がります。その中で、人々の行動が促され、事態の改善に動いていく、こうしたことは今までなんども見てきています。

阪神淡路大震災の時に、支援に向かう人たちの協働する行動は目覚ましいものでした。ただ、こうした突然訪れた不条理に対する人々の行動は、その課題が終息するに伴い、一定の繋がりを残しつつ、元のタテ社会に戻っていきます。なかなかこうした不幸な問題が起きないと人々の横の繋がりを作り、維持していくことは日本ではなかなか難しいのが実情です。

阪神淡路大震災の時には、人々のボランタリーな活動の重要性が認識された結果として、ＮＰＯ法（特定非営利活動促進法）の制定にも結びつきました。

社会が不安定化し、それが、タテ割り社会を超えて広がりを見せる時があります。歴史的には、戦国時代の始まりの時期、下剋上と言われる風潮が高まりましたが、状況への危機意識が大きな高まりを見せ、タテ割り社会を打ち破るエネルギーがまさった時であったと思います。雰囲気を再現することは到底できませんが、明治維新を迎える時期もある程度は同じような状況があったのではないかと思います。

不条理に直面した時の横の繋がりをということだけでなく、社会の仕組みを改善していくためには、付和雷同型（ソトにいるため詳細不明で、ただ同調するだけのもの）で状況に合わせるということではなく、一人一人の判断の中で、横の繋がりを作っていくことは必要なことでもあると思っています。何らかの目標に即して、横の強い繋がりが作られた時、これを「社会意識になった」と表現したいと思っています。社会意識になることによって、日本社会は一挙に社会変革へと進む可能性を手にします。いわゆるボトムアップの構造の中では、さまざまな過程を通してタテの中での意思決定をしていくのですが、これには一般的にはたいへんな時間がかかります。しかし、社会意識を作っていくためにはさらなる時間がかかり、むしろその形成自体が出来ないということがふつうです。

常々思っておりますことは、日本社会では社会意識にならなければ、本質的な構造転換は起きていかないということで、国民の中にある一部の考え方の範囲でしか、変化は起きないのではないか、ということです。そして、タテ社会の構造が安定するほど、その構造は持続性を持ち、同時に変化になじまなくなるということが言えると思います。江戸時代のような安定構造をイメージしていただいても良いかもしれません。

しかしこう言ってしまうと、真に変化が求められる時代になっているのに、変えることはほとんど不可能、ということになってしまいかねません。ただ、人間というのはいつでも先に希望を持って生きている存在ですから、希望を失わない限り、展望はあると思っています。多くの人々が状況を共有し、現状を変えなくてはと判断すれば、一気に社会構造の転換は起きると思います。どんな力も国民の間で共有された社会意識を覆すことはできないからです。国民が自覚すれば変わるわけです。少なくとも限られた党派性から脱して、協力の体制を作り出すはずです。先の展望を考えれば、今からその準備をしていくべき時であると思っています。

ここで、社会意識形成の巧妙な事例を1つ上げておきたいと思います。

起きている過去回帰（日本会議……社会意識づくりは過去に帰ることで実現する）

社会の閉塞状況が進んだ時に、打開するための方向としては、過去回帰です。日本人にとっては、共通意識を作りやすい対象は、経験をしてきた過去に戻ることが有効のようです。

過ぎ去った昔の回顧は確かに同意を得やすいのですが、未来のあるべき日本の姿についての同意を得るように努めてもこれはなかなか困難です。従って、回想の世界で理想化された過去に立ち戻って民族の誇りを皆で取り戻そうとする動きにはなんとなく可能性があるように見えるので、意識の共有をしていくようになります。こうしたものは個人を萎縮させるだけであり、これからの日本にはふさわしいものではありませんが、経験した過去は望ましい未来として映るようです。ほんとうは、過去回帰は、自らの今に自信を持てないことの裏返しでしかないのですが……。

実際、ヨコにつながることの重要性を認識して巧妙に実践しているのが日本会議です。過去のみが共通認識を持てる世界との認識のもと、今の乱れを正すのは過去に戻ることであると考えていることがうかがわれます。

「日本会議の研究」

菅野完氏の「日本会議の研究」をkindleで読みました。第2次の安倍内閣の時の自民党閣僚は、概ね、日本会議のメンバーということで、「日本会議」内閣といっても良いのではないかということが目につきました。

後半の部分では、籠池さんの幼稚園と、稲田さんの話が同じところに出てきています。このところで書かれている意味合いは若干不明のところもありますが……。

この団体の発祥は谷口雅春さんの生長の家にあるようで、その時からすると40年以上の歴史があるということであったかと思います。生長の家は今から20年あまり前に組織的には解体して、現在の生長の家は左翼系の組織となって再生し、日本会議とは関係がないようですが、日本会議はその後に生まれたいくつかの組織を統合する形で作られたようです。元の生長の家の組織の主要メンバーがこちらに移って、活動展開をしてきて現在に至っているということのようです。元は、60年安保闘争や、70年安保闘争の時の左翼への対抗として始まった部分もある感じですが、今に至るまで継続しているのは、左翼の組織論のある部分を組み込んで、進めているという面もあるようです。

構成メンバーとしては宗教界の団体がかなり関わっているということで、緩やかではあるが、左翼組織論を一部組み込んだことで、実務的部分は非常にしっかりしていて、このため、様々な活動がきちんと進められているという感じです。

読んでいての印象ですが、いわゆる草の根組織活動から全国ベースの活動まで繋いでいるということで、宗教的感情を潜ませながら、いわばボトムアップの積み上げを図っているにも関わらずタテ割り組織を超えて活動が継続しているのは、過去にあった日本人の共通意識構造に即しているためであると感じました。マッチしているから、しめやかに多くの人を巻き込んで活動を進めていくことができているというわけです。ただ、組織的に特に巨大という感じでもないので、その方法論が巧みで様々な課題を乗り越えてきているということのようです。

この日本会議は、安倍さんを政治リーダーに据えるという判断をして、現に安倍さんがポストについているわけですが、なぜ安倍さんかという点については、きちんとして分析は見なかったように思います。あるいは、安倍さんのスタンスが日本会議の方向性に一番マッチしているということかもしれません。そして現在衆参両議会のの議員の3分の2以上を抱えることになった組織の長ですから、うまく会議の方針と政権の考え方とのすり合わせをすることが大事と思っているようで、極めて的確に日本会議側から政権のパブリシティについての示唆が出されている感がありますす。そしてまた、今までマスコミ等で見られる相互の関係・振舞からすると、小池百合子さんもメンバーの一人になっているのではないかと推測されます。

さて、読んだ後の感想ですが、いろいろと示唆を受けることがありました。

タテ割り型の日本社会の中で、ゆるいながら全国的な横のネットワークを作って、その活動を途切れなく進めているということは、強い関心を抱かせます。

そこで自己流に、なぜそうなのかを考えて見ました。1つは、宗教的な色彩がかなり強いということがあると思います。これは、創価学会が母体となって公明党を生み出したように、日本人の意識にマッチする部分があるために、すんなりと組織に馴染んでいって違和感がないということがあるのだろうと思います。いわば、日本人の中で誰もがある程度抱いている宗教観、無意識のうちの「社会意識」のようなものができているためではないかということです。ついでに言えば、神道系日本会議のメンバーが多い自民党と、日蓮宗系の創価学会に発する公明党という、2つの宗教色を内包した政党が連携している政権が現在の日本の政府の姿です。

このことは逆に言うと、過去から今までに私たちの中で作られてきたものへの共通意識、「社会意識」だということだと思います。人々の日々の生活の中では、タテ志向が支配しているために、地域や環境によって、なかなか広範な共通の意識、「社会意識」というものは生まれにくいと思いますが、過去に経験した事項の中で、夢を与えてくれたものについては、現在においても共通の基盤となって、ここを統合のベースとしていけば、比較的まとまりが得やすいのではないでしょうか。現在の乱れた社会の状況を見ていると昔は理想社会に見える、これを共通基盤とした意識を形作ることは、それほど難しいことではない、……経験してきた世界でありますから……。

塚本幼稚園での教育姿勢、そしてこれから作ろうとしていた小学校は、そうしたことを若い人たちに教え込むための、珍しい一貫した装置で、日本会議の人たちの希望の星だったのではないでしょうか。

過去への共通意識ということで考えますと、アベノミクスもまた、過去への郷愁にベースを置く手法であると思えてきます。栄光の高度経済成長時代を今一度という人々の共通した意識が、今に至るまでアベノミクスを蔓延らせていると言って良いと思います。従来型の成長の考え方に慣れている企業人は、本当にアベノミクスを信じているかどうかは別として、共通の意識の中にあるので、この方向の動きに連動しているような行動を取っています。（海外の先進国では今なお少しずつ成長を続けているのに、日本ではここ４半世紀にわたって経済成長は止まったままになっているのは、この過去回帰のアベノミクス的考え方に託してしまっているからですが・・。）

江戸時代末期、明治維新の時期に日本社会で回帰して行ったのは、「尊王攘夷」でした。結果的にこれは、未来に関わる「攘夷」はいつの間にか忘れ去り、「尊皇」部分だけが実現していくことになりましたが、このスローガンは、まさしく共通意識として過去への回帰を標榜しています。

こうしたことから、導かれる推論があります。

一度歩んだ道を歩み直すことであれば、多くの人が賛同しやすく共通の社会意識も生まれやすく、連携も達成しやすいが、時代が大きく転換した時となると、新たな道を探し、そこに立ち向かうことは全く得意ではないのではないかということです。

私は、「夢はるか」のサブタイトルで「未踏の時代」と書きましたが、この未踏の時代へのチャレンジは、日本では合意を作ることからして、なかなか難しいということです。過去へ戻ることは、皆比較的納得しやすいが、新しい仕組みへのチャレンジということは、安心できるイメージがないために極めて難しいということです。少なくとも新しいことについては、直ちに多くの人の賛同を得てことを進めることができるというような期待は、あまり抱かない方が良いということでしょうか。（2017. 03. 19）

トカゲの尻尾切り

籠池さんが、「トカゲの尻尾切り」だと、何度も不満を言っているのですが、これは、政権側や、大阪府に対する不満、あるいは役所が、問題が表面化した途端に手のひらを返したように対応してきていることに対するもの、と理解されているところですが、この「日本会議の研究」を読んでみると、ちょっと違った考え方が生まれます。おそらく、日本会議は、この問題が自分たちの目指す考え方まで波及することを避けるために、早い時点で籠池さんとの関係を切る判断をしてこれを実行したのです。日本会議にとって籠池さんは自分たちと同じ志を持つもので、希望の星であったが、これだけ問題が大きく表面化してしまった今となっては、自分たちのイデオロギーにまでマイナスをもたらす可能性があるとして、これを避け、このことが表面化する前に「関係を断つ」という方法で切り捨てたということではないかということです。

このようにしてみると、この籠池さんの不満は、ある意味で日本会議にも向けられたものであったのではないかと感じさせます。

この日本会議のスタンス（森友学園との関係を否定する方針）は、おそらく、首相をはじめとした日本会議関係者にきちんと明確な形で伝わったと推察されます。この結果として、それまで応援していた人や団体も一斉に、関係を否定するようになったということです。この辺の組織的な統制力が優れているということが日本会議の特質と考えられます。今回のトラブルは日本会議にとっては、関係が明らかになれば自らの目指す道筋に汚点がついてマイナスなので、表面化してその思想自体を問われる前に、これを切り捨てる判断を直ちに行ったということだろうと思います。2月末ごろの日本会議側の判断は衆人から見えないところで行われている、断固たる判断と考えて良いと思います。何よりもこうした判断をし、それをしめやかに徹底させていく仕組みがあるということが、驚異です。

稲田さんは忠実な日本会議の信者であるため、よもや自分の嘘がバレることなど考えもせずに関係を否定したと推測されます。国会で攻められた際、この日本会議の方針に忠実に従った答弁をして、籠池さんの側から関係のあった証拠を示されて謝罪を余儀なくされるような状況に立ち至ったということになります。

また、安倍さんも妻の関わりを否定仕切れない中で、あえて思い切った発言をしていることにも、その片鱗がうかがわれます。断固否定しきるというやり方は、日本国民が物事の認識する形を踏まえた上の、日本会議流の優れた説得（調伏）手法と言えると思います。とにかく日本会議の根本理念を侵食されたら困るわけですから、その手前でことを処理したいのです。

たまたま覗いた「谷口雅春先生を学ぶ会」という日本会議の関連団体の1つのホームページにおいても、

「「谷口雅春先生を学ぶ会」と「森友学園」（籠池ご夫妻）とは関係ありません「生長の家」創始者・谷口雅春先生を学ぶ会」

平成29年3月2日

といった「緊急のお知らせ」なるメッセージがわざわざ掲載されています。この日付の前に方針が出されていると推測するところです。

こうした見方は、籠池さんが、この「日本会議の研究」の著者と長時間にわたる面談を行ったということから推定したものです。なぜ、敵方とも言える菅野完さんを面談者として選んだのか、どうしてここまで血迷ったかというような感じですが、籠池さんとしては、日本会議がいとも簡単にトカゲの尻尾切りをしたことに対して、対応策を一緒に考えてもらえそうな人物として、日本会議の実態を知り、的確に受け止めをしてくれそうで反対側にいる人物と話をすることにより、愚痴を聞いてもらえ、かつ打開策を発見できるかもしれないと考えたということではないかと思います。そういう意味で、籠池さんもなかなかしたたかな方であります。少なくともバックには日本会議があるんだよと知らせたかった面もあるのではないか、という気がします。（2017. 3.20）

第3部　日本社会の未来

第6章　社会的経済でつくる未来

(1)　どこに向かうのか、日本社会

20世紀型の社会から21世紀型社会に転換するために

日本の20世紀は規模の経済を目指す時代で、大規模生産を目標とし、国民全体に商品の提供ができる状態にまで持っていった時代と捉えることができます。この生産体制を作り出したのが、資本主義的生産体制というもので、日本においては、この生産体制はちょうどバブル崩壊の起きた20世紀末に転換点を迎えたと言って良いと思います。したがって、この生産体制を20世紀型生産体制と言い換えても良いのではないかと思います。この生産体制は、永遠に続く構造としてみるべきものではないと考えます。しかし、大量生産で人々の基礎需要を満たしましたが、現在は相変わらずこの流れが続いています。この大規模化を目指す生産体制、拡大再生産を目指す体制は、今や自己目的化しています。日本社会は特にこの傾向に大きく染まっており、先を見ることができなくなっているように思えます。

かつての植民地主義から帝国主義への流れは、最も大きな要素として考えられるのは、資源調達をめぐっての世界の調略であると、考えることもできるのではないかと思います。すなわち、資源の供給体制の確保という点に主眼があったのではないかと思います。まだ先進国も拡大再生産にしのぎを削っていればよく、そのために、国家を挙げて資源獲得に走った要素が大きいと言えます。

そして、この拡大再生産は自己目的化して永久に拡大再生産を続けなければならないということが企業の中に定着していきました。現在は、資源調達というよりは、供給先（需要）の拡大と生産コスト削減という2つの目的を持って、企業の世界進出、グローバル化が進んでいると言えるのではないかと思います。

19世紀から20世紀の企業の世界進出、現在、21世紀の世界進出、その何れもが、資本主義の拡大再生産という自己目的化された宿命の中で進められていることに変わりはありません。

しかし、よく考えてみると、現在開発途上国でも、自国の経済成長をめぐって国々の間でしのぎを削っている状態であり、よほど拙劣な政策を取らない限り、いずれ時間の問題でそれらの国も成熟社会に達するであろうことは、容易に想像出来ます。開発途上国がすべて、経済開発を通じて豊かになったとしたら、需要限界に到達し、さらなる拡大再生産は続けられない時代が来るのは、間違いないところです。

それでも、グローバル企業の自己目的化された拡大再生産の営みは、このまま行けばさらに続いていくことになると思います。その際のターゲットの１つが「社会的経済」領域であり、また、潤沢となった資本による金融支配であると言って良いと思います。社会的経済領域であっても、手中に収められるものがあれば、全ての利益を吸い尽くすまで進む可能性があります。

そして、それが究極のところに行き着くと、この経済のシステムは、突然再起不能な形で崩壊する可能性が出て来ると思います。これは、恰も人間の体に巣食うガン細胞が体を蝕み、蝕み、そして人間を破壊し、死に至る。その時初めてがん細胞も死滅する、と言ったことと同じではないかと思います。今の仕組みを是認するなら、行き着くところは社会的経済の崩壊であると同時に、人間社会の死ということになります。需要＞供給となったところで立ち止まり、社会の今までの仕組みを見直さなければならないのです。欲望が無限大に拡大していくものであるという幻想を捨て、人間社会のあるべき豊かさに回帰していかなくてはいけない時代に入りつつあると思うのです。生きるためには、もうそんなにさまざまなものはいらない。現状を維持できる循環システムの構築に、目を向ける時代となっているのです。

今は、基礎的需要は満たされているのですが、しかしこれを手にできない人もいるのが実情です。こうした状況に対してどのような展望を持つことができるでしょうか。

何よりも、あまねく人々が基礎的需要を享受できるようにすることが第一です。

そして、基礎的な需要を超える部分は、人々、それぞれ自分にふさわしい生き方の中で選びとっていけることが大事です。

現在の経済システムは、巨大な供給体制のもとで、さらに拡大の方向を目指すために、必要性のあまりない製品を作り出し、消費意欲を掻き立てています。しかし、このため、家の中はごみ屋敷化し、あまりに多くのものを摂取する生活の中で、体調に異変を生じ、また、そのためにサプリメントを摂るという具合に必要のないもののために、生活のリズムを大きく損なう事態に至っています。なんでも作れば良い時代ではなくなっているのです。こうした生産体制で今生み出されているのは、壮大な無駄、社会資源としては計り知れない無駄を作り出していると言って良いと思います。こうした無駄の実態を明らかにし、それとともに、無駄のない仕組みとはどういうものか、そのときの社会の在りようを検討し、新しい姿を作り出していかなくてはなりません。なければないで十分済ませることができるのに、資本主義的生産体制は果てしなく作り続けることしか、システムとして持っていません。社会全体としていかに無駄のない構造を構築するか、そして本当に必要なものを提供する、そのためのシステムの見直しをする、これが21世紀に実現すべきテーマであると言って良いと思います。

もちろん、今までの資本主義的生産体制の中で作られた、経済循環の考え方は、無視することができません。高度な経済システムとなった現在にあっては、経済循環に崩れが生じた場合、人々の生活をほぼ破壊する事態を生み出すことは、はっきりしています。経済循環を維持しながら、私たちの生活の質を考え、最も好ましい姿を展望し、これに向かって歩みを進めなければなりません。社会システムとして無駄のない仕組みづくりのためには、20世紀型生産と消費の構造の転換、基礎的構造を今一度見直し、望ましい社会に向けて一歩ずつ進んでいかなくてはなりません。いわゆる資本主義的拡大再生産システムを最終到達目標として考える必要はなく、日本社会にふさわしい社会システムを考えていけばいいのです。今まさに、そうしたことが可能なところまできていると考えて良いのではないかと思います。

利益を上げることが自己目的化した社会からの転換を、意識して進めていかなくてはなりません。その結果として定常社会になるか、新たな成長社会となるかが見えてくるのであって、初めから定常社会を目標とする必要はありません。

では、どのようにすれば大きな破壊をもたらすことなく、新たな経済循環に進むことができるのでしょうか。

日本では、タテ割りの構造が定着するに伴い、社会的な安定度は高まると同時に、変化を作り出す力が弱まる傾向があります。ボトムアップでタテの構造の中でことを進めるわけですが、安定しているときは、非常に円滑に機能しますが、外部社会との関係で、問題が起きる状況となると、このタテ割り、ボトムアップの構造はマイナス面が大きく出てきます。社会的には、1つの組織だけで完結しているわけではなく、他の無数のタテ割り組織と併存しているわけですから、相互関係がうまく調整できなくなった時には、このタテ割りを乗り越えられないことが、大きな危機を生み出すことにもなります。これは、国際関係に至るまで同様のことが言えると考えています。

タテ型の構造を常に活性化させるためには、これからは巨大組織化に必ずしもこだわる必要はないと考えます。実際に、日本社会では中小企業のウエイトが非常に大きいのは、むしろ日本社会の特質であるボトムアップ組織における活性化のための必要から来ていると理解したほうが良いように思います。そして無数に小さな集団がある社会を動かす原動力は、さまざまなネットワークであり、徹底してこの活用を図っていくことだと考えます。これからは、今まで以上に中小組織の時代になります。そしてまた、それぞれが生活している地域で、ある程度完結した有為の活動が、それぞれの組織や地域でできるようになることが望まれます。

現在の状況の中では、社会の変化を抑圧しているボトムアップの仕組みですが、考え方を変えるなら、ボトムアップを活性化させることは難しいことではないと考えます。日本社会では「全員企画」が人々のミッション感覚を呼び覚ますような形で展開させることを考えればいいのです。そしてボトムアップによりさらなる活性が保たれる形を作れば、大きな展望が生まれてくると考えられます。インターネット技術をこのため最大限活用する仕組みを構築すると良いと思います。ITは、このための有効な手段として活用できると思っています。どのような仕組みが望ましいかということさえ決まれば、大体のシステムは構築できると考えて良いと思います。

安定した横の連携をビルトインし、常に変化に対応していける形にすることが、今求められていると考えます。

また、若い人たちのエネルギーを最大限発揮できるような仕組みが大事なのではないかと思います。年功序列型システムから転換し、若い人たちのエネルギーを開放する必要があります。また、感性を持った人たちを引きこもりに引きずり込んでいる仕組みを、どうしたら転換できるか知恵の発揮が求められます。変革を支えるのは、いつの時代でも若者です。新たな適応の仕組みを生み出す柔軟さを持った、若い力です。

(2) 資源の有限性　メンテナンス社会へ

始まっている模索

現代社会で、裾野の広い産業として、住宅産業や自動車産業が言われ続けてきましたが、これらが裾野となる膨大な部品産業を取引先として抱えているためにリーディング産業として今なお評価されている面があるようです。

人口減少社会に入ってきて、住宅が余る状況が出てきて久しいのに、まだまだマンション等の建築が盛んです。住宅産業は将来の日本社会の展望をもっと持つ必要があるように思います。そうした住宅づくりを進めている人々は、人口減社会の行き着くところをどのように考えているのでしょうか。今までは公共事業が役所の大きなウエイトを占めてきたこともあり、全般に、請負う側の労働者のウエイトも高く、転職がなかなか難しい面があるかもしれませんが、転身の方向を明らかにする必要があります。

自動車産業も、技術革新が進んで、いよいよ自動走行、自動ブレーキのシステムの展望が広がってきています。電気自動車はすでに実現しています。しかし、これらの産業の量的拡大は、もう先が見えてきているようにも窺えます。今まで産業界をリードしてきた実態からくる既得権に乗った形で、従来型の生産を継続しているのではないでしょうか。

１９７５年に始まった長洲政権では、公共施設について、新たなものを作るのではなく、徹底して既存施設のソフトも含めた再整備に取り組みました。病院、福祉施設、職業訓練施設など、それぞれ長期計画を作って更新に取り組みました。

また、別件ですが、私の父親が勤めていたゼネコンでは、その後、新規の建築からさらにリテール分野の開拓ということで、修繕や、改築の会社を立ち上げて久しくなります。いわゆる「メンテナンス社会」を展望しているのです。

テレビ広告で見ますと、最近は高速道路のメンテナンス事業も本格的に始まろうとしているようです。

資源有限時代のグラントデザインを

途上国の生産体制が確立していくに伴い、資源の争奪等も進んでいますが、同時に、資源の有限性が表面化してきています。大方の途上国が成熟状態に達した時、海外展開の意味合いもまた変わっていくことにならざるを得ません。

一方では、様々な制約条件がある中で、いかにしてこの制約条件を緩和し、なくしていけるかを考える必要があります。資本主義的生産様式にもとづいてミクロ効率を優先し、優れた企業はいくらでもその活動を広げていっても良いとする考え方でいくと、結果的には、現代は貧富の格差がどんどん拡大していくだけ、ということがかなり見えてきました。そして、事業拡大の方向として、今まで社会的経済団体の事業領域とされていた領域に対しても、そこに利益の取れるタネがあると見ると、企業活動として参入を図るようになり、行政とも結びついて、社会全般を支配するようになって行くと思われます。そのようになった時、社会は非常に不安定になって行くと思います。ここには貧富の差拡大の要素が潜んでいるからです。

人々の意識を大きく転換する必要があるのです。そして、人々が等しく豊かになる社会とはどういうものとなるかをイメージするとともに、これをを共有して行く必要があるのです。

全体システムを捉えて、一方では資源の無駄を出来るだけ省き、その効率化を考え、他方では、できるだけ人々が経済システムから得るものが等しく豊かになるように、仕組みを再構築する、これに成功しない限り、今の日本社会の、失われた時間は取り戻すことはできないと考えます。

ここで提起したいのは、社会全般の現状から、「メンテナンス社会」という認識を持つこと、そのツールとしてのＩＴ活用等があり、また政治行政の対応としてもこの認識のもとに、活動を進めるべきであり、そのツールの１つがマニフェストと考えたいと思います。

日本の住宅地における道路は、多くのところでパッチワークになっていますね。このため、年寄り（私）がキャリーバッグ（手車）を引いて歩いていると、その接ぎを当てたところで突然車の音が代わり、騒音の激しさに辟易することが多々あります。

家を建てたり、立て直したりするのは個人の自由とあって、その度にライフラインとの接続のため道路が掘り返されます。こうした形は、柔軟性のある共同溝のような仕組みが導入されない限り、今後ともなくならないことのように思います。しかし、共同溝はどう見積もっても高くて、普通のところではとても手が出せません。

もう50年近く前に初めて役所に入ったころ、同僚で先輩にあたる人が話していたことが今でも記憶に残っています。「役所の予算というものでは、そのときに出来る範囲で出来ることを行えばいいので、また、いずれ再整備が必要になれば、そのときはそのときの予算の範囲で出来ることを行うことにすればいい。」

債務負担行為という手法により、何年かにわたり継続して仕事を行うことが出来るのはもちろんですが、債務負担行為のケースも含めて、そのときに導入可能な予算の範囲で仕事をすればいい、ということに変わりはありません。これでは共同溝は永久に出来る見込はありません。

よく考えてみると、これは資源が無限にあり、また経済が限りなく高い成長と続けるという前提の高度経済成長期の発想そのものと言って良いと思います。

我が家で妻が日頃言っている口癖があります。「安物を買うほど金持ちじゃない」・・・ほんとうはこれでだまされているような気もしますが……安いからといって買いあさるのは、結果的に金を浪費するだけで、直ぐまた別のものを欲しがるようになるということで、結局金を持っているからといってたくさん無駄に使うようになる、という格言みたいなものでしょうか。要するに、値段が高ければ高いほど計画性を持って、今後を見定めて買い物を決めていかないと無駄遣いはなくならないし、また結果的にじり貧の状況はどんどん進んでいくということだと思います。

資源が限られた状況の中では、全体を見る中から将来を考え選択をしていく目がなくてはなりません。

メンテナンス社会化：新しいものを作る時代ではなく、今あるものを持続的に使う知恵を発揮する社会とする。日本は、昔からこうしたことは得意だったはずですね。

小サイクル化：これを進めるということは、例えば農業の大規模化を推進する関連事業費は落とすということです。そこまで割り切ることは農業政策の基本的転換であり、なかなか難しいでしょうね。

市民活動の活性化～市民に出来ることは市民活動の力で～：市民が参加精神に基づき公共を担う社会に切り替える。行政への参加ではなく自らが公共を担うということです。市民活動サイドで出来ることはいくらでもあります。

技術革新を支える科学技術政策の推進：長期的に見た成長の支えは、これからはここにしかありません。

教育システムの転換：人材育成も今までの教育、訓練システムから様変わりしなくてはいけません。役所には変化する時代に合わせた人材育成を自らやる能力はないのではないかと思いますし、人材育成を競う教育の自由化も必要です。限られた資源、特に人材を最大限活用するためには、そのことに見合う、人材育成の自由化が必要です。

このような基準をどこかの部門の個別政策の1つの柱とするのではなく、その部門タテ割りに横串を刺すような形のものとしてイメージして、各部門共通、中長期をにらんで政策を切り分ける基準となるコンセプトへと昇華させていく必要があると思うところです。これをはっきりさせ、国民に示し、社会意識になるまでにしていくことが、国家戦略としても構築すべきことではないかと思うところです。

そして、ボトムアップ社会の活性化は、一人一人の能力の最大限発揮環境を作ること、つまり、可能な限り自由度の高い仕事の体制を作り、一人一人の個人の持つ能力を最大限引き出すような仕組みをビルトインすることにほかなりません。そして、リーダーとなる人は、数十年先の未来を展望して、ボトムアップのエネルギーを活かす方向への示唆を与えることを考えなくてはなりません。

高度経済成長型経済システムからの転換にあたって、私たちがどのようなことをめざすかのグランドデザインを描く時が来ていると考える次第です。そして、そうした基本コンセプトに合致しない政策は、無条件に切り込んでいく覚悟が必要であると思うところです。

この21世紀は、明確に資源有限が認識されてきている時代でありますから、少なくともそうした中で私たちが生きていくこれからの社会を描いていき、その方向へ向けた政策の方向を確定させる作業を、今までに進めておかなければいけないことだったように思います。成長戦略がないなどということではなくて、成長戦略一辺倒からどう抜けだして、希望を持って生きられる社会をどうすれば作り出せるか、どうすればパッチワークばかりでない充実した生活を送ることが出来るようになるかを、見いだすべき時が来ているように思います。（2009. 10. 17）

事業仕分けと構造改革

１９９０年代に入って構造的な改革をどんどん進めなければいけない成熟社会において、役所がやってきたことは、お金がないことを理由に、既存事業は額を切り詰めて温存するけれど、新規事業はほとんど切って予算を組み立てていったということです。構造転換の時期は、古いものをどんどん切って新しい芽を育てなければいけない時期なのに、役所は財政部門を中心に、単純な抑制で切り抜けようとしてきたということです。これを10年も続ければ、どんな組織でも役に立たない組織に変わってしまいます。全国ほとんど総ての自治体でそうやって縮こまって延命を図ってきたのです。マクロ非効率をさらに拡大していったのです。

国自体も同じことをやっていますね。だから、役所はもうミッションをほとんど失ってしまっているということで、そこに頼ったらいけないし、特に自民党政権は、格好はつけていますが本質的には相変わらずその枠内でしか行動できない政党になっているので、この政権も役所と共倒れになるわけです。

国民の側は、そんなことはお見通しで、政治や行政に対する不信が高まっているのはそうした理由によります。満足に知恵を出せない政治や行政が、それぞれ意味のない対立を繰り返していることに幻滅するのは当然のことだと思っています。

組織的には、職員は十分にいるのですが、仕事をしない立場の人（いわゆる中間管理職）が何割かを占めているので、人手不足で、仕事が出来ないように思われているのです（悪いことに、こうした立場の人は、ボトムアップの提案のチェッカーとして、仕事を遅らせることに加担しています）。これを打ち破るには、年功序列制との折り合いをつけなければなりません。進めるためには、戦略が必要になります。どこかで理論的な面も含めてきちっと整理して実施することが出来れば、それを見習って直ぐに大きなうねりになると思います。

役所はまだまだものすごい無駄な仕事をしています。社会的な要請でそうなっているとも言えますが、乗り越える知恵が出せないのですね。現状の組織ではそうした役割のところがないので、誰も自分の役割でないと思って知らんぷりをしているのです。

日本の役所には、戦略を考えるセクションがどこにもないのです。基本的な方向について、アメリカ流の短期指向の戦略論も困りますが、これからは小さな自治体であっても常にトータルな視点から戦略を考える体制と、その戦略を支えることの出来る人材の養成・確保は不可欠だと思います。行政管理部門（リストラ部門ではない）といったところがそうした役割を担うのであり、もう一度そうした体制の再構築が不可欠だろうと思います。

かつて、国レベルで事業仕分けが多くの方々の関心をよぶ中で行われ、賛否両論の話題で盛り上がりました。結果的には、思ったほどの抑制にならず、その面でも賛否両論の論議を巻き起こしました。

元々、事業仕分けなどということの前に、行政改革で十分事業の抑制、無駄の排除が出来ていたはずなのに、自治体も含めて、何故いま頃こうした手法で大々的にやらなければいけなくなったのかということが、まず頭に浮かびます。行政自身が首長の主導のもと、恥を外部にさらしてまで、事業の抑制を図る対応をとるようになったのは何故なのでしょうか。

いままでの行政改革の中で、ぎりぎりのところまで抑制が進んで、もうこれ以上抑制が効かないというところまで来ているところで、さらなる抑制をするには外部の目で見直すしかない、というところに来ているという点が挙げられると思います。まだ無駄なところがあるのではないか、外部の目で見て、役人とは違う視点が出てくるはずだ、ということは確かに言えると思います。

ただ、事業仕分けの発想以上に、土俵を変えるという発想を持つべきだったのではないかと思っています。違った目で見るということは、構造改革期に従来の事業を続けていたのでは、金が余計にかかっていくだけ（従来のものを潰しきれず、新しいものを取り込んでいくと、必然的にばらまき型、大きな予算）になっていってしまいます。ここ20年ぐらいにわたって、こうしたことで国、地方とも借金を膨らませてきたので、そこでこの手法が取り入れられるようになったと考えています。

したがって、外部の目を入れるということは、必然的にいままでの事業のサンセットをしていくということを目的とするものであるという理解をしています。いままで予算化されているものには利害関係者がついていますから、既存事業の利害関係者と、外部にいる一般の人の感覚との対比の中で、事業の必要、不必要を判断していくということになり、新しい事業を取り込んでも予算規模は大きくならないようにしなければいけないということになります。

事業仕分けは、話題提供という点では成功でしたが、予算を切りきれる手法ではなかったという点で、本来の目的に照らしてみますと成功したとはいいがたいというのが実情であったと思います。財政の査定システムは、基本的にボトムアップであり、その仕組みを前提とした場合は、新しい方向への予算を捻出することは極めて難しい話になるからです。

民主党は、かつて高度経済成長期の革新自治体と同じような過ちを繰り返したことになります。革新自治体は、高度経済成長期の中ごろから、顕著に現れ、高度経済成長期が終わるとともに衰退していき、その時代において果たした貢献も忘れられていくようになりました。

高度経済成長期は、税収が上がり、財政も拡大期にあり、その拡大した部分を人々の生活の豊かさを作るために新たな政策を打ち出すことができ、人々の大きな支持を得ました。国家が進めていた政策からはみ出しても、政策を展開する財政的な余裕があったのです。しかし、高度経済成長期が終わると税収減から、直ちに財政的に行き詰まり、新たな政策を展開することができなくなりました。それとともに、革新自治体の長所たる新機軸を打ち出すことができなくなって、衰退し、埋没していったのです。

持続的な経済成長が難しくなった時に、市民生活に寄与する政策を打ち続けるためには、既存事業を見直し、改廃していく以外に、財政的裏付けを確保する手段はあまりないのです。しかし、ボトムアップ型財政システムはこれを可能にしないという特性を持っており、この制度に従う限り限界があります。これを乗り越える考え方が用意されていなかったというのが実態だと思います。

いかに新しい方向を出していこうとしても、そのことを可能にする資金的裏付けがなければ、政策実現の見通しは立ちません。

民主党は今までの拡大再生産を目指すための支援政策、大規模化を目指すための支援政策などを基本的に廃止し、そこで生まれた財源を振り向けていくことで、財源調達をするしかなかったのです。これを実現することを本格的に目指さず、事業仕分けや増税で対応する考え方は、底なし沼に入っていくのと同じで、いくら税金を増やしても足りることはありません。このために、国民から見放されたのです。

そうしたことから考えると、農業基盤整備のための土地改良事業費半減の動きの方が、わかりやすくてはるかに強烈な事業仕分けであったと思います。構造改革期は、こうしたことでしかほんとうの意味での変化は作り出していけないというようにも思っています。その覚悟が政治には求められているのです。(2010. 1. 30)

もっとも、今の自民党政権はさらに問題です。赤字垂れ流し体質は、民主党の生み出したものではなく、1990年代に入って、バブル崩壊後、自民党政権の中で、誤った成長戦略を採用し続けたために形成されてきたものです。そして、官に依存する無責任体制の中で、赤字を拡大し続けているのです。

かつて、革新自治体、そして民主党が乗り越えられなかった制度の壁をそのままに、「地方創生」、「一億総活躍社会」、「働き方改革」といった本質を伴わない改革スローガンのもと、あてもなくさまよっているのが現在の自民党政権です。

(3) なぜ、今マニフェストなのか (2016. 2. 19)

かつての高度経済成長時代には年々の成長に伴って、財政規模は拡大していったので、新しい政策実現のための資金はかなり潤沢にありました。このため、政治家は立候補にあたって、実施したい政策を公約として自由に展開しても実現出来る余地は残されていたと言えます。

しかしながら現在は、低成長、あるいはゼロ成長時代を迎えており、増分主義的な政策の提案は、赤字の積み増しになるだけであり、続けていけば財政破綻をもたらす時代となっています。日本で財政赤字が現状のように積み上がり、プライマリー・バランスの早期実現と言われ続けられながら、毎年赤字の積み増しを続けているのは、バブルが崩壊した１９９０年代以降において、高度経済成長期の延長での政策推進の域から出ていなかったためです。

この状況から脱却するため、政策選択が何にも増してきわめて重要になってきています。あれもこれもではなく、あれかこれか、という選択をしなければならない時代になっているのです。バブル崩壊後、国民の側は、むしろ先見性があって、政権交代をして新たな方向に向かうべしとして、2度にわたって政権交代の場を作り出しました。

財源を示す必要性も高くなっており、不断の構造転換を進めるためには、転換を促進する新規政策が必要ですが、同時に不要政策の撤廃が重要となる時代となりました。

２００３年に三重県知事であった北川正恭氏が提唱したのは、バブルが崩壊して失われた10年を経過する中で、客観的に見れば従来と同じ政治感覚で進めていけば、増分主義がはびこり、財政赤字が積み上がる危機の中でした。こうした状況から抜け出すための方策としてマニフェストの考え方が出てきたもので、その強い必然性があると私は捉えています。

この構造転換を進めるにあたっては、今までのような、知名度が高いから、あるいは人柄や知り合いだからということのみで選ぶというやり方から、政策によって政治家を選ぶという考え方に、私たちの認識をはっきりと転換する必要があるのです。

政策選択の基本的視点

それでは政策選択の基準はどこにおいたらよいのか。この点で、韓国でマニフェストの国内向け翻訳に際して表現したように、市民の側に立って政策選択をするということを明確に認識する必要があります。日本では、「マニフェスト」の訳語として、候補者側の視点に立つ「政権公約」としていますが、韓国では「真の政策選択」、あるいは「真の政策選び」として、政策選択の基準が市民の側にあることを明確にわかるように訳語を定めています。当たり前のことですが、政策選択は政治家が行うのではなく、市民の権利であり、それが選挙権なのです。

日本に導入する際に学んだ先行事例としての欧米のマニフェストは、元々こうした視点のもとに作られているものであり、あえて明示するまでもない当たり前のことです。しかし、日本語訳で「政権公約」という中にももちろんこの含意はあるのですが、訳語そのものは立候補者の視点のニュアンスの強い表現であるため、従来の公約との違いもわかりにくいものとさせています。自民党が「マニフェスト」というのを嫌うのは、マルクスの共産党宣言のように感ずる点があるやに聞いたことがありますが、政権公約と訳したために、従来の公約との違いがわからなくなり、そんなものは重要ではないとした面があるのではないかと思います。

今ここで、「マニフェスト」の政策の選択権は、基本的に市民の側にあるのであって、政治家の側にあるのではないということをはっきりさせる必要があります。市民が政策選択をするということは、より大勢の市民が選択した政策を実行することが、社会の安定につながる結果になるからです。従って、このように考えれば市民がこの政策選択に参加しない手はないと言えましょう。

市民の側で政策選択を可能にするために大事なこと

市民は必ずしも日常的に政治に関与しているわけではないので、政策を見せられても直ちにどれがよいかという判断は難しいものが多いのが実態です。しかしながら、政策選択にあたっては、専門家がわかればいいのではなく一般市民が政策を理解出来なければならないと思います。

このためのルールとして、結果としてどのような社会となっていくことが見込まれるかについて、財政的見地なども含め、わかりやすさ、検証可能性を重視することになります。市民に背景となる情報が適確に示されることが重要であり（情報の公開性）、そこへの市民の関わり方等（市民参加の方途）も示されることが望ましい、ということはこうしたことから出て参ります。いわゆる「公約」と異なる「マニフェスト」の意義はここにあると思っています。

(4) 道具としての情報化

ＩＴの浸透はこのままでは難しい

住民基本台帳ネットワークシステムの失敗は、マイナンバーでさらに拡大すると思われます。また、ＩＴも取り締まれば防げると考える未熟なセキュリティ感覚は、行政における情報に関する無知と初歩的な活用の誤りが目立ちます。これは、ボトムアップ社会の日本では、ＩＴに関する必要性をあまり痛切に感じない状況にあるためです。

あまりＩＴのノウハウを持たない行政が、権力で強制しようとしていますが、抑え込むだけではことは真に浸透していくことはありません。セキュリティへの無知、住民基本台帳ネットワークシステムの無残、こうしたことを見ていると、マイナンバーの未来が透けて見える感じがします。ＩＴについては、基本を習得する場もなく、従って誰もよくわからないので、恥をかかないために発言を回避し、おかしなシステムでもまかり通る結果となっています。

ＩＴはこれからの日本の戦略を磨くツールとして活用できる道具なので、人々が基本をきちんと学べる場や、誰でも理解できる教科書をまず作成すべきです。必要なことがきちんと守られた教科書や講座がないまま、市場に委ねられているので、基本的なことを学べる環境がないというのが実態です。

タテ割り社会に共通の横串を指すツールであるため、誰も自分の領域の問題と認識しいていませんが、あらゆる人に共通のツールであると考える必要があります。そして、ＩＴで、それぞれタテ割り部門の既存システムを作り変えることができるのだ、という認識を持つべきであると思います。

これは日本のシステムを基本から作り変えるものであり、また、実現可能性を秘めたものでもあります。

また、今となっては手遅れと言って良いかもしれませんが、国家的に進めるべきであったのは、全国ベースのWifiネットワークだったのではないかと思っています。どこにいても、どんな山間僻地にいても強力なネットワークにつなげることができる、しかも、利用者側からは低額の定額で、コストはほとんどかからない、こうしたネットワークは、新幹線網を整備するよりはるかに低コストで実現できたはずですし、これとＩＴ教育とがセットで進められれば、地域にいてさまざまな新しい情報を受け、また発信できるようになるので、日本の地域社会の発展の形はおそらく大きく変わり、全く違った展望を持てる状況が生み出されるようになったのではないかと思うところです。

ＩＴで日本はリードできるのか

かつて、まだ役所にいた頃、退職して大学教授となられた先輩から、情報化、あるいは役所の情報システムについて、学生に一度話してくれと言われて出かけて行ったことがあります。もう15年以上前のことと思いますので、何をどのような脈絡で話をしたか、全く忘れてしまいましたが、１つだけ明瞭に記憶に残っていることがあります。

それは、当時、巷で多くの若い人たちもごく普通に使ったり、見たりしていた「２チャンネル」のようなシステムはダメだという話をしたのです。そうしましたら、何が悪いのだという感じで、学生は明らかにブーイングの雰囲気に変わりました。知らないふりをしてその場は終えてしまったのですが、後からもう少しその考え方について説明しなければいけなかったかなと思った次第です。

私が「２チャンネル」を否定するのは、これが匿名の情報発信装置であるからです。本名で書き込みをする人はまず少ないのではないかと思います。電子掲示板ですが、もともとはパソコン通信という閉じられたサークルに入った人たちの情報交換の道具だったものを、インターネット時代になって、誰でも見ることができて、入力できる装置に組み替えた仕組みが「2チャンネル」です。しかし、外枠の基本的な変化にもかかわらず、仕組みは何も変わらない運営がなされました。

膨大なテーマが設定されていて、様々な情報が流れていました。しかし、基本的に匿名です。匿名の情報発信装置は、行き着くところ個人の公式の意見表明や、主張としては認め難い、膨大な愚痴の塊であるというのが私の認識です。そこには私語の羅列があり、ことば遊びのような世界も展開しています。そこでは自らの発言に対する責任が伴うものとしての認識は、どう見ても受け取れるものはありません。もし、これがきちんとした実名による情報発信装置として作られていたなら、一夜にして日本社会を変えるだけのエネルギーがあると言っても良いのではないかと考えていました。ここには、情報というものについて、真剣に向き合う姿勢が存在していないことを示しています。

その後、フェイスブックやブログが出てきて、ブログなどではペンネームはあるにしろ、実名を使う考え方が定着してきました。フェイスブックが社会変革のツールとして機能した事例も見ました。したがって、「2チャンネル」はあまり気にならなくなりましたが、「2チャンネル」の本質的な意味合いは変わっていないと思います。世の中に変化を作り出す影響力を持つものは、発言に自己責任を伴うという自覚のもとに発信される情報や考え方です。匿名で、卑劣な中傷さえ書き込むことのできる装置は、望ましいシステムとはなりえません。

このように考えた時、私たちは、意外と情報発信についての自覚なしに、自分の思いを披瀝し（政治家の失言はだいたいこうしたことから生まれています）、私語であることや匿名を隠れ蓑にして他者の批判をしていることに気付きます。

これからのＩＴの活用の方向として、（自動車産業でも、住宅産業でも徐々に進んでいるかと思いますが）、すべての既存産業分野のＩＴ化をユーザーオリエンティドに切り替えることをポイントにおいて進めるというのが、大きな命題になるのではないかと思います。つまり、既存産業を、使う人の視点に立った産業に構造転換を進めるツールとして、ＩＴを活用するということです。様々な産業全般の再整備・再構築を行うツールとして活用するということになります。ＩＴが無限に近い広がりを持っている意味合いはここにあります。そして、既存産業を見直していく方法論として、ユーザーオリエンティドの仕組みを最大限組み込んでいくということになります。ＩＴを活用したさまざまなサービスの転換、建設業の転換等々、それぞれの業態をユーザー側に立つ形で作り変えていくことができるチャンスがあります。こうした活用の方向転換は、実は日本人の得意とするところでもあると思います。

農業分野の事業でも、そういう意味でたいへん興味を湧かせるものがあります。(2016. 7. 17)

語学力について

２０１６年９月上旬、１週間あまり、カナダのモントリオールに出かけて、Global Social Economy Forum（ＧＳＥＦ）２０１６（国際社会的経済フォーラム２０１６）というフォーラムに参加してきました。２０１３年、韓国で初めて開催されて「ソウル宣言」が採択され、翌２０１４年に第２回が開催されて、今回３回目になります。この間、国内の活動として、有志で「ソウル宣言の会」を立ち上げ（２０１４年６月）ています。

ソウルでの開催の際はあまり感じなかったのですが、モントリオールでの開催に際して、日本の人が海外と付き合うことの難しさを実感いたしました。開催事務局サイドで用意されたのは、英語、フランス語、スペイン語間の同時通訳で、日本語については用意されませんでした。韓国語は、設立時からの特別の関係があるためプラスで用意されていました。

30名余りのメンバーが団として出かけたのですが、全体会議の時は仕方がないので、ソウル宣言の会の負担で同時通訳を組み込んでもらった次第です。そして、個別のセッションでは現地の別の通訳の人に会場で、ささやき通訳をしてもらうということになりました。

こうしたことから、日本の一般の人が海外に出かけて自由に交流するということが極めて難しいということ、言うなれば、日頃海外の人たちと交流している研究者、学者、ビジネスマン以外はまず海外に出かけていってもほとんど成果が得られないし、まして主導権を取ることはできないだろうということがわかりました。日本語は、海外ではほとんど通用しない、孤立した言語であるということをつくづく感じたところです。

もっとも、英、仏、西（スペイン語）というのは、19世紀以降、欧米が植民地支配を進めた結果として、海外の途上国ではこれら言語が普及しているため、全世界をカバーしているといって良い状況であるということも明らかです。（モントリオールはフランス語圏でもあります。）日本の植民地時代は、短かったので、日本語の定着しているところは基本的にないわけです。

カナダやヨーロッパのほか、南米、アフリカなど全世界から集まり、社会的経済に関する100本以上の報告がなされました。

ちなみに、日本からは4本の発表がなされ、そのうち3本については、「ソウル宣言の会」が企画したものでした。それぞれ、発表する名義人、実際に発表する内容を英語で話せる人、及び質疑に際して対応してもらう現地通訳の人と3人セットでの発表になりました。

○自治体と市民社会との連帯した自給圏～山形県の置賜地方の現地の実践（置賜自給圏推進機構）
○建設業における中小企業と労働組合との協働（関西生コン協同組合）
○地域福祉事業の創出のための消費者協同組合と自治体の5つの協同事業（野田市とパルシステム協同組合）

このフォーラムの特徴は、（設立当初からの主旨となっている）「自治体と社会的経済組織との連携」の実態について相互に情報の共有を図るということが、基本スタンスになっています。

さて、こうしたことばを自ら伝えることが困難な状況の中で、1つ新たな発見をいたしました。これは、私が日ごろ考える対象としている領域の延長にあるものなので、皆様にもお示ししてご批判を仰ぎたいと思います。

日本語というのは、忖度言語であり、「おもてなし言語」であることから、相手の立場に立って、こちらの発言する内容を決め、齟齬のないように話をすることが求められている、ということを何度もお話ししてきております。

そこで、海外に出かけた時に、どういうスタンスになるかということですが、相手の言うことを聞いて、初めて自分の対応を取ることが習慣づけられていることから、多少ことばがわかっても慣れないことばを聞いているということは、せいぜいニコニコしながら、相手に相槌を打つことしかできない状況になりやすいということです。相手からすると、意味不明の笑みを浮かべて不気味に思われる状態になりやすいということです。これは、日本語人としての立場から見れば、言語の特質からくる誤解でありますが、とても厳しい状況になりやすいことには変わりありません。

そして、このように考えると、こうした状況を打開する対処法も浮かんできます。つまりは、こうした場では、相手の言うことを聞いて自分の話し方を決めるというスタンスは不適当で、相手のいうことと関係なく自分の言いたいことを、常に整理しておくということです。そういえば、報告に対する海外の人の質疑を聞いていると、ほとんどの人たちは、発言に対する質問の提起というよりは、自分の言いたいことを延々と言っているだけだ、ということが日本からの参加者メンバーの理解でした。

ビジネスの場では、自分の立場を説明する必要がありますから、比較的容易にそうしたスタンスに立つことができます。研究者・学者も自分の問題意識との兼ね合いで話を聞きますから、対応は比較的容易です。そして、我々も、どんな案件であっても常に自分の問題意識から、相手の言い分を聞いていれば、あまり問題なく相手への対応もできるようになるということになります。

それにしても、今更ではありますが、これからは片言でも外国のことばを話す習慣をつけなければいけませんね……自己主張を精一杯するためには……。（2016. 10.9）

自動翻訳機の開発について

ＡＩの関連で「初めてのWatson--API（Application Programming Interface）の用例と実践プログラミング」という本を紹介していただいて、その場で購入することにしました。プログラミングに手を出すことはもうできませんが、その際、１つ思いつきが生まれて、その場で若干話をしました。

日本のＩＴ復活の最大の可能性がここにあるのではないか、と思ったのです。

そうしましたら、その後すぐに朝日新聞夕刊に、「ほんやくコンニャク実用化？……ドラえもんのひみつ道具」などという記事が１面に出ました。

これは単に、食べるだけで外国語が話せるドラえもんの「ほんやくコンニャク」などに例えただけのことですが、実際の記事は、２０２０年のオリンピックに向けて、しゃべったことばをその場でほかの言語に翻訳し音声で流す最新技術の実験が進んでいるということでした。

一部交通機関では、すでにある程度の実用にも供する状況になっているという記事になっています。これが一般化していけば、英会話授業などは不要になるなどということまで、先走って書いてあります。

海外の方の発言を日本語に置き換えることと併せて、私たちが話すことを相手国の言語に正確に自動変換して、音声でそのまま伝えるということが、そう遠くない時期に実現出来るのではないか、この先端的開発の役割を日本が担うことができれば、一気にＩＴの劣勢をはねかえすことも可能だと思い至りました。のみならず、これは日本人にとっては、国際社会の中で様々な活躍の可能性の道を開く絶好のチャンスになると同時に、人類にとって最大の貢献になるのではないか、思った次第です。

モントリオールに出かけた時、通訳がいなければ身動きすることもできない状況を実感してきたわけですが、ITを活用すれば、もうさほど遠くない将来に、日本語で相手の人とコミュニケーションを自由にかわすことのできる社会が訪れるのではないか、との発想を得ました。

これは、相手のスタンスを見て自分の対応を決める言語構造のもとにいる日本人にとって、最も切実なものなのではないかと考えました。自らの考えを発することを自覚しさえすれば、ことばの障害は消え去って、きちんと相手にメッセージを伝えることが可能になるからです。

また同時に、日本人であれば、このためのきめ細やかなコミュニケーションのツールを開発できる十分な力を持っているとも考えました。

クラウドを利用する形で膨大な訳語のパターンを集めると同時に整理し、正確な翻訳を可能にし、手許は小さな道具の中に閉じ込めて、どこでもいつでも世界中の誰とでも話のできることができるようになる、これは、もう夢ではなく、いつ頃までにできるかというテーマであるように思います。

したがって、この開発については、単に、2020年のオリンピック時に海外から訪れる人たちをもてなすための道具ということではなく、もう少し展望力を持って、日本人が、広く海外に出て、活躍するためのツールとである、という戦略的意図を持って開発に取り組む必要があると考えるところです。クラウドを活用し、手元の小さな媒体を介して、相手のことばを日本語に変換することと、日本語を相手のことばに変換して音声発信することが含まれなければなりません。

これらのことは、システムの設計をきちんとすれば、これは不可能ではないし、また、世界的に見ても大変な可能性を広げるツールになっていくことは間違いないと思います。入力言語と出力言語の管理はクラウドを使うこととして、それぞれ複数の言語に対応できることが必要です。手元をスマホにするか、腕時計にするか、あるいは、新しい媒体をつくるのかなど、発想が広がります。

モントリオール大会への参加に向けて、先方のホームページの掲載書類を様々、機械翻訳しましたが、グーグル翻訳は、その時点では全く使い物になる状態ではありませんでしたが、その後間もない間に、相当に水準が向上しています。(2016. 12. 4)

国際交流の推進に向けて

観光業は、ＩＴの活用の中で新たな段階を迎えています。インターネットの普及で、日本の各地の情報が海外に発信され、思いがけないところから思いがけない海外の客が訪れる状況が生まれ始めています。それぞれの国、それぞれの地域での関心は、きちんとしたねらいを持って発信されれば、多くの人の興味を引くものがあるのです。特に日本人は日本語の性格からして、おもてなしを基本とする国民性があり、海外の人たちに満足を与える要素が満ち満ちていると言って過言ではありません。

海外に出るためには、小型自動翻訳機などの開発を通して、国際的に各地に進出していく可能性は、もうすぐ手の届くところまで来ているのではないでしょうか。言葉の制約で海外に出るのは、学者か、企業の営業マンといった時代はいずれ過去のものになっていくと思います。

日本人は経験のない、あるいは自分の関わってこなかったソトの世界について、どうしても逃げる傾向がありますが、自分の専門分野で国際的な活動に結びつけていくことはそれほど難しいことではなくなっているのです。ＩＴはわからないので、避けるということではなく、きちんと基礎を学ぶことで、新しい展開が可能性として生まれてくるのは間違いありません。

「八面六臂《はちめんろつぴ》」

羽鳥慎一モーニングショーの「そもそも総研」における玉川徹氏のレポートで、「八面六臂」の話が取り上げられていました。ご覧になられた方もいらっしゃるかもしれません。

八面六臂とは、

「多方面で、めざましい活躍をすること。また、一人で何人分もの活躍をすること。もとは仏像などで八つの顔と六本の腕をもっていること。▽「面」は顔、「臂」はひじ・腕。」（goo 辞書）

阿修羅の像は三面六臂（このことば自体、傑出した手腕や力量を持つことを意味する（故事ことわざ辞典））ようですが3ではなく8とすることによって、八方美人（これは良い方の事例ではありませんが）と言ったことばがあるようにさらに多面的な活動をすることを意味するようになったようです。

ところで、玉川レポートで話題になった「八面六臂」とは企業名を指します。

業務のスタイルは、魚関係の「仲買人システム」とでもいうべきもので、全国各地の卸売業者から品物（魚）を受け、小分けして飲食店、料理店などに下ろすという役割を担っています。

これ自体はごく普通のことですが、その中核にＩＴを組み込んでいるものです。

全国の漁港における卸売業者からネットワークを通じて、写真付きのデータを受け、これをホームページに掲載して、料理店などが買い付けるとのその要望に合わせて、必要数を調整、捌くなどして、先方に配達するという形をとっています。魚関係のアマゾン・システムのような感じもあります。築地のシステムと違うように見えるのは、値段はつけられていて、先着順に取引相手が決まっていくという仕組みのようでした。

その利点は、築地を介する形より、①新鮮な状態で漁獲物を飲食店・料理店等に送ることができる、②通常、築地などではあまり扱われないが美味な、地域で獲れた珍しい魚も扱うことができる、といった点があるようです。主たる販売取り扱い範囲は、現在は１都３県となっているようです。築地市場からの仲買いもしているようにホームページでは見られます。

さて、この時の説明では、築地の仲買いをバイパスするものでもあり、この形が進めば、築地の存在意義が薄れていくようなシステムであるということでした。築地の場外でしょうか、築地から数分のところにある店でも、八面六臂のシステムを利用して商品を受けているという話がありました。

さらに、オチとしては、そうした時代に、まして、豊洲移転で、築地システムを移行させるようなことは、これからの時代にどれだけの意味があるだろうかという投げかけでした。

既存のシステムを前提とすれば、築地でまかなえなくなった部分を含めて豊洲で展開するということの意味はあるのでしょうが、そもそもそういったシステム自体が時代に取り残されようとしているのに、こんなことをやっていて良いのかということでした。

まさに、私が前々から申し上げております、ＩＴを使って既存のシステムをユーザー志向に作り変えていくという主張は、こうしたことが１つの事例になるのではないかと考えているところです。

この八面六臂の社長の方は、テレビで見てもとても若い方のように見受けました。

また、会社の事務室は、ＩＴルームで、荷捌き場は、倉庫みたいな感じで映っていました。

少なくとも、社長がリードして、ＩＴシステムを活用していることは明らかです。トップがＩＴを戦略的に活用する発想を持ち、今まで取り組んできた業務の新しいい形を作った典型的な事例と言えます。これからの若い方々の社会的進出のパターンとは、こういうことかも知れません。

八面六臂には、既存のシステムの側から邪魔されたり潰されたりしないで、順調に伸びていってほしいと願うところですが、様々な業界で、このように新しいシステム発想を取り入れてシステムづくりが進んでいくことを願っているところです。（2016. 10. 22）

(5)　企業はどのように乗り越えていくのか　その道一筋により、新しい伝統を作る

小さく産んで大きく育てる

臨月がきても胎児が大きくなりすぎないため、食事の調整をして、大きくない状態で出産を迎えれば、お産も楽で、生まれた後に栄養のバランスも含めて大きく育てるようにするのが望ましい、というような考え方が若い方々の中にあるということで、こうした標語的なものもそうした考えを表したものと受け止められている向きがあるようでもありました。妊婦が太りすぎになると妊娠中毒症や妊娠糖尿病となる危険性もある、ということもあるようです。

体重が軽い状態で生まれた子どもが、肥満児になる可能性が高く、弱年性成人病になる人の割合が高くなるという研究もあるようです。胎内で成長しようとしているのに栄養が十分に提供されないため、渇望する思いが、母体外に出た後噴出するということのようです。そういえば、戦時中に生まれた私は、まさにこれに該当していたのでしょうか、学校に入ってからも長く、「百貫デブ」の称号をもらっていました。小さく産んで大きく育てるということは必ずしもお薦めのことではないということです。

組織論の世界でもよく小さく産んで大きく育てるということが言われます。時代の要請で新しい仕事を開発していくとき、一度に大きな組織を作るのは他の事業、組織との兼ね合いもあり、なかなか難しいので、まず小さく産んで橋頭堡を確保し、徐々に実績を踏まえて規模拡大をさせ、定着を図っていくということは当たり前のこととして捉えられているようです。行政組織などでも、一度に新しい分野に税金を振り向けることには、非難囂々の状況があります。ここには既得権の有無ということが大きな障害となっている状況が見てとれます。

タテ割りボトムアップの世界では、小さく産むための声を上げることすら難しい状況にあり、トップダウンの指示があって、初めて最小限の組織で出発となるというケースが少なくありません。予算も人員も、通常最小限しか確保

されません。タテ割り・ボトムアップ組織では新しい変化を作り出すことが非常に難しいことを意味します。組織が安定していればいるほど難しいのではないでしょうか。そして、既得権者からの妬みやそしりを受ける中で、実績を上げ、少しずつ規模拡大を進めていくことはどこの組織にもある、ごく普通の現実のようであります。このように、小さく産んで大きく育てるという標語が、出産・子育ての場面で生まれたものか、新しいものを生み出すときの日本流の組織の成長の形として生まれたものか、判断できないほど、日本の組織論の中では一般化しています。

こうした進め方に内在する課題は、定着するまでに時間的、経験的な要素に依存する面が大きいために、時間がかかりすぎ、タイミングを失するということがあります。

組織においてこうした小さく産んで大きく育てるというような考え方を否定したときに、どのような形が考えられるかを、これからは考えておく必要があるのではないでしょうか。

それは、とりもなおさず事業等を戦略的な発想に立って構築するということになっていくということだと思います。基本的な方向性についての合意を元に、長期を展望して仕組みの構築が行われ、必要な規模で人材面も含めた資源調達が行われるかたちとなれば、スピード感を持った活動の展開が進んでいくのではないかと思います。ある場面では選択が必要であり、他のものを捨てる必要もあります。ボトムアップによる経験の積み上げ依存の考え方は、戦略的な発想の否定でもあります。

組織の中で新しい仕事を産みだし、これを守り育てていくためには、いずれにしてもトップの強い認識と継続的な支援がなくてはかないません。新しい仕事がその芽を育み、育ち、社会に出て行くまでは、トップのお遊びと周囲から見られても耐え抜く胆力が必要となるというのが、私の認識です。

このようなことを考えていくといわゆるベンチャービジネスというものが、外部からの輸入に基づく発想ではなく、内在的なところから生まれて、それが主流を占めていくようになるということは容易なことではないと思ってしまいます。つまり、そうしたものを支援し、育てていく土壌というものが、社会の中に根付いた考え方となりにくい状況があるということです。それぞれの人はそれぞれの仕事をまじめかつ熱心に進めますが、それは、自らの関わるタテ割の世界での話であり、そのソトのことに関しては、まず関心がありません。新しいものほどそのウチ、ソトの領域は確定しておらず、内容に関して支える立場の人はどこにもいません。一度海外に技術が出て、海外で評価され、還流してきて初めてその価値を評価するという現象が起きるのはこうしたことによります。社内で生まれた新しい発想に基づいて、新しい製品等を商品化するために、一定のルールで独立（あるいは分社化）して、支援関係を維持しながらその活動を見守るというベンチャーの形態も生まれているようです。資金的支援をセットで考えるというのは、日本社会ではかなりマッチしたあり方と考えることができると思います。

よく、役所の委託事業の入札や総合評価入札の条件として、「実績」評価が組み込まれていますが、これはタテ組織としてのソトに対する警戒心の表れでもあります。しかし、少なくとも新しいものを生み出す可能性にかける総合評価入札などに関しては、こうした条件を撤廃してその分のリスクをとるぐらいのことを考えなければ、日本社会はウチとソトとの狭間の中で、今後ますます後れをとることになっていくのではないかと危惧します。確立した分野に関しては、精細に渡る技術を深く磨くこと事は得意でも、新しい動きを作り出すことが不得意という現状から抜け出すことがいつまで経っても出来ないということになってしまうのではないかと思う次第です。

本質的には、深掘り型で新しいものを生み出す能力にかけては他の国々の人に比べて優れているにもかかわらず、相変わらずこの点に関する自己認識があまり強くないために、転換していく力が不足しているのを少し残念に思っているところです。（2009. 10. 4）

大企業の時代から中小企業の時代へ

明治以降、本格的に日本社会に企業の仕組みが導入されて以来、今や欧米の大企業に並ぶ、あるいは凌駕する企業がたくさん生まれてきています。と同時に日本には無数の中小企業がひしめいていて、大企業への提供する部品の技術で秀でた能力を持っているところも、またたくさんあります。日本の企業社会の特質は、むしろこうした中小企業に支えられていると言ってもよい、という人が大勢います。

大企業が部品開発を内製化するより、こうした中小企業を下請け、あるいはパートナーとして抱えて仕事をする方が、よい成果を生む可能性が高く、また、いざ困ったときに調整機能を果たさせることが出来る、という面があるのだと言えましょう。

それでは、この仕組みが何故日本で成功してきたかということですが、ここにはタテの指向をうまく活用し、なおかつ内製化に伴う生産ラインの長蛇化を避け、それぞれの組織のきめ細やかさと、ボトムアップのエネルギーをうまく活用するための最も好都合な仕掛けだったからだと考えています。

大手元請けの方は販路開拓を主眼とし、そこで開発した販路に製品を供給すべくこうした中小企業を、最大限活用することが出来ました。中小企業の側は、販路開拓や組み立ては大企業の方に任せて、自らは、部品、あるいは新商品の開発とそのブラッシュアップに専念することが出来ました。得意分野の製品を作ることはどこにも負けないという、自負が生まれるのも当然であったと思います。いわば、ソトから部品等の質の高さを評価され、それが相乗効果となって誇らしい気持ちを育て、製品の質を高めることに貢献したと思います。

内製化して、ボトムアップのエネルギーを抑制するようになってしまうよりは、はるかに効率的な組織体制であったといわなくてはなりません。つまり、独立した中小企業が、大企業にとっても効率的であったのです。

世の中では、下請け中小企業の課題を大きく取り上げますが、そうした中にあってなお、このような構造が根付いているのは、日本社会にうまく適合できたからであると考えておいた方がよいと思います。

しかし、こうした中で社会に大きな変化を生み出してきたのが、ＩＴ化（インターネット社会の出現）と、グローバル化の流れであったと思っています。

大企業はグローバル化に対応するため、いち早くＩＴを使ってより安価な労働力・コストで対応できる中小企業に部品生産を移転させ、コスト削減で、主導権を握ろうとするようになりました。どうしても移転できないほど、高度化した技術は別ですが、ある程度のものについては、そのように取り組んでいけば、支配力のある大企業にとって不可能なことではなかったに違いありません。中小企業の受難の時代が始まってしまいました。

20世紀は大量生産、大量販売で業績を上げることが企業が大きくなるために不可欠の時代でありましたが、今世紀は、量ではなく、ニーズに合う、多様な製品と、そうしたものを作り出す技術の優劣で差がついてくる社会であると考えております。そうしたときに技術を提供して、安い労働力で大量生産・販売で稼ごうとする方法は、あまり未来を感じさせないやり方となってきています。モノは巷に充ち満ちており、たくさんのモノはもう要らない、そうした時代であってみれば、作り方自体も変化を求められていると思います。

中小企業を礼賛して、世界に中小企業方式を売り出していくといったことも意味はありませんが（タテ社会といった特質を持つ日本と環境が違うのに、海外で同じ条件が成り立つように考えるのは相応しくありません）、大企業も日本の中小企業の持つ技術を安易に海外に持ち出すのではなく、その技術の活用の方向を、少量多品種型の社会に適応させる仕組みの構築にエネルギーを割くべきであろうと考えるところです。タテ社会のゆえに育っているきめ細やかさを、どのように活用するか、考える時であろうと思っています。（2009.9.10）

中小企業の生き様

これからはこの道一筋で高い技術を蓄積してきた企業活動を奨励すべき時代で、中小企業の活動はこれにふさわしく、これまでとは様変わりの位置付けを高めていくことができるようになります。中小企業は小回りが効くだけではなく、特定分野では他の及ばない技術蓄積があると言って良いと思います。

需要限界に到達した中では、大勢の社員の生活をカバーしなければならない大企業は、新たな商品開発がなければ、同じ体勢を維持していくことは今後ますます難しくなるはずです。大規模大量生産の時代ではなくなっているのです。もし続けるとすれば、大企業は自己努力で進む覚悟をしなければなりません。まして、技術を持った中小企業を潰したり、ノウハウの横取りをするようなことは、自己崩壊の道につながっていると自覚すべきです。転換の方向としては、むしろこれら中小企業を大事にする、そして新たな開発の支援をするなど、これまでに蓄積されてきた能力、資源を活かしてベンチャーキャピタル的な機能を発揮すべきと考えます。そのことにより、社会として新たな展開が生まれてくるばかりか、大企業自体の生き方にも新たな展開を作り出すことになると思います。

大企業にとっても、大規模生産から、多様な商品を、ニーズに合わせて作る方向への転換をいかに早く進めることができるかがこれからの日本の再生を決めることになる時代に入っています。いわゆる需要サイドの要望に見合った生産体制の構築が求められています。ただ決まった物作りを進めるのではなく、ＩＴを活用し、新たな技術開発を進めることがますます必要となってきています。

あらゆる企業にとって、知識集約型の生産流通体制を目指す必要があります。教育投資を企業としても行政としても考えなければなりません。

研究開発を進めるための頭脳の育成と、自由な研究環境を作れるかどうか。また、新しいものを育てている環境があるかどうか。今までは、あらゆる圧力を駆使して新しいものを潰してきたのが、一般的な企業のあり方でしたが、これからはこうした動きの中での可能性を客観評価し、育てるあり方を研究する必要があります。

日本人の特性を活かすのは、これからは大きくすることではなく、できるだけ自己努力が報われる領域での活動を進めること、そのためには大規模化ではなく小回りの効く中で知恵を発揮することであると思います。

全体として、これからの企業のあり方を考えると、タテ型になりやすい組織体質は続くと思われます。規模拡大をしていくと組織の対外的な面での活性が落ちていきます。むしろ中小企業の形が、活性を維持し、新しい動きに対応していくことができます。大企業は、日本の通常のあり方としては、こうした動きを潰す方向になる可能性が高いですが、本来であれば、こうした中小企業と連携し、資金的、人的サポートをし、技術支援体制をつくることが、ＷＩＮＷＩＮの関係を築くことになり、望ましいと考えるところです。（2009. 9. 29）

(6) 分権化

参加型社会に向けて

① 経済のパラダイム転換

成熟社会の意味合いとして、供給力が需要を恒常的に上回る状態ということを言いました。日本では、ケインズ型の政策はもはや継続的な経済循環を作り出す力がありません。政府は供給サイドの政策から、需要サイドの政策へと基本的パラダイム転換をしなければならない時代になっています。しかし日本は、もともと経済発展のための政府の構造ができてしまっているために、この転換は簡単にはできません。

より豊かになりたいという発想は、今までの体制の延長ではもはや、実現できることではなくなっているのです。今まで述べてきたように、需要者サイドの視点に立って、現在の政府の仕組みの根本からの見直しが必要です。

この場合、人々が等しく豊かになるという意味合いをもう一度考えてみる必要があります。そしてそのための仕組みを具体的現場、それぞれの地域から作り出して、確実なものとして再構築することが必要であると考えます。

地域から、そして需要側からのアプローチこそが、新しい経済循環を作ることになると考えます。今まで見過ごされてきた重要なファクターを取り上げ、その方向を進めることが必要です。

② ボトムアップの活用

日本はもともとボトムアップ社会であることを述べてきました。これからの時代、大事なのは、仕組みとして、より大きな権限をボトムに与えることではないか思います。一人一人の自発性を可能な限り発揮させるように組織の活動形態を見直すということです。

このボトムアップは一方では組織活動を通して社会の安定を導く要素がある反面、秩序志向、安定志向の度合いが強く出る可能性もあるため、変化を生み出す力に欠けるという一面があります。一度安定状態に入るとそれを維持する形が支配するようになるのです。そしてまた、平時は組織活動自体のスピードが遅いという欠点を持っています。これを乗り越える手法は、分権です。権限をできるだけボトムに置く形をとることです。いわゆる全員企画の構造を作ることによって、知恵を発揮していくことが大事です。

③　参加型社会へ

現在、様々な組織が複雑に入り込んだ形で活動し、個人も一人一人多様な動きを見せていて、一つの方向でまとまるということは今や考えにくい社会となっています。多様な社会は、人々の目標も多様です。

こうした中で、中央の司令一つで動く社会はもはやあり得ない状況と言って良いと思います。しかも、権力の集中を利用して、全体の奉仕者の位置付けを無視した利権型の構造を阻むものもいない状況となると、これはもう、民主主義社会の崩壊に近い現象と言わなくてはなりません。中央の政治家にせよ、国家官僚にせよ、全体の奉仕者の役割を担いえない時代となりました。

まずもって、国による一律の政策提案・遂行は、社会全体のマクロ効率にそぐわなくなっていると言って良いと思います。地方創生と言って国主導で、地域の活性化を誘導する政策を取ろうとしているのですが、これ自体が、集権的手法の１つであり、どのような未来像を描いているかもよくわからない政策と言ってよく、これが未来を拓くようなものとはなり得ないと思います。

現在、マスコミは、国の動きばかりに焦点をあてるようにしていて、問題が起きると常に国の責任を言い立てますが、このことはいつまで経っても、国の権力の妥当性を主張しているようなもので、全く自覚のないまま、変化を抑圧する動きを演出しています。

現代は、進むべき道がもはや予めはっきりと決まっている時代ではなく、いわば、「未踏の時代」に入っています。方向の見えない中では、他者の言い分に受け身で従うだけではなく、自ら参加して、あるべき姿について提案し、また実践していく必要があります。そうした場こそ、地域であり、地域の自立を目指す活動と言って良いと思います。分権、そして参加によるベクトルの方向の逆転がなくてはなりません。

④　市民自治の実現　主体の交代　地方、市民へ

集権的国家体制は高度経済成長期の遺産です。集権型国

家の維持を測ろうとするのはむしろ組織の停滞を長引かせるだけであり、ついには社会の崩壊に行き着きます。国家の役割はできるだけ小さくして、外交や、軍事の世界等に限定し、そのほかは調整機能に徹するのが良いと思います。地域に活動のベースを置き、地域間競争を進めることがこれからは地域発展の礎となる、そういう時代ではないかと思います。国家として推進する地方創生などは、これからの方法ではありません。私たちの中には江戸期の経験があります。この時期は、まさに地域間競争の時代でした。地域の様々な活動を進めることが、今最も私たちに合った生き方と言って良いと思います。かつてとは異なって、民主主義の仕組みを活用して地域の活力に真に寄与するリーダーを選ぶ権力を人々は持っています。

これは、何も町内会や自治会に参加するということを意味するのではありません。そのことを否定するものではありませんが、それは地域の1つの側面でしかありません。現に人々が取り組んでいる様々な活動、NPO活動や、協同組合活動、その他具体的な活動を、さらに進めるための価値観の転換を図る必要が大きい時代であると考えます。今は、地方議会も国会のまね事をするのではなく、地域社会づくりに何ができるか知恵を発揮するときと言って良いと思います。

地方議会　国政へのステップ意識の払拭

行政自体が集権的であるばかりか、多くの地方の議会議員までが国の議員になることを見据えて行動しているケースが見えます。市町村議会議員を最初のステップとして、次は都道府県会議員、そして上昇志向で、国会議員になることを最終ターゲットとしている政治志向の人たちが少なくありません。時代は大きく変化しているのに、相変わらずの国家主義的思考法で国政を目指す動きがなくなりません。こうした動きをボトムアップと言われては困ります。これからは地域社会こそが社会活性化の原点になってゆくと考えるべき時代です、そうした時に、地方議員を国政への階段の途中と見なす考え方では、地方分権の実は上がりません。地方は豊かになっていないのに、支援者は、議員が国会議員となることを応援するのは、後での見返りを期待しているからなのでしょうか。今のまま進めば、成熟社会においては、地域は相対的に貧困化してき、これからはますますその方向が強まります。そうした点でも国民の意識変革が先行しなければなりません。

今まで、地方の議員経験は、議員秘書経験、世襲、官僚経験、マスコミ経験者などと並んで、国会に出るための1つの階梯として考えられてきた向きがありました。しかし、これからは地域の人々の活躍の場を作る地域のコーディネーターとして活躍していただくのがふさわしいと考えます。国会議員になる道は、別のルートを探すのがよく、地方議員はイデオロギーを離れ、地域固有の政党（以下、地域政党）を作り、地域発展のために活躍することが望まれます。国会へと向かう、いわゆる上昇志向を断ち切って、分権社会のリーダーとして活動をする覚悟を固める必要があると思います。

日本に政治家の人材養成のきちんとした仕組みがないことが問題ですが、同時に、地方議会人が、国政に向かう1過程という認識でいる限り、地方の活性化は望み薄です。

地方の時代、地域の政治にこそ日本の未来があるのです。これからは人材が活きるのは地域です。地域での党派的活動は、結局地域の活性化にはならず、対立を深め、地域の発展を弱めることにつながります。国会議員の出先機関のような議会活動はこれを排除することが必要です。地方議会では、党派性は必要な場面は限られると思います。スタンスを変えれば、国の言うことを聞くのはむしろおかしいのです。役割の違いをはっきりさせる時代であり、この覚悟を人々が持つようにならないと、分権化は本質的に成立しないと思います。地域の未来を自分たちの力でどう作っていくかを考えるのがこれからの地方議会の姿であり、この実現に向けて、様々な立場の人を糾合して政策シミュレーションをし、実行することが望まれます。地域社会の未来に向けた、インテッリジェンスの発揮に大いに期待したいと思います。

地域政党の重要性

地域特性を知る人たちが議会を構成し、力を合わせて地域の改革を進めること。地域が変われば日本が変わるのではなく、地域を創ることことが日本の未来を希望に満ちたものにする、という発想が必要です。

社会の目標が人々の生活の質の充実、生きがいの確保、という方向となるとこれに合わせて、その中核を担うのは市民です。

ボトムアップの原点である市民の力を信じ、その力が発揮できるような仕掛けをそれぞれの地域の現場で作り出すことを考えるのが良いと思います。

この方法で地域政党の出番が大きくなるのではないか、あるいは地域政党が独創性の高い地域の具体策を提案し、有権者とともに地域づくりを進めることが可能となるのではないかと考えるところです。地域政党（ローカルパーティ）の成立基盤がここにあるといってもよいのではないでしょうか。否、全ての地方議員は地域政党の議員といっても良いのです。

国におけるイデオロギーや政策対決の構図を地域に持ち込むのではなく、地域がそれぞれの特性を生かして、他とは違った個性あるまちづくりを進めることが、これからはその必要性が高まるのであって、それを主導する役割は、地域特有の姿を目指す地域政党の活動に期待することが望ましいのではないかという気がいたします。

個性あるテーマは、地域づくりという点で創造性と人々を結集する力を持ったものであることが大事です。課題が実現されればまた他の目的を設定するということであっても構いませんし、地域を浮かび上がらせる複数の方針で政党の進む道を形づくっていってもよいと思います。（2010.1.17）

地域政党の活動形態

地域政党の活動に際しての基本理念は、「地域社会（あるいはコミュニティ）の再構築、地域で安心できる環境の再構築、といったことが具体的に目指す方向となっていくと考えられます。地域社会こそ最終のターゲットという点で、合意がなされていきます。

地域の安定を確保するために、当然自治体や国に求めることも出てきますが、何よりも大事なことはみずからそのために何が出来るかということであり、そのために地域の力を結集していくことです。

目標は、したがって抽象的な、あるいはイデオロギー的なことばの羅列ではなく、まさにマニフェスト的に具体的な実現目標等を示した形で設定する必要があります。ただこれは、必ずしも議員の任期に出来る範囲に設定する必要はなく、5年程度を見込んだり、10年ということもあってよいと思います。実現すべき目標に即して、柔軟に期限設定をしておくという考え方になります。議員一人ひとりがマニフェストを掲げ、当選のあかつきには他の会派議員を巻き込んで、その実現を図っていく、そのくらいの志を持ってもらいたいと思います。

目標を掲げて課題実現を図っていくためには、会派間の調整を行い、みずからの目的を実現していく能力を蓄えることです。このためには目標とするものの、外せない基本事項を設定したら、そのこと以外には柔軟に状況に対応することを認める必要があります。みずからの理念系を押しつけるのは孤立を招くだけとなるので、人々を結集していくことをめざし、内容が積み上がっていくようなかたちでの働きかけが求められます。

人々の関心が国政に行きがちな状況の中で、地域が単に国政への要求をする存在になるのではなく、みずから社会形成で果たす役割を確認し、そのステップを踏み出すことが必要だと強く感じているところです。Think global act local の実践です。

(7)　具体的進め方としての社会的経済

社会的経済にかかるアジアからの発信

２０１３年11月、ソウルにて朴元淳（パク・ウォンスン）ソウル市長の呼びかけでグローバル・ソーシャル・エコノミー・フォーラム（以下、ＧＳＥＦ）が開催され、そこで、「ソウル宣言」が採択されました。規制のない金融のグローバル化や、貧富の格差拡大に対して、多元的経済としての社会的経済が、社会的不平等、社会的排除あるいは生態系の破壊といった諸問題を解決できる新しい希望であるとして、これに取り組もうとするアジア発の国際的連帯を目指す運動です。

２０１４年、再びソウル市でＧＳＥＦ２０１４が開催され、そこで理念や組織等を定めた「グローバル社会的経済協議会憲章」が採択されるとともに、事務局がソウルに設置されました。2年ごとに世界大会を開催することとなり、２０１６年の第3回大会はモントリオールで開催されました（ＧＳＥＦ２０１６モントリオール大会）。また、第４回大会が、２０１８年にスペインのビルバオで開催されることとなっています。

モントリオール大会では、中南米、アフリカ等への広がりが見られ、文字通り世界大会として62カ国の３３０の地域から１５００人余りの参加が見られました。また、ソウルでは、表題にあるごとく「社会的経済」という言い方がなされていましたが、モントリオール大会では「社会的連帯経済」という言い方に統一されています。モントリオール大会ではまた、社会的経済に関わる情報、ノウハウを蓄積し共有するための機関として、ＣＩＴＩＥＳ（社会的連帯経済に関する経験共有のための国際センター）が設置されました。

ＧＳＥＦの基本的考え方は、グローバル企業の事業展開の中で、金融に関わる問題や、格差の拡大が進んでいることに対して、自治体と社会的経済組織とが連携した実践活動を通して、これらの問題の解決に取り組んでいく運動を展開・推進することにあります。

自治体と社会的経済的組織との連携に関して、今までに大きな成果をあげてきたカナダのケベック州やモントリオールの事例について「ケベックモデル」として、この方式を参考にしながらさらにグローバルな形で情報の共有、諸課題の解決を進めていこうとしています。

その意味で、モントリオールでの開催は、世界の各地域で成功している事例や課題を実地に学ぶということで意義深いものでした。自治体と社会的経済組織とのさまざまな連携の形を、ケベック州内での事例を含め、43のワークショップ等で100件以上の報告を元に質疑・討論が交わされています。

世界で社会的連帯経済を目指す活動は、国際会議もいくつもありますが、それぞれ特徴をもって進められています。現在直面する課題を解決するために、国際的な連携のもとでこれを克服していきたいという朴市長の思いがGSEFというアジア発の運動になって表れたと思っています。

このため朴元淳氏は、「ソウル市社会的経済基本条例」(2014年4月制定、同年5月施行、https://www.seoulsengen.jp/about-1-c1lte) を制定し、国際フォーラムの開催や、社会的経済組織の支援に継続的に取り組む姿勢を示しています。グローバル企業が展開する現在、今や1国だけでは解決は不可能で、国際的に知恵を出し合って取り組む必要があるとの考え方に基づくものです。

実際に、社会的経済的による課題解決の道について、今はソウルのみならず、欧米をはじめとして世界各地で、すでにさまざまな検討・模索、さらに実践活動が進められています。

韓国では既に数年前から実際の政府・自治体の活動としてこの方向が取り入れられ、その先進的スタイルとして、ソウル市を中心として自治体のほか、社会的企業や、非営利の活動団体、協同組合等を巻き込んで、グローバルな形で展開しようという動きとなって表れてきたのです。

10年以上前になりますが、横浜のNPO、参加型システム研究所が実施したツアーでヨーロッパ駆け足旅行に参加してまいりましたが、そのときは、幾つもの社会的企業(ソーシャル・エンタープライズ)や、社会的経済組織という、当時の私にとっては聞き慣れない組織を訪れて、あまりその意味を理解できないまま帰って来たことがあります。それまで私自身は神奈川県庁で仕事をしてきたわけですが、遺憾ながら県の仕事の中ではおよそ聞いたことのない分野であり、したがって自分として関心を呼びさまされたこともなかった分野だったということもありました。

2014年、ソウルに出かけて、フォーラムに参加し、また、ソウル市社会的経済基本条例に接して、初めてはっきりとソーシャル・エコノミーの持つ意味を明確に認識いたしました。そして現在の経済システムの状況を勘案すると、これは、成熟社会に入った日本においても、まさに採用されるべき考え方であるという認識を持ちました。

人々の生活や暮らしを充実したものとすることを第一の

視点において、そのための具体的な取り組みを進める組織、社会的経済組織に着目して連帯して経済的課題解決を図ろうとするものです。

日本ではアベノミクスがハバを利かせていて、社会的経済（ソーシャル・エコノミー、SE）、あるいは社会的連帯経済（ソーシャル・ソリダリティ・エコノミー、SSE）などということばはあまり語られてもいませんし、概念的にも確立しているとはいいがたい状況です。

政府や自治体は、欧米の政府の活動への関心は相変わらず強いものの、民間団体を中心として活動を繰り広げていた社会的経済に関する動きについては、取り組むべき方向という認識が育たず、今に至ってもその状態は変わりがありません。日本では、一部の学者や、協同組合等の人たちがその動きに注目し、取り組んできたのが実態です。

従来型の経済成長至上主義の視点に立つ政府からすれば、社会的経済は取り組む価値のない妄想としか受け取れない状況であったと考えられます。明治以来営々と企業中心の成長路線を歩んできたため、日本では中央政府も自治体も、社会的経済については、目を向けないまま現在に至っています。自治体は、今なお国の政策誘導のもとで活動している部分が大きいため、国が触手を動かしていない社会的経済領域について、情報すら欠けているのが実態ですが、国連や欧米で大きな拡がりを見せているこの領域の情報に広く接しているはずの国が、全く取り組む姿勢を見せず、この分野について発言すらしないのはたいへん不可解な感を抱きます。高度経済成長路線からの転換の道は無意味であり、社会的経済は、日本社会の将来にとって取り組む価値がないと判断をしているのでしょうか。あるいは、国は支配の構造を形成しているタテ割組織に抵触する可能性があり、さらに、不可逆的な分権化が進む懸念から、意図的に無視してきたのでしょうか。

韓国における社会的経済の推進状況

韓国では、すでに2006年に社会的企業育成法を制定しています。その後、いくつかの法律を制定し、2014年4月にはソウル市は社会的経済基本条例を制定しています。そして、GSEFでソウルの朴元淳（パクウォンスン）市長はケベックモデルを採用し、第一セクターの自治体と第三セクターである非営利のさまざまな組織（日本では「第三セクター」は官民出資の企業体を指すようになってしまっていますが、ここでは非営利領域と捉えています。）とが連帯して第二セクターであるグローバル化した企業の暴走に歯止めをかけ、相互牽制、そして相互連携の中で、今までとは異なる新しい経済循環の道を見いだしていこうと

韓国、そしてソウル市における社会的経済関連法や条例等の整備の推移

年次	項目	説明
1990年代初頭	都市貧困層の居住地において生産協同組合活動	ソウル市ハウォルゴク洞の建設日雇労働者協同組合、サンゲ洞の縫製協同組合など
1996年	金泳三政権による自活支援センター設立政策	生産協同組合が、貧困層の居住地域での創業を支援する自活共同体として制度化される。(2012年に、自活共同体を自活企業と改称)
1999年	国民基礎生活保障法成立(2000年施行)	基礎生活保障制度のなかで、条件付き受給者は自活共同体への参加が義務付けられる
2006年	社会的企業育成法成立(2007年施行)	条件付き受給者と次上位階層に限定した自活共同体ではなく、脆弱層の労働統合と社会サービスの提供を目的とした社会的企業を育成する
2010年	マウル企業支援政策開始	マウル(小規模な町)単位のビジネス活動。地域自立と雇用機会創出、所得の向上を図る
2012年	協同組合基本法成立	5人以上の申請で協同組合の結成が可能に。社会的協同組合の制度的根拠が整備される
2012年9月	ソウル市マウル共同体企業の育成政策	
2013年2月	「協同組合都市ーソウル」実現のための基本計画	
2013年3月	ソウル特別市協同組合活性化支援条例	
2013年11月	グローバル社会的経済フォーラム2013	「ソウル宣言」の採択
2014年5月	ソウル市社会的経済基本条例	
2014年11月	グローバル社会的経済フォーラム2014	協議体憲章の採択

※ 廣田裕之氏のホームページ、およびソウル宣言の会ホームページより作成

するもののようです。

この形はこれからのもう1つの経済システムを考える際のポイントになることであると、私は思っています。従来の高度経済成長システムの供給側を支援するだけのかたちでは、今まで述べてきたように需要限界に到達してしまって、さらなる経済的な発展の見込みはなくなってきています。

こうした中でグローバル企業は、利益を確保できる世界を求めて、社会的経済領域にも進出しつつあるのが実態で、医療、薬業、農業（種の業界や、遺伝子組換え関連業界にすでに表れてきています。）保険業界等の分野に進出を果たしつつあります。これら企業はそれぞれの政府と、ロビイストを通して連携し、また政府の諮問会議等を通して、利益を生むと考えられる領域ならどこでも、飽くなき利益追及を目指して入っていく動きがあります。

アメリカで皆保険制度としてつくられた通称オバマケアが国民の間で不評なのは、堤未果さんによると、そうした企業が自らの利益を確保する方向で、政府と結びついて作ったもので、必ずしも国民のための制度となっていないためであるというお話もあります。ＴＰＰの動きも私たちの目によく見えない部分もありますが、そうした動きを含んでいると考えるべきであると思います。

こうした動きに対しては、この拮抗力もグローバルに知恵を出し合って対応していかなければなりません。このまいくと、利益の出るところを目指して、私たちの生活そのものを日々支えている社会的経済領域をも侵食していく可能性が高いのです。利益追求を自己目的化し、利益を得るためにバリアーはないのであって、貧しい人たちからもさらに搾り取る場として、社会的経済領域に民営化という形を通して参入していくことになると思います。こうした動きに対して、社会的経済領域の仕事に携わる人たちも、地域の自治体とも広く連携し、これからのあるべき姿、望ましい活動形態を探していくことが重要であると捉えられているのです。

日本における社会的経済の可能性

社会的経済分野の活動を活発化させることは、成熟社会日本においても、極めて重要な方向になるのではないでしょうか。

資本主義的経済システムは、成長を続けなければ崩壊していくという、強迫観念がありますが、経済循環の仕組みがうまく構築できれば、これからの社会では成長を第一目標としなくても問題はありません。先にも述べた通り、これを定常社会と規定してしまう必要もないと思います。

日本では、協同組合活動、NPO活動、社会的企業の活動、ワーカーズコープ、ワーカーズコレクティブ、社会福祉活動等実に様々な活動が、大勢の人が関わり充実した形で行われています。この中には、日本的な事情としては、自律的に活動する中小企業や新たな時代を切り拓くベンチャー企業等も含めて考えるのが良いと思います。日本では、こうした社会的経済に関わる活動は、実際は非常に幅広く営まれているのですが、それ自体が国のタテ割りの構造の中に組み込まれていて、この「社会的経済」あるいは「社会的連帯経済」の考え方は、学者の世界に止まったままです。この領域を、一般の企業活動や、政府の活動とともにこれらを包み込む形で、全体を社会的経済として捉えることによって、日本社会の新たな展望が生まれてくると考えます。これらの領域が、全体として一定の連携のもとに動くことによって、全く違った経済の姿が見えてまいります。大多数の人々の生活の豊かさや生活の質の充実が今まさに求められていると思うのです。

タテ社会に順応して、ヨコの連携に関心を払わないという状況からいかにして脱皮するかが大きな課題ですが、これを実現するためには、横につなぐ社会意識の形成がなければ難しいと言えましょう。全体を貫く差し迫ったコンセプトといっても良いかもしれません。そうしたものがなければ、人々はタテの中にとどまり、その枠を破ってソトに出ることはあまり期待できません。その意味では、高度経済成長期の成長幻想から抜け出し、成熟社会の経済システムとして、社会的連帯経済があるのだということを、さまざまな手法を介して訴え続けなければならないのだと思います。

自治体と社会的経済組織との連携で、地域社会の構造づくりをして行こうとする、ソウル市長の運動論はたいへん新鮮です。

日本では国のタテ割り組織の構造は、明治以来の企業による成長という枠組みにぴったりはまってしまっていて、それ以外の道が新しい成長の道筋になるという認識が今なお生まれる素地がありません。明治以来進められてきた経済開発手法の殖産興業が、今や官製の新自由主義（言葉の矛盾がありますが）といったもので、官の応援を得つつ、さらに進められている感があります。失われた20年を経過する中でも、こうした傾向は、全く変わっていないというのが実態です。今の政府には、トータルで課題解決を図ろうとする視点はないので、ここに楔を打ち込み、社会的連帯経済の道があることを知らしめなくてはなりません。高度経済成長戦略とは異なる別の道筋があるのだという共通理解がまず出発点です。

平等志向　地域金融　雇用拡大　地域連帯

日本人の行動様式には、強い平等志向があります。所得のフラット化、格差をできるだけ小さくしていくためには、「貧しきを憂えず、等しからざるを憂う」と言う格言に象徴される方向は、いまもなお多くの日本人の共通意識であると考えます。

富の偏在状態は、経済の停滞をもたらし、もはやさらなる豊かさを作り出さず、社会の不安定化を招くだけだという認識をはっきりさせなければなりません。富の平準化が新しい成長を生み出すのだということ、したがって、そうした方向への舵取りをすることが、企業に取っても最終的にメリットを得るようになると考えるものです。そのために社会的連帯経済分野に大きく焦点を当てる必要がありま す。

そのために最も大事な要素として、金融財政的裏付けを考えなくてはなりません。地域金融については、今までの発想を大きく転換することが求められます。

郵便貯金は作られた時は、零細な資金を全国から集めて、集中投資をする仕組みでありました。これが大蔵省の資金運用部に集められて、政府としてこの資金を有効に使うべく、投資対象を決めていったのです。しかし、今や成熟社会、大きな投資をするためには、そのことによって利益を生む事態が想定されなければ焦げ付きを生むだけになります。

郵貯改革の必要性は大きかったのですが、向かうべき方向を間違えたと思います。海外進出などで、さらなる利益を生むグローバル企業としての展開を図りたかったのでしょうか。もともと零細資金を全国から集めてきた郵貯資金は、地域還元融資の原資として活用する方向を選ぶべきでした。地域では、そうしたニーズはあるはずで、郵貯の融資が得られるとなれば、活用しようとする人たちが続々と生まれるようになったであろうと思います。実際に地域で営々と進められている社会的経済領域の活動支援にはもってこいの財源でした。このためには、もちろん郵貯側は、投資対象の見極めのできる人材の養成が必要になります。いわば、ベンチャーキャピタルとなるわけですが、今や人材は地域に大勢いるのですから、そういう人たちと連携すれば、不可能ではなかったと思います。しかし、今は、今は既に状況が変えられないところまできてしまっているし、またそういう発想自体、存在しているとは思えないのが現状ですから、希望を持てる状況はありません。現在、活動している様々な地域金融機関は、かなりそうした認識のもと活動している面が大きいので、支援の対象を社会的経済組織に焦点を当てて、どのような形であれば支援可能となるか、検討を期待したいところです。

現在でも大勢の人々が関わっている領域は、社会的経済領域であり、これはしかも生活に密着した領域です。この領域の認知と、拡大の共通認識の確立が成熟社会における日本社会の成長、安定を導くと考えます。

これからの時代は、雇用を社会的経済領域に向かわせる政策展開が考えられます。また、ワークシェアリングなどにより、様々な形の自由度を増した労働の形を工夫し、作り上げることも一般化すると思います。

企業による教育は、企業体質の違いに対応するためですが、これからは基本的ノウハウは、大学、専門教育機関等で教育する方向を考える必要もあります。企業からの講師をカリキュラムに組み込んで実施する学習機関の設置など、アイデアはいくらでもあるでしょう。教育分野の新たな産学協同の仕組みを構築することが考えられるのではないかと思います。

タテ社会であるので、企業ごとに態様は大きく異なります。一般的な企業のモデルはなかなか成立しないのが実態で、教育システムは様々なバラエティがありうると思います。

(8) 人々が未来を展望でき、希望が持てるようになるか

市民と自治体との連帯の仕組みの構築

若い人たちの中で、いわゆるフリーター的な生活スタイルを選ぶ人がいるのは、もちろん環境が許さないためにやむを得ずというケースもあれば、若者自身の忍耐力に陰りがある面があるのかも知れませんが、ミッションを抱かせる仕事が見つからないという実態もあります。

今から40年余り前に、神奈川では長洲一二という知事が誕生しました。1975年4月です。当時私は神奈川の職員になって8年経過したところであったのですが、この政権の誕生ではたいへん気持ちが高揚しました。それから20年ほどさまざまな分野で仕事をしましたが、今から思うと何かこの時は成し遂げたいというミッションを感じていたのに相違ありません。十分なことは出来ないのに、気持ちだけは高揚していたように思います。

知事の就任後2年経過した1977年に「地方の時代」の提唱がなされ、これが燎原の炎のごとく全国に広がっていきました。それまで若干蔑みの差別的な意味合いで使われてきた「地方」に新しい命を吹き込み、自治体に関わる人たちを勇気づけ、さまざまな地域の活動に誇りとエネル

ギーを吹き込むことになりました。
「自治体学会」もそうした気運の中で生まれたものです（学会誕生までは、このときからさらに9年経過していま す）。

行政職員の生き甲斐は政策作りにありますが、この政策作りに関して、非常に単純な図式を私は描いております。

明治以来、国の官僚は先進国で進められてきた政策を、必死で学び、それを日本の風土に合うように一定の整理をして導入してきたのが実態ではなかったかと思います。日本が欧米以外の後発国として経済成長を遂げ、いち早く先進国入りを果たした点では、民間企業のたいへんな努力と相まって、この国の政策導入機能が非常に円滑に機能した結果であることは間違いありません。

それに対して、この地方の時代が提唱されたときというのは、成熟社会の到来を見据えた、1つの歴史的な画期ではなかったかと思っています。

今から見ると高度経済成長期からちょうど日本が構造転換を進めるべきタイミングにあって、政策形成機能を地方の現場に求める動きであったと見ております。社会が徐々に複雑化して、多様な活動が進められる時代となり、国がまとめて統一的な政策で総てまかなう時代は終わりつつあったと思います。そうした中で、「地方の時代」は、多くの人たちに希望を与え、また、多くの地域でさまざまな活動を生み出す時の共通言語のようになっていったわけです。大いにミッションを感じていろいろな分野に触手を伸ばす努力がなされ、未熟で漠とした感覚の中でも転換を図る何かをしなければならないと思っていたものです。

つまり、先進的な政策を海外の先進地域に求めるという時代から、市民としての立場にもとずき、私たちが抱える大きな課題に対して、自らの地域の現場の中で解決策を見つけ、それを実行していくという時代への転換です。もちろん、海外の知恵を学び、さらに深めていくことも引き続き欠かせないテーマではあります。

しかしながら、権力というのは、自ら手放すことは出来ないもので、新しい権力の側で奪い取っていかなければ、転換は成功しないものです。

結局日本はこの転換を図ることが出来ないまま来てしまいました。この間、長洲知事の地方の時代を目指す様々な政策もありました。そして、国の政策を転換するべく、自民党政権からの脱皮を目指す政権の成立もありました。2回あった政権交代はいずれも失敗し、過去の政策の継続という形に戻りました。その意味で、自民党政権は、今に至るまで、見果てぬ夢の高度経済成長型政策の推進をする政権と言って良いと思います。

そして途中では、アメリカからの圧力で、無理やり構造転換を求められるようになり、その過程で政策的な失敗もあって、失われた10年、そして20年に入ります。

今に至るまで、国が主導して政策を作る体制は温存されて、誰もが課題があると国に解決策を求める習性が定着してしまい、高度経済成長期の政策を追い求めてなんの違和感も感じないまま来てしまいました。

そして、マスコミは、地域で問題が起きるとと、何でも国に解決策を求めることしかないような報道体制をとり、結果的に、国の立場をいつまでも温存する役割を担っています。

日本社会は形が固まってくると、柔軟な変化への対応が難しくなる傾向があり、先を展望した変化の先取りが出来ないという課題を抱えています。

地方では、一度はミッション高らかに自治体の政策作り活動に邁進するようになっていたのが、こうした変化の中で、いつしかミッションを見失うようになったのではないでしょうか。特に失われた10年、そして20年の中で被ったダメージは非常に大きかったと思います。新しい動きを地域の中で政策として作り上げ、それを定着させていくことが求められていたのに、一方では権力を手放したくない国家官僚による締め付けと、他方で国の政策の失敗に端を発する厳しい財政環境の中で、大事な政策手段をもぎ取られ、一挙にリストラ路線に走らざるを得なくなりました。

かつて自治体の仕事は、その多くが国の政策の現場での実施主体という位置付けであり、財政的な支援の形も、そうした事業の範囲で行われるため、地域で独自の政策を実施する財源的なゆとりが、通常はないというのが実態でした。国と地方は法律的には対等の関係となりましたが、実態は国の下請け機関の範囲を出ることは依然として困難な状況にあると言えます。しかし、ごく小さな自治体が独自の政策を実施して存在感を高めている事例も多くなってきています。新たな展望を持って政策を作り、実施することはできるのです。

しかも、現在は市民の側の発言力が強くなっています。市民と自治体とが力を合わせて新たな方向に向かって歩み出すことができる時代となっております。そして、日本はボトムアップ社会でもあります。

海外からの受け入れ

日本語からくる特質に鑑み、そのあり方を世界に広め、子育て期に日本に来て日本語の環境の中で育てることを奨励するということはこれからの社会の平和のためには大いに貢献できることではないかと思います。彼らには、日本語の習得を通して、日本語の持つ本質を積極的に理解してもらい、国際的な新たなコミュニケーションづくりのキーパーソンとなってもらうようにすることです。身近なところでは、日本に移り住んでいる日系人や在日韓国の人たちについて、2世、3世の日本語教育をきちんと行うという方針ぐらいは明確に立てなければなりません。差別を拡大するようなことは、逆に日本の崩壊につながるものでしかないという認識が重要です。

これからの社会で、日本の生き様、その特性を世界に向けて活用していくためには、こうした形で日本に受け入れ、その人たちが、自ら、出身国に戻ったときに、相手の立場に立ってものを考え、行動するスタイルを自然のうちに身につけるという日本的なコミュニケーションを取り入れてもらうことは、日本の持つ特性を世界に開花させるものであり、また社会の向かうべき方向としての貢献度も非常に大きいものがあると考えます。

これは日本のためになるということではなく、日本的なものの考え方が身につくことで、相互理解の端緒が開かれ、世界の相互理解につながっていくことにあると思うからです。

何よりも国際的な平和に貢献するようになると思います。日本人の中には相手とのコミュニケーションを重視することばの構造が組み込まれており、もともと、コミュニケーションを通して納得のいく相互理解を深めたいとする発想が秘められています。

戦争放棄を定めた憲法が70年余りにわたって存在感を示してきたのも、この日本人の特質に由来するものです。日本人がこの憲法のもとで生きてきたのは、日本人にとって、戦争放棄は大事な基本的事項であり、この憲法を維持しつついかに平和に貢献するかという発想が根底にあっても全く不思議ではありません。この発想のもと、他国に対して積極的に平和づくりを進めることがむしろ私たちのこれからの使命であると言ってもよいと思います。日本的な物事の考え方の国際展開はこうした形がふさわしいと私は考えています。

もちろん、日本のありようについて、国民の中の理解が深まれば、日本の将来も明るい展望が生まれてきます。親日本人が増えることは間違いないと考えるものです。

もちろん、日本人自身、自分たちの子どもの、子ども時代の育てかたについて、このことを自覚する必要があるのはいうまでもありません。

終　章　希望と活力とゆとりの21世紀に向けて

(1)　すでに起きている未来　ソウル市のチャレンジ

ソウル市訪問記

２０１４年夏、希望製作所より、スタディ・ツアー、『「新しいソウル」に出合う――キーパーソンに聞いてみよう――』が発信されて、7月31日に説明会、8月３日ソウル向け出発という慌ただしい日程でした。

フルにツアーに参加出来るためのスケジュールを7月25日に確認して、週明けに航空券を予約するつもりで、7月26、27日と茅野へのクラシック鑑賞会ツアーに出かけました。

戻って28日に旅行代理店で依頼をしたのですが、その際、一抹の不安もあったので最後に、パスポートが9月まででで切れることになっているという話をしたところ、突然旅行社の担当者のスタンスが変わり、韓国では、パスポートの有効期間が3か月以上ないと入国出来ませんという話で、パスポートの取得には一週間かかるので、申請しても発行されるのは8月4日になりますから、日程をずらすようにして下さい、との話で航空券を買うどころか、ツアー参加をキャンセルしなければいけない話になり、失意のどん底で自宅に戻りました。それでもこんなことは理不尽な話だという気もして、新宿の旅券発行の窓口に確認の電話をしてみました。結果的には、航空券を提示して当日中に申請手続きが出来れば、8月1日に発行出来るとの話があって、再度旅行代理店へ出向きなんとか券を購入、その足で新宿のパスポートセンターへ出かけて手続きを行い、ようやくことなきを得ました。

このようにハプニングを経験した上での、慌ただしいツアーでしたが、いろいろな局面で貴重な経験をさせていただきました。

このツアーで何よりも驚いたのは、8月6日に訪問した朴元淳（パク・ウオンスン）市長の執務室というか、執務環境でした。思わず市長に「現在のこの執務室からは、それまでの市長の執務室のイメージを描くことが出来ないのですが、……」という質問というか、感想を述べないわけにはいきませんでした。壁の一つの面にはポストイットが敷き詰めるように貼ってあり、他の面では傾いだ本棚（これは1つのデザインでしたが）を含めた本棚一面に手作りのようなファイルやフォルダーが並び、また、もう一面では最下段を引き出して椅子として使える工夫をした本棚など、アイデアの詰まった部屋で、いままでのどこの首長の部屋でもあり得ないような、斬新な環境でした。改めて朴市長の思いが詰まった執務環境という感を抱きました。外国からのツアー参加者で、こうしたところを訪問出来る機会というのはめったにないと思い、ツアーの意義はこれだけでも十分でした。

あとから同行したメンバーから聞いた話で、廃材で作った大きな会議テーブルの、ちょうど仕切る人が座るような位置に、一番高価な椅子がおかれているが、ここは仕事ぶりを監視する市民が座る場所、という意味合いでおかれているのだという話を聞きました。はじめに聞いていればキチンを写真に収めたのに、残念ながらかすめているような写真があるだけでした。そういうことは最初に耳打ちしていただきたかったですね。

朴市長は、部屋にいる間、自由に写真を撮ってよいということを冒頭にお話しされたので、もともとわからないハングルでの市長の話を聞くよりはと、勝手に写真を撮りまくっていたというのが実態でした。

もう一つは、8月4日のハンギョレ新聞が主宰した韓国の方とツアー参加者との座談会に参加させていただいたことです。突然のことでしたが、これは、多分、前夜の食事会の時、そばに座られた韓国側のツアー企画責任者（座談会のメンバーでもありました）が、私がいろいろと勝手なことを言いまくり、これを丁寧に通訳していただいたのを聞いていて、こいつの話を聞いてみようと思われて、この方から提案されたに違いないと思います。夕食会の翌朝（座談会の当日の朝）になって、突然、座談会で出ないかと言われ、普通であれば引っ込み思案の私としては、とてもお受けするだけの自信はなかったのですが、断るのもせっかくに機会を逃すことになるので、お受けすることにいたしました。希望製作所の菅原理事長と2人で、かなり長い時間、座談会が行われたと思っています。この結果は終戦の日（韓国では光復節）前日の8月14日夜の同紙インターネットサイトに掲載されました。まだ見ることは出来るのではないかと思います。

http://www.hani.co.kr/arti/society/society_general/

市長はパネルを使って説明をしています。私は写真を撮ってもらうために横に立っています。

651281.html

座談会が進む中で、全体として私が漠然と抱いた印象は、隣り合った国ながら、今、日韓の間で起きている不協和音に関する捉え方にかなりの違いがある、ということでした。私のようなノンポリは今の日本の政府がおかしいのだと割り切ってしまっていますが、韓国の人たちの話し振

執務室のかしいだ本棚。左側前方に執務机が隠れています。市民の椅子の頭が見えます。

りからは抱いている危機感をひしひしと感じました。話し合えば理解し合えることでもマスコミを通じて拡散する情報や世論なるものによって、作られた認識の差が大きくなって、超えがたい溝になっていく可能性がある、という意識を持たないわけにはいきませんでした。これは、相互の交流を進めることによって、何としても打開していかなくてはなりませんし、またそれは可能なことだと思っています。

翌5日には日本の国会議事堂には入ったこともないのに、韓国の国会見学や国会図書館見学もあり、非常に興味深いものがありました。閉会期間中とあって、子どもたちの見学者も大勢いて、職員の話に耳を傾けていました。このときの話を耳にしながら、韓国では、子どもたちでさえわかって返事をしているハングルを勉強しなければ駄目だなと、つくづく思ったものです。語学については、英語も含めてたい

へん不得意で、この歳で今更ではありますが、簡単にまねごとでも話せるように出来る方法があったら、少し身につけたいと思った次第です。

このほか、小雨の中の麻浦区ソン・ミサンの散策、冠岳区への訪問、ソウル市マウル共同体総合支援センター・センター長のユ・チャンボクさんのお話、参与連帯訪問、環境運動連合の訪問、そして、ポイ洞・チェゴンマウルの訪問など、今までとは違った分野の視察で、たいへん意義深いものがあったと思い返しています。

その後、ITのプロである友人に教えられて、「ソウル宣言の会」のグローバル・ソーシャル・エコノミーフォーラム関係のホームページを作りました。以前は、JIM-doを使ってホームページを2つほど作ったのですが、今回はWixで作成しました。テンプレートを変化させて作っただけですが、活用の幅は大きい感じがいたしました。

(http://www.seoulsengen.jp)（2014. 8. 30）

(2)　個人によるヨコの連帯を無数に作ろう

今まで述べて来たことは、日本語というものの持つ特性によって、私たちの心象形成がある年齢までに定まり、これによって、様々な課題への対応をする特性となっているということを、展開することでした。考えてみると、一定の年齢までに、話し相手の考えていることを読み取り、これに対する自分の側から的確な発信をする能力を身につけることが、大事なのではないかと認識するに至っています。こうした過程を経て、その後、一般的なコミュニケーションの場でどのような敬語を使うのはふさわしいかを学んでいくということではないかと推測するようになっています。

私たち日本人は、海外の事例や考え方を学ぶことを当たり前のこととして、ややもすると自らの行動や、その原点を探ることには熱心でなかった面があると思っています。しかも、明治以来、長い時間経過の中で、今まで正しかったものが、歪みを作り出すということも多く出てきています。自らを見つめて、そしてもう一度社会の今を見直すことが大事な時期に来ていると思っています。

ここで提示したのは、私としては確信していることではありますが、あくまでも1つの仮説であり、それによる説明力がどこまであるかということについては、さらにさまざまな実証例に照らしてみないと、決めつけることはできません。そして、日本語というものの特性と、これを私たちの生活過程で様々な事例と結びつけた説明も、私にとっては確信に近いものがありますが、真に妥当性を持つものであるかどうかは、みなさんに判断していただくほかありません。

こうした見方を取ることによって、物事に直面した時に自分が、どう行動するか、どう行動しないかの判断ができるようになるような気がしています。

ここから言える主張がいくつかあります。

1　これからの日本社会では、個人の自発性を最大限引き出すような取り組みを図ることが必要です。日本社会の持つ可能性を最大限引き出すためには、そのための仕掛けをいくつも用意することが不可欠です。かつて、神奈川の長洲知事は「十人十色、ひとり十色」というタイトルの本を書いておられます（1989年12月25日　NTT出版）。まだ現役中の自伝的な書籍です。このタイトルにあるように、一人一人の可能性を最大限引き出し、豊かに人生をおくることが望ましいわけですし、日本人は、特にそうした面で大きな可能性を秘めていると言って良いように思います。「十人一色」となるような画一的人材育成スタイルを抜け出し、持ち前の自発性の発揮により、「十人十色」、さらには「ひとり十色」の意識を持って自らの可能性の開花を目指すなら、これからの日本社会では、さらに多様性溢れる世界が生まれるものと考えます。こうした可能性が開かれるような教育の自由化の仕組みが求められます。

2　ボトムアップ社会である日本では、タテの構造に入り込み、自縄自縛に陥る可能性を持っています。こうしたこととならないためには、日頃、自分とは異なる世界との交流を意識的に進めることが好ましいと思います。ボトムアップ社会である日本では、ボトムの活性が命です。社会の構造がタテ型で固まって来た時、ボトムアップは機能不全に陥る可能性があります。ボトムアップに多くの人がミッションを感じて頑張れるような場を用意していく必要があります。タテ割り組織から抜け出して個人が意欲を持って取り組みを続けられるような場作りが必要です。タテ割りのがんじがらめの構造から、できるだけ柔軟な構造の運用を図るとともに、ボトムの意識の重要性について認識を持つように努めることが大事です。

組織改革を進めるときは、できるだけ権限をボトムに置くようにして、全員企画の体制づくりをすることが望ましいのは当然です。日本では、リーダーとなる人は、特にこの点に留意することが大事だと思います。

3　社会的経済の日本における展開を進め、高度経済成長とは異なる人々の生活を基盤とした経済循環の仕組みを構築することです。これは、今までの企業活動とは別にあるものではなく、今までの企業活動にあい応ずる形で進められていく性格のものであると思います。日本社会に様々な実態はあるのですが、統合する概念としての社会的経済は、日本ではまだ浸透していません。欧米に学べば、大きなうねりがあるのはわかるはずなのですが、民間ベースの活動であることが多いため、実現可能なこれからの方向性という理解にはなってきていません。とすれば、そのことをむしろ活かして、この時代の転換期に当たって、国に依存するのではなく、民間ベースで活動することがポイントであるという、覚悟を持つことが大事であると考えます。国家官僚は今までの権力構造の中、経済成長に執心し、人々の中の新しい流れについては意図的に無視し続けてきた感があり、直ちに転換可能な状況にあるとはとても見えません。そして、これからの社会的経済の展開にあたっては、地域社会が現場です。そのためには社会的経済統計の整理・確立も必要になります。

4　海外との交流にあたっては、外国に出かける際はこちら側のスタンスを明らかにして、これを相手にメッセージとして伝える努力をすることが大事です。いわゆる自己主張型の振る舞いを身につけることです。その意味で、目的とするものをきちんと自己の側で描き、どう表現するか、表現内容も用意するぐらいのことがなければなりません。逆に長く海外で生活をしていて、海外から日本に戻った時は、できるだけ早く忖度について習得し直すことが必要です。生まれた時から海外で育った場合は、非常に適応が難しいかもしれませんが、会話にあたって相手のスタンスを見極めるような努力をすることを念頭におくことがまず必要です。

海外で定住を考えるときは、できるだけ早く日本語を忘れる、闘争のことばを身につける、日本社会で生活するときは、受けたものには必ずお返しをする、などが海外との関係での生活の知恵ともいうべきものになります。

さて、いままで述べてきた点に的確に対処することによって、私たち日本人は、個人としても海外に出かけ、自信を持ってさまざまな国の人たちと交流することができると思うのですが、いかがでしょうか。もちろんそのための周到な準備（戦略）と作戦（戦術）は常に練らなくてはなりませんが……。

あとがき

現在、日本は長く続いた経済の低迷と近隣アジアとの関係で、さまざまな軋轢を感じていて、方向性をややもすると見失いかけているように感じます。もっと自信を持って私たちは、活動できるはずなのに、浮き足立っているようにも見受けられます。

２００８年から現在まで、折に触れてＳＮＳに投稿する機会をいただいて、時事的な課題を含め今直面しているさまざまな問題について、むしろ積極的にとらえる立場から、展開していきたいと考えてきました。そしてその際、思考のベースのあったのは、日常的に使っている日本語と、それが私たちの生き方にどのような作用を及ぼしているかということでした。そしてこれを、もう一度整理し直して、まとめてみたいという気持ちが強くなってきて、冊子としてまとめることを今年初における年1年間のテーマとすることにいたしました。

今回のまとめにあたっては、今まで書いたものについて、その時点を消し込み、現時点からの視点で書く形で進めてまいりましたが、書いた内容の関連性が明確でない部分もあり、どうしても時点を入れないと説明がつかないところもありました。そうした時に、たまたま、田中一雄さんのご示唆をいただいたのを契機に、判別できる範囲でその記事の末尾に初出の日を入れることといたしました（今までにある程度まとめをしたものについては、その項目のタイトルの末尾に日付を入れました）。ただし、初出の記事を分割し、別のところにまとめたりしたところもかなりあるため、日付を入れられないところもありました。一般的には、日付の入っていないところは今回追加して書いた部分ですが、古い記事も若干入っている可能性があります。

また、全体の整合性をとることが何よりも大事と考えていますので、まとめるに当たって、それぞれについてかなり手を入れております。この点についてはどうか、ご寛容ください。ブログとして掲載した時から論理展開の中身を大きく変えたところも、若干ではありますが含まれています。しかし、全般的には掲載した内容の意味をさらに深める形になったと、私自身は考えております。

日本語と関わる課題については、他にもいじめ問題など、取り上げてしかるべきテーマがさまざまあると思いますが、力及ばないまま筆を置くことをお許しください。ご意見、ご提案等をいただき、次のステップとして考えていければと思います。

このＳＮＳがなければ、恐らく今回のまとめには到達出来なかったであろうと思っております。少なくとも、現在のフェイスブックのようなSNSには、とても書く気にはならなかったに違いないと思っています。その意味で、継続的に書くことのできる場を提供してくださった、小林さん、藤川さんにたいへん感謝しております。同時に、SNSに掲載した際は、メンバーの皆さん、特に朝倉さんそして御徒町会のメンバーの皆さんには、さまざまなご意見をいただきましたこと、改めて感謝申し上げます。

また、1975年に長洲知事とともに神奈川県に奉職されて以来、現在に至るまで何かにつけてお世話になり続けてきた久保孝雄様、藏隆司様、参加型システム研究所で活動を始めて以来お付き合いをいただいている丸山茂樹様、林田亜希子様、そして若森資朗様、牧梶郎様をはじめとした「ソウル宣言の会」の関係の皆様から、幅広い視野よりさまざまなご示唆を受け続けてきており、この本の中でも大事な位置付けとして展開させていただいております。心から感謝申し上げます。

また、今回のまとめに際し、何度も貴重なご意見を賜った、大出明知様、紫芝嘉員様、同じく貴重なご意見をくださった、古くからの友人、赤羽根日出夫さん、いろいろな疑問、質問を投げかけてくださった、大学のゼミの同輩、近藤健さん他、多くの皆様に感謝申し上げます。

そして、社会評論社の松田健二社長には、拙いペーパーを受け止めてくださり、心より感謝申し上げます。

いずれにしましても、内容的には、一定のロジックに従い、私自身の視点でまとめたものであり、今までの通念として流布している考え方とは異なった展開をしている部分も多くあります。これにつきましては、皆様のご意見、ご批判を仰ぎたいと思っております。

カールポラニー『大転換～市場社会の形成と崩壊』東洋経済新報社（2009. 07. 02）
（NPO）共同連編『日本発 共生・共働の社会的起業』現代書館（2012. 9. 10）
藤井敦史／原田晃樹／大高研道『闘う社会的企業』勁草書房（2013. 03. 20）
津田直則『連帯と共生～新たな文明への挑戦』ミネルヴァ書房（2014. 2. 20）
中川雄一郎・JC 総研編『協同組合は「未来の創造者」になれるか』家の光協会（2014. 5. 1）
アルベルトイアーネス『イタリアの協同組合』緑風出版（2014. 05. 07）
ソウル宣言の会編『「社会的経済」って何？～社会変革を目指すグローバルな市民連帯へ』社会評論社（2015. 02. 25）
若森みどり『カール・ポランニーの経済学入門』平凡社新書（2015. 08. 11）
廣田裕之『社会的連帯経済入門』集広舎（2016. 12. 10）
丸山茂樹『共生と共歓の世界を創る～グローバルな社会的連帯経済を目指して』社会評論社（2017. 10. 01）

長洲一二『地方の時代と自治体革新』日本評論社（1980. 11. 30）
長洲一二『長洲一二　ふれあい教育のすすめ』講談社（1984. 10. 29）
長洲一二『十人十色、ひとり十色』NTT 出版（1989. 12. 25）
久保孝雄／原田誠司編著『知識経済とサイエンスパーク～グローバル時代の起業都市戦略』日本評論社（2001. 10. 05）
久保孝雄『知事と補佐官～長洲神奈川県政の 20 年』敬文堂（2006. 06. 01）
久保孝雄『変わる世界 変われるか日本～対米自立と日中共生へ』東洋書店（2013. 07. 17）
中出　幸夫『地方の時代と長洲県政』中出幸夫（2015. 04. 01）

井上良一『「なじみ」の構造～日本人の時間意識』創知社、その後、kindle へ（1996. 3. 20）
井上良一『夢はるか～未踏に時代のシステムづくりに向けて』井上良一（A 5 全 239 頁）（2004. 6. 25）
井上良一『地方の時代と長洲県政（かながわ自治研月報 2016. 2 No.157 所収）』（公益社団）神奈川県地方自治研究センター（2016. 2. 25）
井上良一『アジア発 GSEF（Global Social Economy Forum）の展開と日本（Global Asia Review 2017. 1 第 3 号所収、公募論文）』国際アジア共同体学会（2017. 1. 31）

12. 20）
イアン・ブレマー『自由市場の終焉～国家資本主義とどう闘うか』日本経済新聞出版社（2011. 05. 24）
一ノ宮美成＋グループ K21『黒い都知事　石原慎太郎』宝島社（2012. 01. 27）
ロナルド・ドーア『日本の転機～米中の狭間でどう生き残るか』ちくま新書（2012. 11. 10）
野村進『千年企業の大逆転』文藝春秋（2014. 08. 10）
堤未果『沈みゆく大国アメリカ』集英社新書（2014. 11. 19）
ドナルド・ドーア『幻滅～外国人社会学者が見た戦後日本 70 年』藤原書店（2014. 11. 30）
井手　英策『経済の時代の終焉』岩波書店（2015. 01. 29）
堤未果『沈みゆく大国アメリカ〈逃げ切れ！ 日本の医療〉』集英社新書（2015. 05. 20）
山下祐介／金井利之『地方創生の正体～なぜ地域政策は失敗するのか』ちくま新書（2015. 10. 10）
イアン・ブレマー『スーパーパワー～G ゼロ時代のアメリカの選択』日本経済新聞出版社（2015. 12. 18）
堤未果『政府は必ず嘘をつく 増補版』角川新書（2016. 04. 10）
チャールズ・カプチャン『ポスト西洋世界はどこに向かうのか』勁草書房（2016. 05. 20）
堤未果『政府はもう嘘をつけない』角川新書（2016. 07. 10）
モデレーター、一色清／姜尚中『「戦後 80 年」はあるのか～本と新聞の大学講義録』集英社新書（2016. 08. 22）
中野佳裕　編訳『21 世紀の豊かさ～経済を変え、真の民主主義を創るために』コモンズ（2016. 10. 10）
進藤榮一『アメリカ帝国主義の終焉～勃興するアジアと多局化世界』講談社現代新書（2017. 02. 20）
伊藤誠『資本主義の限界とオルタナティブ』岩波書店（2017. 02. 24）
藤井良彦『不登校とはなんであったか？～心因性登校拒否、その社会病理かの論理』社会評論社（2017. 05. 25）

角田忠信『日本人の脳』大修館書店（1978. 01. 01）
角田忠信『続日本人の脳』大修館書店（1985. 11. 01）
角田忠信『日本語人の脳』言叢社（2016. 04. 15）

カールポラニー『経済の文明史』日本経済評論社（1975. 3. 20）
富沢賢治『社会的経済セクターの分析～民間非営利組織の理論と実践』岩波書店（1999. 02. 19）
日本協同組合学会編訳『ILO・国連の協同組合政策と日本』日本経済評論社（2003. 5. 10）
J. ドウフルニ／J. L. モンソン『社会的経済～近未来の社会経済システム』日本経済評論社（2003. 06. 01）
栗本昭監修『生き残りをかけた挑戦　ヨーロッパの生協の構造改革』コープ出版（2003. 09. 15）
C. ボルザガ、J. ドウフルニ『社会的企業～雇用・福祉の EU サードセクター』日本経済評論社（2004. 7. 25）
田中夏子『イタリア社会的経済の地域展開』日本経済評論社（2004. 10. 01）
粕谷信次『社会的企業が拓く市民的公共性の新次元』時潮社（2006. 11. 10）
下山保『異端派生協の逆襲～生協は格差社会の共犯者か』同時代社（2009. 1. 5）

滝浦静雄『時間～その哲学的考察』岩波新書（1976. 03. 22）
荒木博之『日本人の心情心理』講談社現代新書（1976. 05. 20）
中根千枝『タテ社会の力学』講談社現代新書（1978. 03. 20）
司馬遼太郎／山崎正和『日本人の内と外』中公新書（1978. 04. 25）
和辻哲郎『風土～人間学的考察』岩波文庫（1979. 05. 16）
九鬼周造『「いき」の構造』岩波文庫（1979. 09. 17）
樋口清之『柔構造のにっぽん人』朝日出版社（1980. 04. 15）
稲村　博『日本人の海外不適応』NHK ブックス（1980. 11. 01）
杉本良夫／ロス・マオア編『日本人論に関する 12 章～通説に異議あり』学陽書房（1982. 09. 20）
佐伯彰一／芳賀徹『外国人による日本論の名著～ゴンチャロフからパンゲまで』中公新書（1987. 03. 25）
祖父江孝男『日本人はどう変わったのか～戦後から現代へ』NHK ブックス（1987. 09. 20）
対日貿易戦略基礎理論編集委員会編『公式日本人論～「菊と刀」貿易戦争篇』弘文堂（1987. 10. 20）
村上兵衛『歴史を忘れた日本人～繁栄の行きつく先』サイマル出版会（1987. 12. 01）
青木　保『「日本文化論」の戦後～日本の文化とアイデンティティ』中央公論社（1990. 07. 30）
梅原猛編著『日本とは何なのか～国際化のただなかで』NHK ブックス（1990. 09. 20）
網野善彦『日本論の視座』小学館（1990. 11. 20）
石戸谷滋『日本を棄てた日本人』草思社（1991. 06. 24）
マークス寿子『大人の国イギリスと子どもの国日本』草思社（1992. 07. 20）
笠谷和比古『士《サムライ》の思想～日本型組織・強さの構造』日本経済新聞社（1993. 08. 24）
柳原和子『「在外」日本人』晶文社（1994. 10. 10）
伊藤　益『日本人の知～日本的知の特性』北樹出版（1995. 10. 01）
並河信乃『分権社会の創造～国家主権打破へのシナリオ』東洋経済新報社（1996. 06. 27）
村上勝敏『外国人による戦後日本論～ベネディクトからウォルフレンまで』窓社（1997. 04. 01）
網野善彦『日本社会の歴史（上）』岩波新書（1997. 04. 21）
網野善彦『日本社会の歴史（中）』岩波新書（1997. 07. 22）
マークス寿子『ひ弱な男とフワフワした女の国日本』草思社（1997. 08. 18）
網野善彦『日本社会の歴史（下）』岩波新書（1997. 12. 22）
武藤一羊『〈戦後日本国家〉という問題～この蛹からどんな蛾が飛び立つのか』れんが書房新社（1999. 09. 30）
マークス寿子『ふにゃふにゃになった日本人』草思社（2000. 04. 25）
パク・ウォンスン『韓国市民運動家のまなざし』風土社（2003. 09. 01）
船曳建夫『「日本人論」再考』NHK 出版（2003. 11. 25）
小倉和夫『グローバリズムへの反逆～反米主義と市民運動』中央公論新社（2004. 05. 25）
フィリップ・ポンス『裏社会の日本史』筑摩書房（2006. 03. 25）
平川祐弘『和魂洋才の系譜～内と外からの明治日本（上、下）』平凡社ライブラリー（2006. 09. 17）
野村進『千年働いてきました～老舗企業大国ニッポン』角川 ONE テーマ 21（2006. 12. 09）
岡田英弘『倭国の時代』ちくま文庫（2009. 02. 10）
トウキョウ自治研究センター編『石原都政 10 年の検証～トウキョウ白書Ⅲ』生活社（2009.

参考文献

大野晋『日本語』岩波新書（1957. 01. 17）
大野晋『日本語の起源』岩波新書（1957. 09. 17）
外山滋比古『日本語の論理』中公叢書（1973. 01. 30）
鈴木孝夫『ことばと文化』岩波新書（1973. 05. 21）
大野晋『日本語をさかのぼる』岩波新書（1974. 11. 25）
鈴木孝夫『閉ざされた言語・日本語の世界』新潮選書（1975. 03. 25）
山田俊雄『日本語と辞書』中公新書（1978. 02. 25）
大野晋『日本語の文法を考える』岩波新書（1978. 07. 20）
山下秀雄『日本のことばとこころ～言語表現にひそむ日本人の深層心理をさぐる』講談社（1979. 06. 04）
五光照雄『言葉からみた日本人～間の感覚と内外《うちそと》の視点』自由現代社（1979. 11. 10）
柳父章『比較日本語論』株式会社　日本翻訳家養成センター（1979. 11. 30）
相原林司ほか『日本語・専門語の誤記・誤用』有斐閣新書（1980. 01. 30）
田中克彦『ことばの差別』農山漁村文化協会（1980. 05. 01）
林大／碧海淳一『法と日本語～法律用語はなぜむずかしいか』有斐閣新書（1981. 12. 05）
芳賀　綏　外『日本語と日本人～心と言葉の接点をさぐる』講談社（1982. 05. 10）
石綿敏雄『日本語のなかの外国語』岩波新書（1985. 03. 20）
南　不二男『敬語』岩波新書（1987. 02. 20）
鈴木孝夫『ことばの社会学』新潮社（1987. 07. 20）
鈴木孝夫『日本語と外国語』岩波新書（1990. 01. 22）
野村雅昭『落語の言語学』平凡社選書（1994. 05. 18）
村瀬学『ことわざの力～この共生への知恵づくり』洋泉社（1997. 03. 26）
川崎洋『かがやく日本語の悪態』草思社（1997. 05. 26）
AERA MOOK『日本語学のみかた』朝日新聞社（1997. 10. 10）
森田良行『日本人の発想、日本語の表現』中公新書（1998. 05. 25）
鈴木孝夫『日本人はなぜ英語ができないか』岩波新書（1999. 07. 19）
井上史雄『日本語は生き残れるか～経済言語学の視点から』PHP 新書（2001. 08. 30）
森田良行『日本語文法の発想』ひつじ書房（2002. 01. 31）
鈴木孝夫『日本語教のすすめ』新潮新書（2009. 10. 20）
藤井貞和『日本語と時間～〈時の文法〉をたどる』岩波新書（2010. 12. 17）
ロジャー・パルバース『驚くべき日本語』集英社インターナショナル（2014. 01. 29）
施　光恒『英語化は愚民化～日本の国力が地に落ちる』集英社新書（2015. 07. 22）
井上　史雄『敬語は変わる～大規模調査からわかる百年の動き』大修館書店（2017. 09. 01）
松岡正剛　他『表現者 74 特集　今、日本人論を』MX エンターテイメント（2017. 09. 01）

中根千枝『タテ社会の人間関係』講談社現代新書（1967. 02. 16）
土居健郎『「甘え」の構造』弘文堂（1971. 02. 25）
田中靖政『現代日本人の意識～行動科学的調査と分析』中公新書（1971. 05. 25）
中根千枝『適応の条件～日本的連続の思考』講談社現代新書（1972. 11. 20）
林知己夫編『比較日本人論～日本とハワイの調査から』中公新書（1973. 08. 25）
田中日佐夫『日本美の構造』講談社現代新書（1975. 04. 20）
ピエール・ランディ『ニッポン人の生活』文庫クセジュ（1975. 11. 08）

人名索引

事項索引

著者紹介

井上良一（いのうえ・りょういち）

1943年9月17日生まれ

1967年慶應義塾大学経済学部卒。同年、神奈川県入庁。衛生部、総務部、都市部、商工部、企画部などを経て、2001年4月企画部次長（IT担当）。2004年3月退職。神奈川県の在職期間のうち約半分の期間、情報関連業務に従事。特種情報処理技術者

2004年6月～2005年6月株式会社横浜港国際流通センター監査役

相前後して特定非営利活動法人　参加型システム研究所ほかのNPO活動に従事。

現在、特定非営利活動法人　自治創造コンソーシアム副理事長

2014年6月より、ソウル宣言の会　事務局業務に携わる

「日本語人」のまなざし

——未踏の時代の経済・社会を観る

2018年1月15日　初版第1刷発行

著　者——————井上良一

装幀デザイン———右澤康之

発行人——————松田健二

発行所——————株式会社 社会評論社

東京都文京区本郷2-3-10 お茶の水ビル

TEL. 03-3814-3861/FAX. 03-3818-2808

http://www.shahyo.com/

組版・印刷・製本——倉敷印刷株式会社

Printed in Japan